地域おこし協力隊

10年の挑戦

［編著］
椎川　忍
小田切徳美
佐藤啓太郎
地域活性化センター
移住・交流推進機構

農文協

鹿児島県鹿屋市の漁協調理室で、特産の「かのやカンパチ」の「解体ショー」の特訓に励む「地域おこし芸人」の半田あかりさん ▶213ページ

愛媛県内子町で着物着付け体験と観光をつないだ清水香奈さん（左）。地域の高齢者の髪飾りづくりを手伝う ▶132ページ

山形県朝日町の非公式PRキャラクター「桃色ウサヒ」の中の人として、地元の祭りを盛り上げる佐藤恒平さん ▶27ページ

▲地元の材木屋さんとともに古民家のリノベーションの作業をする、長野県飯島町の木村彩香さん ▶ 55 ページ

▶大分県日田市の河井昌猛さん（左）。仲良しだった地元のおばあちゃんの 102 歳の誕生日に ▶ 198 ページ

岡山県美作市で藤井裕也さんは若者の農村体験のさまざまなプログラムを開発。耕作放棄地再生の体験イベントで ▶ 89 ページ

長崎県島原市で光野竜司さんが持続可能な農業を目指して興した株式会社トトノウ。若手農業者のメンバーが大根畑に集う ▶ 166 ページ

大分県竹田市では全国最多規模の 40 名の協力隊員を受け入れ、多彩な分野で活動中。畜産ヘルパーとして活動する協力隊員 ▶ 183 ページ

広島県安芸太田町で特産の干し柿を使ったスイーツを開発した女性グループと、そのブラッシュアップに取り組んだ河内佑真さん（左から 3 人目） ▶ 102 ページ

島根県雲南市での協力隊退任後、市内の小中学校のダンス・表現運動の授業の講師も務める三瓶裕美さん（前列中央）▶ 152ページ

◀愛媛県今治市で、協力隊退任後もイノシシ皮革を有効利用したレザークラフトづくりを続ける重信幹広さん。息子と工房で（撮影：日本写真映像専門学校）

▶ 137ページ

▲奈良県川上村の協力隊事務所「かわかもん」の部屋には、地元の子どもたちも気軽に訪ねてくる

▶ 73ページ

目次

はじめに——自分の生き方を見つけ、地域を変え、日本を変えた若者たち　地域活性化センター理事長　椎川忍　4

全国の事例

第Ⅰ部　地域おこし協力隊によって地域はどう変わったか…………11

地域を変えるとは自分が変わること　北海道喜茂別町（OB）　小川泰樹　12

地域おこしがしやすい地域づくりを目指して
——着ぐるみから、つなぎ育む地域振興　山形県朝日町（OB）　佐藤恒平　27

二度選ばれる地域を目指して　山形県鶴岡市（行政）　前田哲佳　40

【コラム】私を育ててくれた地域の人との出会い　長野県飯島町（OG）　木村彩香　55

人材の循環から、地域の担い手を育む　山梨県富士吉田市（OB）　赤松智志　60

水源地の村づくりに「かわかもん」が新しい風を吹き込む　奈良県川上村（行政）　栗山忠昭　73

地域の協力隊の役割
——協力隊着任から人おこし事業の取組を通して　岡山県美作市（OB）　藤井裕也　89

地域の熱量を高める、「三方よし」の地域振興　広島県安芸太田町（OB）　河内佑真　102

協力隊によって私はどう変わったか
――協力隊と行政・地域住民をつなぐコーディネーターとして　香川県（現役）　秋吉直樹　117
【コラム】地域の人とつくり上げた「内子あでカワプロジェクト」　愛媛県内子町（現役）　清水香奈　132
イノシシ皮革活用を通して見えてきた、
地域から本当に求められている地域おこしとは　愛媛県今治市（OB）　重信幹広　137
元気な人と元気な地域　島根県雲南市（OG）　三瓶裕美　152
「持続可能な農業と流通のカタチ」を求めて模索する日々　長崎県島原市（現役）　光野竜司　166
全国最大規模の隊員を受け入れ、続々と起業者が生まれる町　大分県竹田市（行政）　後藤雅人　183
協力隊活動の「失敗」から見えてきた、人と人をつなぐ役割　大分県日田市（OB）　河井昌猛　198
【コラム】地域おこし芸人として、二足の草鞋で鹿屋を走り回る　鹿児島県鹿屋市（現役）　半田あかり　213
島人たちとの出会いが私の生き方を変えた。そして島も変わった　沖縄県うるま市（OG）　酒井惠美子　218

分析と解説

第II部　地域おこし協力隊と地域は何をして、何を目指すべきか……229
第1章　協力隊と導入地域の実像――「活性化感全国調査」の分析　弘前大学　平井太郎　230
第2章　協力隊と地域活動の実践的論理――「第I部　事例編」からの結像　法政大学　図司直也　245
第3章　住民自治と協力隊――「地域戦略としての協力隊思考」のすすめ　徳島大学　田口太郎　258

第4章　協力隊の地域活動の広がりと可能性
――災害支援活動・2018年7月豪雨災害の記録　中越防災安全推進機構　稲垣文彦　272
第5章　体験的協力隊活動論――地域の若者との「遊び」の重要性　弘前大学　野口拓郎　285

総括
第Ⅲ部　制度10年　地域の変化と協力隊のあゆみ……297
第1章　協力隊の実態と制度の展望　明治大学　小田切徳美　298
第2章　協力隊制度10年の歩み、そして未来へ　地域活性化センター　佐藤啓太郎　312

資料・データ
第Ⅳ部　協力隊の実態と課題への対応……321
資料1　現役隊員の実態――平成29年度地域おこし協力隊員向けアンケート結果から　移住・交流推進機構（JOIN）　322
資料2　協力隊導入にあたっての準備と対応　総務省　331
資料3　サポートデスクの役割と傾向　総務省　342

※執筆者の肩書きとプロフィールは執筆時のものです。

はじめに

――自分の生き方を見つけ、地域を変え、日本を変えた若者たち

●地域活性化センター理事長　椎川忍

地域おこし協力隊には、若者だけではなくシニア層の人たちもたくさんいるが、政府の各種調査でも明らかになったように、最近では20代から30代の若者の地方移住の志向が強くなってきているので、今回は若者に焦点を絞って論を進めていきたい。

若者の移住志向が強くなってきた要因の一つは、都市での生活は金銭的には豊かなように見えるが、はたして本質的に豊かなのか、会社勤めの生活は華やかに見えるが実は多くの会社員は歯車として個性を発揮できずにあくせくと働いているのではないか、都市や会社で自分の存在価値はどの程度認められているのか、自分のやりたいことは実現できるのか、といったような様々な疑問が渦巻いていることである。一方で、地方の側は若者がどんどん出て行ってしまい、高齢化が進み、出生数も減少してきており、地域の存続すら危ぶまれているところが多くなってきている。かつては、多様な地域資源があって、それが富を生み、豊かな生活ができたのに、それを引き継ぐ若者がおらず、廃れさせてしまっているところも多い。逆にいえば、そういうところは能力を持った若者にとっては宝の山であり、チャンスが多いといえる。これが二つ目の要因である。

このような二つの要因が重なって、若者たちがそれまでの都会での生活を投げうって地域おこし協力隊として地方に移住し、自分の生き方を見つけ、それが地域のあり様を変容させ、その積み重ねが日本全体を変えつつあるというのが私の認識である。今回の出版は、そのような面に光をあてて事例を紹介

し、今後の制度発展の一助にしようというものである。

地域おこし協力隊の成功要因

私が現役時代、地域力創造審議官として構想し、実現した地域おこし協力隊が10周年を迎え、全般的には大いに評価され、発展していっている姿を見るにつけ、大変うれしい思いがしている。

しかし、導入自治体、導入隊員数が多くなるにつけ、様々な問題が生じてきていることも事実であり、今やその課題解決に力を入れなければならない時が来たともいえる。

その前に、まずはこの制度の成功要因を少し探っておきたい。

第一の成功要因は、国民の価値観の多様化や若者の地方移住志向にうまくマッチした制度だったことだと考えている。それまでも自力で地方に移住して、自分の人生を切り拓き、地域にインパクトを与え、地域を変えてきた若者たちが少なからずいたが、それが大きな社会的な波にまでは至っていなかったし、日本全体を変えていくような大きなうねりにもなっていなかった。そこに、国と地方自治体が協力して、それを後押しする形での制度化が図られたのは大きなインパクトになったと考えられる。

第二に、地方で生活をしたことがない若者が地方に移住するいわゆるIターンの場合、全く自力で移住するには障害が多すぎ、何らかの支援が必要とされていたところ、3年間の仕事と生活費の保証のみならず、地域住民や地方自治体によるケアがセットとして提供されやすい制度として設計されたことがあげられる。

第三に、若者の自己実現の欲求と地域のニーズのマッチングシステムができてきたことがあげられる。それまでは、そういったことが個別にはなされていても、一覧できる明確な形で検索したりすることができなかったが、現在では、移住・交流推進機構（ＪＯＩＮ）などのサイトで、実質的なマッチングシステムができ上がりつつある。

第四に、財源措置が補助金ではなく（特別）交付税だったことが結果的には良かったと考えている。制度発足当初は、農水省の「田舎で働き隊」が補助金制度で運用されていたこともあり、財源的な面から二の足を踏む地方自治体も多かったが、当時私が自治体の皆さんに申し上げてきた通り、これは本来自治体が自らの問題として考え、自らの財源で実施してもおかしくないものであり、現にそれに類似したことを行っていた自治体もあったのである。それが（特別）交付税という形であったにせよ国の支援姿勢がはっきりし、ある程度の財源措置がなされたことは、すべて補助金でもらわなければやらないという依存心が強い自治体を排除する効果があり、かえって良かったと考えている。

第五に、我が国の出生率低下、人口減少、高齢化が顕著になり、特に一歩先を行く地方部での人口減少（社会減＋自然減）が深刻な状況を生んでいたことがある。当時、群馬県出身の福田総理が地方圏の人口維持政策の検討を増田総務大臣に指示され、総務省が中心となって各府省が協力しながら「定住自立圏構想」が打ち出された。それを受けて私が総務省の初代地域力創造審議官に任命され、その制度化にあたったのである。その時に、現場主義、実践主義者である私は定住自立圏という制度だけで地方を支援しても、若者を中心とする国民の地方移住を具体的に後押しする制度がなければ実効性がないのではないかと考えて、島根県時代のふるさと島根定住財団創設や農業インターン制度などのことを想起しながら、地域おこし協力隊の制度化を思いついたのである。

10年目に入った制度の課題

いいことづくめのように宣伝されたり、マスコミで報道されたりする地域おこし協力隊ではあるが、導入自治体が1000団体近くになり、全体の導入人数が5000人近い規模となってきて、導入当初とは異なる課題も出てきているように思われる。

まず応募者側を見てみると、制度発足当初は様々な不安がある中で清水の舞台から飛び降りる気持ちを持って、地域おこし協力隊になった志の高い人たちが多かったのではないか。現在では、過去の経験者たちの情報、地域の提供する情報がふんだんにあり、ちょっとした地方での生活と仕事の経験、手軽な就職先、学生時代の短期間のインターンなどと考えている応募者もいるだろう。もちろん、それが決して悪いという意味ではなく、制度が定着するに従って様々な活用の仕方が開発されてきているということである。

次に、導入自治体側を見てみると、制度導入当時は確信をもってこれに取り組む自治体が多かったのであるが、最近では、隣の自治体が導入し成果が上がっているから自分たちもやりたいとか、議会で質問が出て予算措置がされたからやらなければならないとかいう自治体も出てきている。また、導入後のケア体制についても問題のある自治体もあるようだ。本来、自分たちがやるべきことを地域おこし協力隊の皆さんに代わってやっていただいているという気持ちをもって、できるだけ上位の職位にある幹部職員が困りごと相談に乗る体制を考えるべきである。若者が人生の大切な3年間を賭けて自分たちの地域に来てくれているのだから、これを職員の代替とか数として物のように考えるのではなく、一人の前途有為な人材をあずかっているという気持ちで、自分の子どもさんを育てるような気持ちで対応してもらいたいのである。

これらのことから言えることは、従来にも増して自治体や地域と応募者のマッチングが重要になってきているということである。紛争、訴訟などの問題が起きている地域の事例を聞いてみると、導入当初のマッチングが甘い事例が多いようだ。予算がついたから、それを執行しなければならないと考えるのではなく、場合によっては予算不執行となることも覚悟しながら、導入後に一緒に活動することになる地域住民も含めてお互い話し込み、納得のいく選考をすべきであろう。また、応募者の制度活用の仕方が多様化してきている以上、導入自治体側は任期終了後の定住にどの程度の期待をするのかをはっきりさせるべきであるし、必ずしも定住しなくても、よそ者の知恵や人脈を導入する効果を正しく評価し、また任期終了後に地域のファンになってくれたり、都会に戻って応援してくれたりするいわゆる「関係人口」になってくれることも含めて寛容に考えることも必要であろう。

都道府県の役割の強化の必要性

さらに都道府県の対応を見てみると、地域おこし協力隊は市町村が取り組むべきものであり、都道府県は関係ないと考えているところもあるように見受けられる。これは地域おこし協力隊に限らず、地域づくりとか小さな単位の地域やコミュニティの維持・存続はもっぱら市町村の仕事であり、都道府県は立ち入るべきではないといった誤った分権意識からきていると思われる。

もちろん、それらのこと自体は市町村が自ら考え、自主的に対応すべき問題ではあるが、広域自治体としての都道府県の役割が全くないわけではない。例えば、人材育成は都道府県などの広域でまとめてやることが効率的であり、また、横のネットワークづくりも都道府県が音頭を取った方が幅広く、大きく、効率的にできる。地域おこし協力隊でいえば、一部の都道府県が実施している初任者研修、事例発表による互学互習、起業化研修、ＯＢも含めたネットワークづくりなどが都道府県の役割として重要である。さらに、都道府県相互の連携協力により、複数の団体やブロック単位で取り組むことができればより効果的である。

起業化研修は、現在国と移住・交流推進機構（ＪＯＩＮ）で年に数回実施されているが、レベルに応じたきめ細かいプログラムが提供できていないうえ、受講希望者が多くニーズに十分対応しきれていないのが現状である。現在実施されているものに加えて、様々なレベルの研修プログラムを国や全国組織と連携を図りながら、都道府県やブロック単位の広域でも実施していくべきであろう。

また、都道府県に考えてもらいたいのは、相談員の設置や相談窓口の開設等のサポート体制の整備である。国のサポートデスクだけでは電話相談が中心で、きめ細かな対応はできにくいのが実情である。市町村のお世話役は重要ではあるが、近い関係だけに相談しにくいこともあるはずだ。都道府県における地域おこし協力隊の活用でもよいし、ネットワークづくりの中での対応も可能かと思われる。

国に望むこと

最後に、国がいますべきことは何であろうか。

まず第一に、10年間の総括をすることである。これまでの延べ参加人員、実参加人員、それらの属性、その後の活躍の様子などを可能な限り詳細に調査してほしい。現役隊員へのアンケート調査は毎年実施されているが、この節目の時期に、ぜひ、経験者を含めた大規模調査を実施し、そこから課題抽出をするための「実務者」レベルの検討会を立ち上げてほしいと考えている。

第二に、隊員の処遇についてこれまで以上に多様化できるようにして、より高度な人材を地域に招聘できる制度に拡充してほしい。これは、従来から課題と認識されてきたことであるし、比較的簡単に対応できると思われる。

第三に、都道府県の地域おこし協力隊に関する役割を強調してほしい。全国的な研修会、ネットワークづくり、サポートデスクの運営などは国、移住・交流推進機構（ＪＯＩＮ）、地域活性化センターが行っているが、やはり少なくともブロック単位、願わくば都道府県単位でのきめ細かなケアが望まれる。

全国の
事例

第Ⅰ部

地域おこし協力隊によって地域はどう変わったか

協力隊
ＯＢ

地域を変えるとは自分が変わること

●北海道喜茂別町　小川泰樹《おがわたいき》

１９８５年、北海道札幌市生まれ。北海学園大学経済学部経済学科卒業後、整体師を志し、専門学校で学ぶ。２０１０年６月より、北海道喜茂別町に「きもべつ地域おこし協力隊」員として着任。２０１２年、協力隊終了後、町内にて「整体のおがわ」開業。２０１５年、喜茂別町議会議員に当選。現在は、整体業、町議のほか、喜茂別町商工会青年部部長、セコムビートエンジニア（緊急対処員）としても活動している。

不安でいっぱいのスタート

今から８年前の２０１０年６月に私は喜茂別地域おこし協力隊の一員として札幌市から喜茂別町に移住した。

私が地域おこし協力隊になって働きたいと思ったのは、協力隊募集要項をたまたま新聞で見て、地域おこし協力隊という仕事が面白そうだし、整体師という自分の資格が活かせそうだからという単純な理由であった。自分の予想に反しトントン拍子で選考を通過し、喜茂別町での最終面接を終えた時点でも、まさか自分が協力隊になれるとは思ってもおらず、合格通知が来た時にはとても驚いた。合格通知が届いてから喜茂別町に移住するまで約２週間しかなく慌ただしく準備をしたのを今でも覚えている。

喜茂別町に移住してきた当初は、これから頑張って喜茂別のために働こうという気持ちの一方で、正直自分がどういうことをするのかがわからず、とても不安だった。協力隊の中で最年少ということもあり、年齢の離れた他の隊員とうまく一緒に仕事ができるかどうかということも不安だった。札幌の実家を離れ、一人暮らしをすることも初めてだったので何から何まで初めての体験ばかりで戸惑いを覚えることも多々あったが、一緒に仕事をしていくうちに他の隊員とも打ち解けて、喜茂別町での生活にもすぐに慣れることができた。

協力隊になって、まず最初に私たちがしたことは集落の住民の方への挨拶回りだった。自分たちで作成した名刺と自己紹介の紙を配布するのに住宅を一軒一軒回り、全ての集落の住宅を回りきるのに約2ヵ月間かかった。私はどちらかというと人見知りをする性格だったので毎日緊張の連続であったが、挨拶回りでいろんな町民の方と話すことによって人見知りだった性格が少し改善された気がする。

挨拶回りをしていくなかで大抵の町民の方からは「よく来たね！」と協力隊を歓迎してくれる声がかかったのだが、まれに「お前らいったいこの町に何しに来た？税金泥棒！」などの罵声を浴びることもあった。当時はかなり萎縮してしまい、この先果たして本当に喜茂別町で暮らしていけるのかとかなり不安になった。だが、今

地域おこし協力隊の任期終了後、喜茂別町に整体院を開業した筆者

振り返れば当時の自分たちですら協力隊として何をするのかが、まだよくわかっていなかったくらいなので、住民の方はそれ以上に協力隊が喜茂別町でどういう活動をしていくのかをわかっていなかったのだと思う。

しかし、最初は協力隊に対して嫌悪感を抱いていた人たちとも、お祭りや葬儀手伝いで接したりすることによって徐々に打ち解けることができた。

農家の手伝いで打ち解ける

農作業実習として、農家の畑でお手伝いをさせてもらうこともあり、ビニールハウスの設置・片付けをしたり、春はアスパラガス、秋はジャガイモの収穫と喜茂別町の名産品に自分の手で触れ合うことができた。

私は喜茂別町に移住する前はアスパラがあまり好きではなかったのだが、喜茂別町のアスパラのあまりの美味しさに驚き、今ではすっかり大好物になった。ジャガイモは元々好きだったが、喜茂別町のジャガイモは今まで食べてきたジャガイモは何だったのか？　と思うほどに美味しく、さらに好きになった。実家の札幌に帰る際にお土産として喜茂別町の野菜を持っていくことがたびたびあるが、私の家族も喜茂別町の野菜が大好きである。

最初は若い農家宅での農作業のお手伝いは一切やらないということだったのだが、この線引きが曖昧で、途中で年齢関係なく農作業を手伝ったこともあり、農家全体に詳細が伝わっておらず誤解を招くことが多々あった。2年目からは高齢者宅限定で農業支援をするということになったのだが、変にルールを定めなければ、もっと幅広い世代の方と一緒にたくさん仕事ができたと思うと非常に残念であった。

集落担当として活動を始める

8月には各集落の担当隊員が決まり、私は尻別・鈴川地区を担当することになった。集落の一軒家へ引越しをすることになり、一軒家の家具を片付け自分の荷物を運んでいた矢先に引越しの中止が決まり、結局最後まで引越しは実現できず、私は町の市街地に住み続けることになった。集落に住んでいればもっとたくさんのことを学べたと思うので今でも心残りである。

尻別・鈴川地区は集落のなかで一番住宅戸数が多いこともあり、アンケート配布などで一軒一軒回るのがとても大変であった。お手伝いをする高齢者のバランスを取るのが困難だった。また鈴川地区は住宅が密集していることもあり、どこへ行こうが何をしようが常に誰かに見られているので行動するのが大変だった。

この地区は住民こそ多いが普段集まる機会がなかなかないとのことで、鈴川集落センターをお借りして、協力隊企画の鈴川お茶

集落との橋渡し役である集落支援員との打ち合わせ

会を開催した。最初はただ単にお茶を飲みながら世間話をするというものだったが、昔の写真を持ち寄ったり、私がストレッチ講座を開いたり、布ぞうりづくりをしたりするなど、回を重ねるごとに内容も変わっていった。クリスマスお茶会を開催した際には鈴川小学校の生徒も遊びに来てくれて、老若男女関係なく協力隊手づくりの喜茂別カルタに夢中になったこともあった。通常のお茶会は主に鈴川地区の女性の参加者が多かったのだが、他集落の男性が参加されることもあり、布ぞうりづくりの際には様々な地域から参加者がいて、とてもうれしかった。

葬儀の手伝いは若者の大事な役割

住民数が多いこともあり、他の集落に比べると葬儀手伝いの数が多かったことも印象的だった。私はずっと札幌で生活していたので、葬儀手伝いは喜茂別町に来てからが初めての経験だった。葬儀会社が全て準備をして葬儀を行うということが普通だと思っていたので最初は戸惑ったが、葬儀の回数を重ねるたびに仕事が増えていき最終的には帳簿をつける担当まで任せられるようになった。

集落には高齢者が多く若者が少ないので葬儀の手伝いの人数不足というのは、今後ますます深刻な問題になっていくと思う。

普段から親しくさせていただいていた集落の高齢者の方が亡くなった時は、自分の家族を亡くした時と同様の悲しみを覚え切なくなった。協力隊になり多くの町民の方と知り合えたのはよいが、それは同時に多くの方とのお別れがあるということなのだと悟った。

尻別・鈴川地区には一人暮らしの高齢者が多数おり、協力隊期間中にも配偶者を亡くし一人暮らしになってしまった高齢者の方が数名いた。隣近所に家があり住民同士の交流があればよいのだが、隣の家とは数百メートル離れているという状況で暮らしている高齢者の方もいる。民生委員が集落ごとにいるが安否確認が完璧であるとは言えず、協力隊がいる間はパトロールなどで日々の安否確認ができたが、一人暮らしの高齢者の方の見守りが今も心配である。

さまざまな送迎の仕事

年間を通しての業務依頼に送迎があり、協力隊の日々の送迎業務の一環として少年野球チーム喜茂別ファイターズの送迎をした。鈴川地区担当の私が親御さんと連絡を取り、春から秋の練習期間の月曜日から金曜日のほぼ毎日、喜茂別ファイターズに所属している鈴川小学校の児童を練習場所（喜茂別小学校グラウンド）に送迎していた。

協力隊では基本的に喜茂別町内の送迎依頼なら何でも引き受けていた。それによってゲートボール・パークゴルフなどの運動、粘土サークルなどの趣味を楽しむ町民の方が多数いた。医療バスに乗り遅れた、どうしても時間が合わないなどの理由で病院への送迎を依頼されることも多々あった。札幌の病院へ通院されている高齢者を喜茂別から集落の自宅に送ることもあった。町の循環バスやタクシーを利用すればよいのかもしれないが、時間が合わなかったりお金がかかったりと問題がたくさんあり、気軽に外出する高齢者が減って、家に引きこもりがちになってしまわないかが心配である。

イベントを企画・協力、祭りの神輿担ぎも

協力隊として様々なイベントを開催したり、町のイベントに参加した。

まず私たち協力隊が開催したのが「えのぐであそぼ」というイベントであった。取り壊しになるという旧保育園に自由に絵の具で絵を描くという内容だったのだが、子どもはもちろんのこと、大人も大いに楽しめ大成功だったと思う。

「胆振線上映会」では各集落での上映会のほかに、ふれあい福祉センターと「郷の駅ホッときもべつ」でも上映会を行い、多くの町民の方に楽しんでいただけた。なかには映像を見て泣いていらっしゃる方もいて、本当に開催してよかったと思った。また、郷の駅での上映会の際に開催した、胆振線跡を訪ねるフットパスには、喜茂別町民のみならず近隣の市町村からも参加者が集まり楽しんでいただけた。

ふれあい広場健康まつりで他の協力隊員とともに挨拶する筆者

保育園の運動会を手伝ったり、ベイト撒き[*1]をしたり、しらかば会（喜茂別町の婦人ボランティア団体）が月に1回お弁当をつくり町内の独居老人宅を中心に配布するのを手伝ったり、敬老会の記念品を届けに集落を回ったり、シーニックナイト[*2]では、ほっとパークきもべつの大きな木にクリスマスの飾り

つけをし、ハート型のモニュメントやかまくらを作成したりと、いろいろなことを経験させていただいた。

夏には毎週末お祭りが開催され、私もギターの弾き語りを披露したり、カラオケ大会に参加させていただいた。お祭りのなかでも特に私が印象に残っているのが鈴川神社と喜茂別神社のお神輿である。鈴川神社のお神輿担ぎでは集落の若者が中心となり、集落内を練り歩いた。少し離れた場所への移動の際はお神輿をトラックに積んで移動するので比較的楽なのだが、喜茂別神社のお神輿担ぎではそうはいかない。まずお神輿の大きさからいって鈴川神社のお神輿とははるかに異なり、重さも想像以上であった。初めて担いだ時はどちらかというと自ら進んで担いだわけではなかったので、あまり気分が乗らなかったのだが、お神輿を担ぎ喜茂別町内を練り歩き喜茂別神社に戻り終えた時は、達成感のあまり感動して泣いてしまった。

鈴川神社のお神輿は様々な理由により数年前に終わってしまったのだが、喜茂別神社のお神輿は今も毎年担がせていただいている。

地鎮祭なども札幌に住んでいる時には経験したことがなかったので、とても貴重な経験となった。

除雪は冬の大事な仕事

冬になると協力隊の主な業務は除雪だった。札幌の実家に住んでいた時は除雪といっても家の前の雪を軽く除雪するだけだったので、屋根の雪下ろしは喜茂別町に移住してから初めて体験した。

最初は恐る恐る作業をしていたが、何軒もの屋根に登るうちに徐々に高さに慣れていき雪下ろしが好きになった。屋根の上から眺める喜茂別町の景色が私は大好きであった。

雪下ろしもその家によって方法は様々で、大抵の家ではスコップを使って落としていくのだが、なかにはノコギリで形を整えて切った雪の塊をママさんダンプに乗せ、落としていくというユニークな方法もあり面白かった。どうしても高すぎて登れない屋根の雪を、ロープを使って落としたこともあった。

1年目は皆で協力しながら除雪をこなすことができたのだが、2年目は降雪量が多く、協力隊の人数が一人減ったり、体調不良者が続出したり、それぞれ研修などでいなかったりと除雪をするのが非常に大変だった。元気な高齢者は自分で雪下ろしをしたり、機械を使って除雪もできるのだが、怪我などないように注意が必要だ。

最初は特に依頼が来ない時もあったが、住民の方と親しくなっていくうちに煙突掃除・鳥の餌台の制作・倉庫の整理・神棚の整理・FAXの修理・草刈り・時計のねじ回しなど、いろいろな依頼を受けることがあった。どの依頼も協力隊が信頼された証だと思う。

出張整体を始める

初めに少し書いたが私が地域おこし協力隊に募集したきっかけは整体師の資格を活かしたいという理由だった。大学卒業後に札幌の整体学院に入学して整体師の資格を取得し、札幌市内の整体院で働いていたが、あまりの過酷さと賃金の低さに失望し、2009年末に整体師として生活していくことを諦め、退職をした。

安定した給料が保証されている仕事に就きたいと思いながらも、なかなか自分のやりたいことが見つからず自問自答する日々を悶々と過ごしていた際に、新聞で喜茂別町の地域おこし協力隊募集の記事を目にした。そして、せっかく取得した整体師の資格を無駄にしたくはない、もし整体師としての自分が喜茂別町のために役立つならばもう一度整体をやってみようと思い、協力隊に応募した。整体師の資格を持ってなければ私が地域おこし協力隊には絶対選ばれていなかったと思うので、今思えば整体師の資格を取得しておいてよかったと思う。

協力隊に応募する際には知らなかったのだが、当時喜茂別町には整体院がなかったということも私にとってはラッキーだった。喜茂別町に移住してきて初めて施術をしたのが、定山渓温泉日帰りバスツアーに同行した時だった。一緒に温泉に入り、入浴後に数人の高齢者に対し肩もみなどの簡単な施術をした。それがきっかけで高齢者宅に出張整体で訪問することもあった。

本格的に出張整体を始めたのが2010年の秋だった。当初は有料の予定だったのだが、地域おこし協力隊という身分上お金を取るのは望ましくないとの理由により、無料で回ることになった。無料にしたことによって依頼しやすくなった町民の方もいたと思うが、逆に少し

定山渓温泉ツアーの付添い時、整体を施術する

でもお金を支払わないと頼みづらいと言われることもしばしばあった。

最初は出張整体を始めるお知らせとして集落一軒一軒にチラシを手渡ししていたが最大の宣伝は口コミだった。口コミによって評判が広がり、担当集落ではない双葉地区からの整体依頼が圧倒的に多かったことが印象的である。喜茂別町は狭い町なので口コミがすぐに町じゅうに広がるのだが、悪い話は何倍にもなって伝わるということを協力隊の間にいやというほど体験したので、今後も注意していきたいと思う。

ふれあい福祉センターで、研修の一環として整体をさせていただいたことがあった。その際にデイサービス利用者を施術したが、それがきっかけで今後高齢者を施術する際に大いに役立つと思い、ホームヘルパー2級講座を受講した。

出張整体をやっていてよかったと思うことは担当集落のみならず、市街地も含め多くの町民の方と出会えたということである。私のことを息子や孫のように接していただくことが多々あった。施術後に「ありがとう。お陰様で体が楽になったよ」と言ってもらえる時が、私の一番の喜びであり生きがいである。逆に反応があまりないときは、自分の未熟さにがっかりする。一人でも多くの人に喜んでもらえるようになることが今後の課題である。

整体院開業、町議、商工会青年部としても活動

喜茂別町での整体院開業を目指すにあたり、一番苦労したのが店舗地を探すことだった。最初はすぐ

に見つかるだろうと思っていたのだが、いざ探してみるとなかなか条件に合った空き家がなく、店舗を構えるのを諦め、出張整体だけにしようかと考えたこともあった。そんな矢先に協力隊のマネージャーが引っ越すことにより、住宅が空くということで運良く店舗を構えることができた。

2012年4月11日に「整体のおがわ」を開業をしてからの6年半は、本当にあっという間であった。開業する前は予想もしていなかったのだが、TVや新聞の報道で私のことを認知している方が喜茂別町外にもおり、後志管内のいろいろな町から訪れてくれる患者さんが多いことに驚いた。また、喜茂別町に実家があり、帰省するたびに来院される患者さんも多数いる。高齢者の患者さんが多いと思っていたのだが、スポーツをやっている学生さんや、隣の留寿都村にある加森観光で働いている職員など若い方も来ていただいている。

協力隊卒業当初は整体の仕事だけをしていたのだが、今はセコムの地域社員、喜茂別町議会議員としても日々活動している。地域おこし協力隊の隊員として移住してきた私が町議会議員をしていることに対して、批判的な意見もあるのは承知している。ときには町民の方から直接、罵詈雑言を浴びる場面もある。若輩者ではあるが、私は私なりのやり方で議員として活動をしていきたいと考えている。

開業後は喜茂別町商工会に入会し、今は喜茂別町商工会青年部部長として活動している。青年部では喜茂別町内の夏祭り、冬のイルミネーション事業を始め、日々様々な活動に取り組んでいる。

先日は、後志管内商工会青年部の代表数名で北海道胆振東部地震の際に大きな被害を受けた、むかわ町の道の駅に行き、炊き出しを行ってきた。ニュースやSNSで現地の様子はなんとなく把握していたのだが、自分の目で見るとショックをなおさら受けた。

喜茂別町からはコーンスープとアスパラスープの炊き出しを行ったのだが、なんと現地の住民の方のなかで、昔喜茂別町で居酒屋を営んでいたという女性と出会うこともできた。

本業の整体院を優先するのは当然のことなのだが、今後も青年部活動に力を入れ、喜茂別町はもちろんのこと、北海道全体を盛り上げていきたい。

覚悟がなければ地域は変えられない

残念ながら最初は10名いた協力隊も任期の途中で一人減り、9名になってしまい、9名全員が喜茂別町に卒業後も残るという目標は果たせなかった。マネージャーも途中で交代してしまった。私と同様に町内で起業した隊員が2名いたのだが、どちらも様々な理由により喜茂別町を去ってしまった。今現在協力隊員で町に残っているのは6名になった。私たちが喜茂別町に移住してきた理由はそれぞれバラバラで、最初にやりたいと言っていたことを実現できたのは、ほんの一握りだけである。

途中で町内や近隣町村で就職が決まっていく他の隊員を見て、うらやましく思ったこともあった。真面目に働いている隊員もいれば、そうでない隊員もいた。果たして本当にそれが集落支援になっているのかと、疑問に思う行動をしている隊員もいた。今思えば隊員同士が本音でぶつかることが少なかったかもしれない。もっと喧嘩したほうがよかったかもしれない。言いたいことがお互いはっきり言えずにいたような気がする。決して仲良しこよしが良いとは限らないが、もう少し団結しあってもよかったのではないかと今は思う。

協力隊として認知されているので行動や言動で問題を起こすことも多々あった。ＳＮＳが炎上した隊員もいた。社会人として未熟者の私が周囲の方にご迷惑をおかけしたことも多々あったと思う。「地域おこし協力隊は自分たちがスーパースターだとでも勘違いしているのか」と町民の方に怒られたこともあった。

本当に私たちが地域おこしをできたかどうかはわからない。何をもって地域おこしになるのかという答えも私にはわかっていない。ただ、喜茂別町の地域おこし協力隊として様々なメディアに取り上げられることによって、喜茂別町という町を全国にアピールできたとは思う。

変にマスコミに慣れてしまい、新聞やテレビに映る自分の姿を見てもあまり驚かなくなってしまった。地域おこし協力隊になっていなかったら、今の自分は何をしているのだろうと考えると怖くなる。働いていない可能性も十分あるし、生きていたかどうかもわからない。私は喜茂別町に拾ってもらった人間である。

地域おこし協力隊になって、初めて毎月保証された給料をもらい、休みもカレンダーの暦通りという、札幌で整体師をしていた時には考えられない夢のような生活を送ることができた。毎日ほぼ自分の好きなように行動をするという、とても恵まれた環境のなかで仕事をさせていただいた。本音を言えば2年間だけではなく一生地域おこし協力隊として働きたい気持ちだった。地域によって協力隊の内容は異なるが、こんなに楽しくてやりがいのある仕事はほかにはないと思う。協力隊の2年間は、とても貴重な時間だったと改めて思う。

「若いのによく地域おこし協力隊に応募したね」と言われたことがしばしばあったが、地域おこし協力隊に年齢なんて関係ないと思っている。良いことも悪いこともたくさんあったけれど、地域おこし協力隊になったことを私はまったく後悔していない。地域おこし協力隊になってから出会った全ての人に感謝している。多くの人の支えがなければ、私は最後まで地域おこし協力隊としてこの町に残れていなかったと思う。

覚悟がなければ地域は変えられない。ヨソモノであった私が、一喜茂別町民として喜茂別に住み続けること。それが私の今の夢である。

＊1　道路沿いに虫下し入の薬剤と魚のすり身を混ぜてつくったベイトと呼ばれる団子状の餌を散布してキツネに食べさせ、体内のエキノコックスを排出させる。4月から11月頃まで月1回で行っている。現在も私はベイト撒きに参加している。

＊2　冬の夜に国道230号線沿いにキャンドルを灯して楽しむイベント。喜茂別町ではビニールハウスを建てて、その中でジンギスカンを食べる。

協力隊
OB

地域おこしがしやすい地域づくりを目指して

——着ぐるみから、つなぎ育む地域振興

●山形県朝日町　佐藤恒平《さとうこうへい》

1984年、福島県出身。東北芸術工科大学大学院デザイン工学専攻修了。山形県朝日町の隊員を経て同町に地域振興サポート会社まよひが企画を起業。現在、同代表を務める。まちおこし発想法「非主流地域振興」の講演や、ボードゲームを使った研修などを行っている。

地域振興とは「住んでいる人が幸せを実感できること」

3年間つづけた山形県朝日町の地域おこし協力隊を2013年度に退任して5年の月日が経とうとしている。退任にあわせて町内で起業した会社の名前は「地域振興サポート会社まよひが企画」、自分が代表を務める個人会社だ。地域を活性化していく主体は誰なのかと考えたとき、間違いなくそれは地域に住む人・働く人である。だからこそ、その頑張りたい気持ちを企画運営とデザイン面で手助けができる会社をつくりたいと考え、「地域振興サポート」を掲げた会社を立ち上げた。東北の山間地に所在はおいているが、依頼さえあれば全国の自治体や公益団体に向けてどこからでも仕事を受けている。

私はもともと美術系の大学でデザイン工学を専攻していたが、研究のテーマは「地域振興に活かすデザイン」だった。調査だけでなく、研究を実践に活かせる研究者として地域の活性化をサポートしてい

きたいという願望は、協力隊から起業を経てもずっと変わらずもっている。どの町で活動するかよりも、やってみたい方法を受け入れていただけるかが、自分にとっては一番大事なポイントだった。

こと地域振興という言葉と向き合うと、どうも難しく考えてしまいがちだが、目指すべき目標はいたってシンプルである。「住んでいる人が幸せを実感できること」これが地域振興の唯一の目標である。つまりこの目標に向かうための取組はどれも地域振興なのだ。例えば観光を挙げるなら、観光ツアーでお客様がたくさん来た時点ではまだ地域振興とは言いがたい。それによって住民が何らかの得を実感することができてはじめて地域振興となりえるのだ。

言うまでもなく、ひとりの人、ひとつのプロジェクトで全ての住民の実感をつくることは不可能である。場合によってはその企画を実行することで若干の不利益を被る人もでるだろう（例えば無農薬栽培をすすめると農薬の販売店が儲からないように）。だからこそ、地域振興はいくつもの「行うこと」を並行してすすめることが大切である。そして継続していくこともさることながら、次々と新しいことを起こしやすい環境を保っていくことが重要となってくるのだ。

怪しげな約束に誘われて

大学院時代にどんな研究をしていたのかいうと、卒業間際にやっていたのは着ぐるみによる地域活性化の研究だった。着任地となる朝日町とはこの時に縁ができた。研究の実証実験として自分で用意した着ぐるみに入って町のＰＲ活動をさせてもらっていたからだ。もうおわかりと思うが、学会に論文を発表するようなちゃんとした研究活動ではなく、自作の発明したモノ（デザインしたモノ）がうまく地域振興に活かせるか試すような実験活動ばかりしていた。

しかしそのかいあって、大学院卒業後に神奈川で営業職をしているときに、朝日町の自治体職員から一本の電話がきた。「佐藤くんがやっていた着ぐるみ町おこしの研究、うちの町でもう一回やらない？」という地域おこし協力隊のスカウトだった。

今の仕事を辞めて山形に住所を移すことが条件であり、ちょっと迷っていたところに決め手になったのは、「新しい着ぐるみ買ってあげるよ」という誘い文句だった。

私はこれで仕事を辞めようと決意した。正社員を辞して、着ぐるみの中の人になるのは、お世辞にも合理的な考えとは言えない。もらえる給与も半分にくらいになった。でもいつか、大学院での研究を活かした地域振興をしたいと思っており、この誘い文句がでる自治体ならば20代後半の人生を賭けてみてもよいと感じた。もしも人生がもう一度あって、同じ誘い文句をされたとしても、私は首を縦にふるだろう。

朝日町地域おこし協力隊のメンバーと。右端が筆者

地域おこしの仕事と地域づくりの仕事

地域振興ってどんな仕事なのかと聞かれると、私はいつも大きく

分けて二つの仕事があると説明している。一つは地域に住むことが幸せと実感できるようなアクションをする「地域おこし」。もう一つはアクションがしやすいように、金銭補助・ルール（仕組み）・人材面などの環境を整備する「地域づくり」だ。畑で例えるなら、地域づくりが土を耕し、肥料をまく作業。地域おこしが種を植え育て、収穫する作業となる。

２０１０年当時「地域おこし協力隊」になるにあたって私が考えていたのは、いきなり地域おこし（種まき）は難しいだろうということだった。自分が着任する前から町おこしなんて言葉は散々叫ばれており、すでに様々なチャレンジが行われていた。だからこそ、まず協力隊の任期中は地域おこしそのものよりも、地域づくりを重視したほうが良いのではという判断だった。協力隊の全体数も少なく３００人程度で知名度は皆無、朝日町では私が第一号の隊員だった。先にも書いた通り地域おこしは住民が主体となっていくつも起きる状態が望ましい。だからこそ自分が活動を通して実現するのは、住民が何かしらアクションをしやすいと実感してもらうこと、「地域おこしがしやすい地域づくり」が活動の大きなテーマとなった。

こうして始まった地域おこし協力隊としての地域づくり活動であったが、何をやったかというと、スカウト時の要望通り「着ぐるみの中の人」という業務である。ご当地キャラクター・ゆるキャラと言わ

朝日町の非公式ＰＲキャラクター桃色ウサヒと筆者（撮影：トラストバンク）

れる着ぐるみを動かすアクターという仕事になる。従来ならアルバイトを雇って入ってもらうこともあるこの仕事は、本当に地域振興になるのか疑問視する人も多くいた。ただ、普通のゆるキャラとちょっと違っていたのは、キャラクターの考案者が他でもない私自身であるということと、何よりも朝日町の非公式キャラクター「桃色ウサヒ」はご当地の特色がまったく反映されていない、遊園地にいそうな普通のウサギの着ぐるみだということだった。

無個性なキャラだからこそ住民からアイデアが出てくる

ご当地キャラクターというのは外見のデザインにご当地の特産品などを盛り込んで、見た目で地域をPRするのが一般的である。それをまったく無視した桃色ウサヒの着ぐるみは、いわば「無個性」な見た目である。現在も使われているウサヒのキャッチコピーは「朝日が育んだ圧倒的無個性」。ゆるさが売りのゆるキャラ界においてもその分類に物議をかもすグレーゾーンな存在である。

ただし、この無個性なデザインは、もちろん研究として意図的につくられたものである。ウサヒで地域のPR活動を行なっていると、そのつかみどころがないデザインに対して、関わる地域住民からツッコミが入る。「もっとこうしてはどうか?」「ちょっと改善してみてはどうか?」そういった声が投げかけるのである。わかりきった意見なのに、なぜあえてそれ誘発するような見た目にしたのかといえば、この「自分のアイデアでもう少し良くならないか?」と考えることこそが、地域振興で最も大切な「当事者意識」だからである。

地域振興の主体は住民にある。ゆるキャラの着ぐるみがあるからといって、地域のPRをそれ任せにするのではなく、もうちょっとこうしたら？　という意見を引き出していくことがウサヒの無個性なデザインの狙いなのである。

そして、ウサヒでは合せられたアイデアのなかからおもしろそうなものはとりあえず実行してみる。田おこしをしてみたらと言われたらトラクターに乗り、スキーでジャンプしてみたらと言われたらジャンプ台を飛んだ。そして、その写真や取材の風景を役場のホームページやSNSで発信し、地域のPRへとつなげっていった。それはあたかも駆け出しのアイドルとプロデューサーの関係のようで、ウサヒは町民のアイデアを形にしながら成長していく育成型のご当地キャラクターなのだ。

地元のお祭を町民と一緒に盛り上げる桃色ウサヒ

ウサヒにとって、地域住民はアイデアをくれる監督（プロデューサー）的な立ち位置、ウサヒは活動をするプレイヤーの役割を担っている。地域振興では導き手となる役割は自治体のトップや外部コンサルタントなど指導的立場が担い、住民が実動するプレイヤーとして動いていくケースが多いが、ウサヒの場合、仕組みはそのままに圧倒的に導き手側が多い逆三角形の構図となる。従来はプレイヤーの立ち位置だった人々が、アイデアを出す側にいるからだ。提案する住民の数だけ導き手が存在する、人呼んで「逆コンサル」な地域振興のサービスこそが桃色ウサヒの正体である。無個性で物足りない見た目の着ぐるみは、発言を引き出すためと、実行するためにデザインされた道具なのだ。みんなで足並みを揃えて一体感をもって1をつくり上げるのではなく、一つの着ぐるみという道具を通してたくさんのアイデアを実際のアクション（地域おこし）にしていく。これが、地域づくりの仕事として取り組んだ協力隊の仕事である。

結果的に、住民が考えた様々な企画がTVや新聞などのメディアで多く取り上げられることとなり、ウサヒの企画の認知度が高まる結果となった。遠くからはドイツ国営放送が取材に来てくれるなど、予想を超える反響があったが、それらはウサヒを受け入れ、共にアイデアを考えてくれた多くの町民と、それを支えた役場担当のおかげであると感じている。

2012年に開催された第3回地域仕事づくりチャレンジ大賞（主催・NPO法人ETIC）では「地域おこしがしやすい地域づくり」のタイトルで桃色ウサヒが総合グランプリを受賞するが、その評価はウサヒが地域を巻き込んでいくという点ではなく、地域の人にウサヒが巻き込まれ、意欲ある住民の数だけ企画が生まれていくという点が受賞のポイントとなった。

変わっていく地域のために自分が変わるべきとき

ウサヒの知名度の向上に合わせて、最も地域の変化を実感したのが、住民の作成するウサヒ商品が生み出されていったことだ。地元のりんご温泉がウサヒ缶バッジをつくり、スタンプラリー形式のイベントを考えたのをきっかけに、お菓子や文具などが数多く生まれていったが、それらはどれも私からつくってくれとお願いしたものが無い。ウサヒの商品としてなら利益になると判断した事業所・個人が、自らの予算でつくった品物ばかりで、製造に公的な補助金は一切入っていない。

例えばウサヒカレンダーは、1日から31日までの日付のみが入っており、毎月戻せば何度でも使える日めくりカレンダーになっている。某有名詩人のカレンダーを見て文具屋の店員さんが考えたものだ。

ウサヒTシャツは背中に大きくウサヒの顔が描かれているものだが、これは見た人が写真を撮らせてくださいと声をかけやすいように、あえて背中にプリントを施すデザインにしたのだそうだ。

それらの戦略が本当に正解かどうかは正直なところ売ってみないとわからなかった（無事完売はした）。しかし大切なのはこのように、それぞれが持っているアイデアだけでなくしっかりと資金を持ち出しリスクをとって勝負をしてみようという行動である。地域おこし協力隊として関わるなかで一番変化を感じた瞬間であった。同時に自主的なウサヒグッズが店頭に並び始めた頃、私は無個性な着ぐるみを用いた、地域おこしがしやすい地域づくりの終幕も感じていた。

2014年1月下旬、2ヵ月後に迫った地域おこし協力隊の任期終了を前に個人会社を起業した。朝日町には「地域振興をサポートする」というサービスの在り方と共に、朝日町にはウサヒで行ってきた地域づくりの活動の役割は終わりに向かっており、次のステップとなる業務が必要であることを話した。それはもちろん「地域おこし」のためのステップである。

ウサヒを通したアクションで小さく多発的に地域おこしを発生させていったこれまでに対し、住民がそれぞれ種を植える段階であり、着ぐるみを介さない事柄や、もっと大きなプロジェクトを起こしやすくするサポートが必要になってくること。そこで必要になってくるのはなんといっても「お金」である。ということで、独立後に最初に業務委託を受ける仕事として目をつけたのは、「ふるさと納税」の業務であった。変わっていく地域において、まずもって一番に変わらなくてはいけないのが自分の仕事であるという自覚があったからこその選択だった。

スカウトされる側からスカウトする側へ

居住地以外の地域に寄付することで、従来収める住民税などの一部が控除されるふるさと納税は、寄付自治体から返礼品（特産品などのプレゼント）がもらえることからも、徐々に人気が高まりつつあった。年間の寄付額が300万円前後に推移していた朝日町からは、2年間で2000万円まで寄付額を上げることを目標に、運営のアドバイザーの仕事を受けた。当然ながらこの運営には地域振興の研究者としての立場から、実験的な取組を織り交ぜることを了承してもらっての契約だった。

具体的には、返礼品の価格の目安を寄付額の3割程度に設定し、配送用の専用パッケージを自治体でデザイン・制作を行い、統一感があ

朝日町ふるさと納税の返礼品。デザイン監修は朝日町地域おこし協力隊・青木亮太氏が務めている

るプレゼントが届く仕組みをつくったのだ。合わせて、いただいた寄付でどんな成果が出たかを伝えるフリーマガジンの制作を行ってリピーターを確保するという手法だった。

何よりも大きかったのは、この業務については、朝日町の地域おこし協力隊を導入する許可が出たことだった。さっそくデザイン監修ができる技術をもっているという条件でスカウトを行い、デザイナーの青木亮太くんが隊員としてきてくれた。着ぐるみ買ってあげるよとスカウトされた自分は、今度は「君のデザイン技術を買っているよ」と言ってスカウトする側になっていた。

朝日町ふるさと納税は役場の担当チームと協力隊の奮闘の結果、事業開始の2年後2015年度には約7800万円の寄付額を達成し、翌年2016年度にはそれを上回る1億円を突破することができた。

その成果もあって、2016年からは次なる案件として町所有の古民家をリノベーション（改修）したゲストハウスの立ち上げや、小学校の総合の時間のカリキュラムづくりなど、新しい取組が舞い込んできた。着ぐるみウサヒから始まった土壌づくりから、様々な地域おこしの種が芽吹いていった。

2017年1月には着地型観光の宿泊受入、移住希望者のおためし体験、地域住民が気軽に活用できるスペース、創業支援のインキュベートを同時にこなせる小さな拠点として、ゲストハウス松本亭一農舎をオープンさせた。どの分野に力を入れていくかは今後の町の方針次第だが、施設がつぶれないように収益を出しながら運営するリスクは自分で負っていこうという思いから、指定管理はとらずに町に家賃を払って経営を行っている。

発想を学べる研修へ

活動を形にしていくことと同時に、地域の課題解決をするための人材づくりについての相談を受ける機会が多くなった。私が行っている手法は「非主流地域振興」と呼んでいて、成功事例の過程を模倣せず、同様の成果を目指すという、ちょっとややこしい手法を用いている。成功事例の過程を学び再現することで成果を出そうとする主流のやり方とも、新しい価値観を生み出す革新的（イノベーティブ）な思考とも異なる第三の手法だ。

非主流を考え出す心構えは合宿を通して教えられると思い、2016年2月にひとつの研修を行った。「まちおこし前夜の気持ちの準備研修」と銘打ったこの研修は、地域の課題の発生原因を探ることをテーマにした1週間の合宿型研修だった。町で仕事をしている人たちを講師に招き、その話のなかから、地域の課題がどうして生まれてくるのかを参加者同士で話し合う合宿だった。実はこれは地域おこし協力隊の応募前研修にもなっており、この研修を経て朝日町の地域おこし協力隊に応募してくれたメンバーもいれば、他市町村で協力隊や自治体職員として活躍しているメンバーもいる。

地域振興は始まる前の気持ちの準備が大事であり、いろんな困難を想定し、対処や迂回路を考えて進むこと。それこそが、目的達成のために道（プロセス）を自在に創造していく、非主流地域振興の基礎になっている。活動する側の気持ちが少しでも活き活きと燃え続けられるように願い、現在はこの「気持ちの準備研修」を、協力隊を募集したい地域や、人材育成をしたい現場で行なっていく弊社のサービスを展開していければと考えている。

また、現在の活動で悩んでいる行政や団体向けには、協働体験を通して地域課題の解決を見出すヒントになればと、「ボードゲーム」を使った研修も行なっている。サイコロやピースを使った卓上のゲームを使って、戦略と協働を疑似体験することで得られる知見は、実際の地域振興に活かせるポイントが満載である。出張研修の依頼だけでなく、最近はゲストハウス松本亭一農舎ができたことで、「まちづくり×ボードゲーム合宿」も開けるようになり、さらに楽しみの幅が広がったことはとてもうれしい。こういった場を通して、地域振興に関わっている方たちに自分の持っている知識は少しでもオープンに受け渡していけたらと思っている。地域という枠は特に必ずしも地区や市町村に限ったものではない。似た課題を持つ場所との技術の交換が、また新たな取組をつなぎ育んでいくはずだ。

現在、まよひが企画の拠点となっているゲストハウス松本亭一農舎（https://1no.jp/）

新たな道を選んでいく、その前に

この原稿を執筆している最中、朝日町から請け負った今後10年の町の総合計画をまとめる仕事が終わった。朝日町での集大成となる仕事だった。地域振興の研究者としての自分はまだまだ道の途中だが、振り返ると、一つひとつ成果がつながって今がある。ゆるキャラによる地域づくり、ふるさと納税による資金づくり、古民家活用にする拠点づくりから、研修などによる人材づくりへと変化してきた仕事。それらが未来の総合計画にも反映された形になって一区切りを感じている。次の展開を見据えてきた私の仕事は変化していくことだろう。

ただ、新しいステップを踏む前には必ず立ち止まって考え直すようにしている。もっといいアイデアはないか、易きに流されていないか、企画の前にはしっかり迷い、いつだって最善の道を選びたいという想いから「迷いが企画」を会社の名前に掲げている。

これからの時代、地域は必ずしも何かを変えていかなくてはならないわけではない。好意的に衰退を受け入れる気持ちを育んでいく地域振興も存在する。なぜならば地域振興の目的は住んでいる人の幸せの実感だからだ。変化はあくまでも手段のひとつだ。だからこそ「せねばならない」に惑わされることなく自由な発想で、様々な地域おこしが形になるようにサポートする役割を担いながら、次に目指すのは、どこでも地域おこしがしやすい社会づくりである。

行政

二度選ばれる地域を目指して

●山形県鶴岡市　前田哲佳《まえたてつよし》

鶴岡市企画部地域振興課専門員。1979年山形県鶴岡市（旧櫛引町）生まれ。2002年に旧櫛引町役場採用。2005年に市町村合併に伴い、新鶴岡市に。2010年から財団法人地域活性化センターへの出向を経て、2012年から現職（6年目）。少子化対策としての婚活支援、移住・定住の促進、過疎地域における集落対策及び地域おこし協力隊担当等を歴任。

ユネスコ食文化創造都市――食材と食文化の宝庫

山形県西部に位置する鶴岡市は、2005（平成17）年10月1日に6市町村が合併し、総面積1311・53㎢の東北地方一広い都市となった。

古くは庄内藩14万石の城下町として栄え、山・平野・川・海に抱かれた豊かな自然環境のもと、日本初で唯一となる「ユネスコ食文化創造都市」に認定された食材と食文化の宝庫である。また、2016（平成28）年には、地域の食と、それを生み出す農林水産業を核として訪日外国人観光客の誘致を図る地域の取組が「食と農の景勝地（農林水産省）」としても認定されている。

一方、高度な研究機能やバイオ関連産業の集積を背景に、夢の素材「人工クモの糸」の開発で世界から注目を浴びるベンチャー企業なども続々と誕生・躍進を遂げている。

しかしながら、近年は人口減少や高齢化が進み、こうした傾向は、特に中山間地域において顕著となっている。本市ではこれまで、中山間地域の集落課題調査や地域コミュニティ実態調査の実施を通じて、集落の現状や課題の把握に努めてきたが、その多くは生活扶助機能の低下をはじめ、身近な生活交通の不足、空き家や耕作放棄地の増加、鳥獣被害の拡大など、日常生活はもとより集落の存続に関わるような課題を抱えており、市街地や平坦部と比較して、その状況はより深刻なものとなっている。

集落対策は「足し算の支援」から「掛け算の支援」へ

本市においては、合併前の旧朝日村と旧温海町が過疎地域として指定されており、合併後においても、新鶴岡市全体が「みなし過疎（過疎法第33条第1項）」地域として指定されている。

本市の人口の推移を見ると、全体的に減少基調にあるが、特に中山間地域を多く有する朝日地域と温海地域における減少率は、他の地域と比較して突出して高い状況にある。

市では、この2地域を、過疎対策における重点エリアと位置づけ、2011（平成23）年に両地域にそれぞれ1名ずつ専任の「集落支援員」を配置するとともに、朝日・温海庁舎の総務企画課と地域振興課など関係

豊かな自然に抱かれた鶴岡市

課で構成する「集落対策研究会」を設置しながら、集落対策の取組を進めてきた。

具体的には、モデル集落を公募し、1年目は住民同士の話し合いを通じて集落の将来に向けた指針として「集落ビジョン」の策定に取り組んでいただき、2年目以降、最大で3ヵ年、策定したビジョンに基づく実践的な取組に対して活動助成を行った。

集落対策の推進にあたっては、「集落支援員」の存在が必要不可欠で、集落の課題把握から住民同士の話し合いの促進、集落ビジョンの策定、そして住民が主体となった実践活動に対して段階的な支援を行うとともに、取組のフォローアップと広域的な視点から連携の強化を図っている。

モデル集落においては、集落の規模や現状も違うなか、それぞれの身の丈に合った取組を考えながら、都市との交流事業をはじめ、集落内の世代間交流、伝統文化の保存・伝承、特産物のブランド化、景観の向上、耕作放棄地の活用、有害鳥獣対策、自主防災など非常に多岐にわたる事業を展開している。

住民同士が話し合いを重ねるプロセスこそが重要で、地域の再

大鳥地区（繁岡集落）と大鳥地区振興ビジョン

評価や問題意識の共有が図られ、集落に対する愛着や自信にもつながっており、ひいては集落として新たな一歩を踏み出すきっかけにもなり得るものと感じている。

鶴岡市の南端、新潟県境に位置する朝日地域の大鳥地区もモデル集落のひとつで、41世帯77人、高齢化率60％（2017〈平成29〉年3月末現在）の中山間集落である。

2011（平成23）年度に、繁岡・寿岡・松ヶ崎の大鳥地区の3集落で構成する「大鳥地域づくり協議会」を立ち上げ取組を進めていたが、大多数が65歳以上の高齢者であったため、集落ビジョン策定に向けた話し合いのなかで、「この計画を実践に移していくためには、一緒に汗を流してくれるパートナーが必要不可欠である」「お金よりも人材がほしい」といった声が聞かれた。

そのため、当地区の集落振興ビジョンのなかで「地域おこし協力隊の導入」を謳うとともに、当協議会がホストとなって、本市初となる地域おこし協力隊の導入へと結び付けていった。

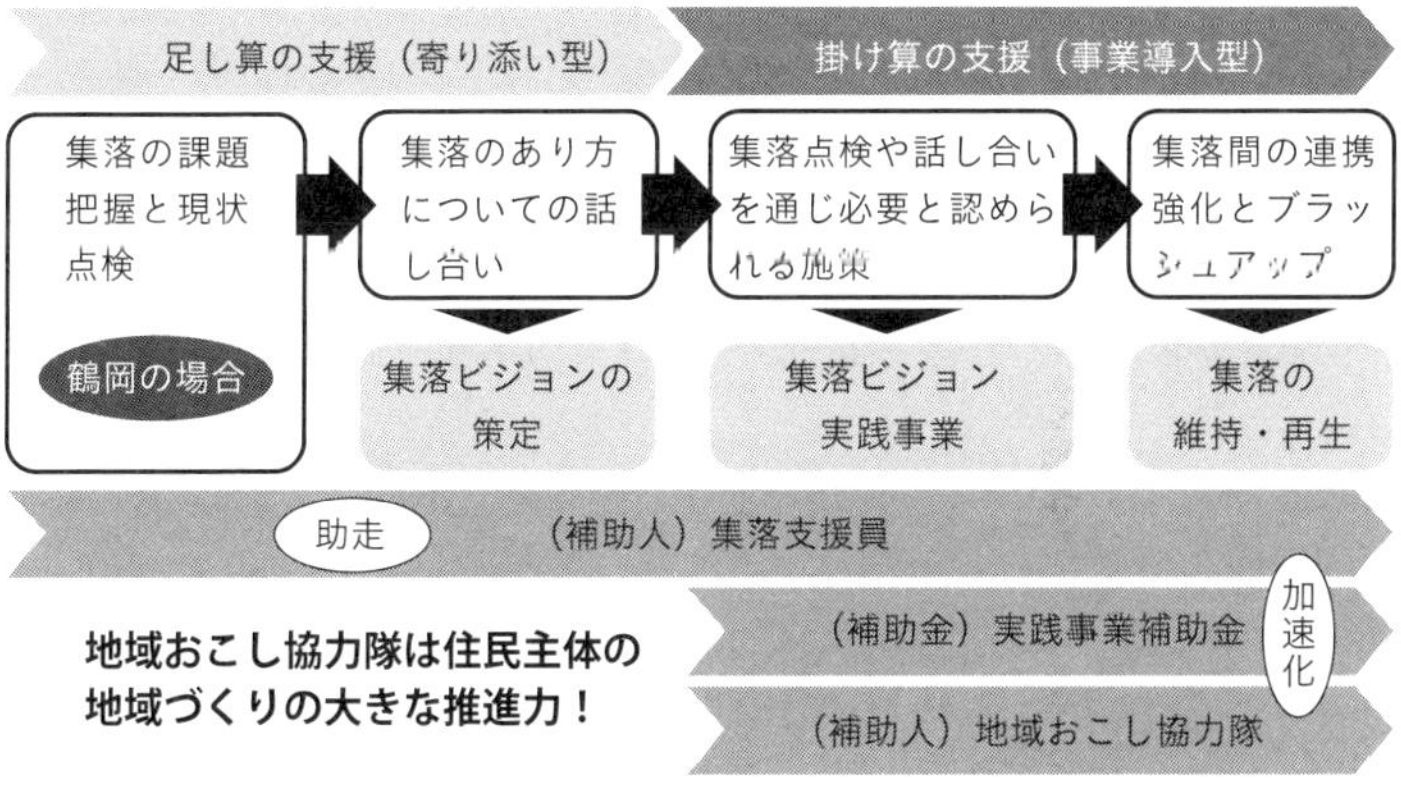

図1　集落対策に及ぼす地域おこし協力隊の意義

ここで、本市における協力隊の意義について少し触れたい。よく耳にする「寄り添い型」の「足し算の支援」、「事業導入型」の「掛け算の支援」の考え方に、本市の集落対策事業のスキームを落とし込むと図1のようになる。

課題の整理から話し合いの促進、ビジョンの策定といった助走期間から、ビジョンの具現化に向けた実践活動（事業導入）に至るまで、集落支援員が中心となって寄り添い型の支援を行う。

さらに、事業導入にあたっては、中長期的な視点から、ビジョンの具現化に向けた実践的な活動ができるよう補助金を交付するとともに、現状やニーズを勘案のうえ、地域づくり活動の大きな推進力として地域おこし協力隊を配置し、取組を加速化させていくというイメージである。

受入地域の下地づくりこそが重要

地域おこし協力隊制度は、非常に魅力的な制度である反面、人的支援であるがゆえの難しさもはらんでいる。とりわけ、都市部の若者を地域に受け入れるという点においては、活動にかかるサポート態勢の構築はもちろんのこと、地域側の受入態勢の整備が望まれる。

本市においては、地域づくりの主役は、あくまでも地域住民であり、協力隊はそれらをサポートする人材という位置づけである。地域において協力隊への依存が強まれば、むしろ地域力が低下してしまうことも懸念されるため、まずは受入地域の方々に、制度そのものへの理解を深めてもらうことが肝要である。一握りの例外を除き、協力隊は配置さえすれば勝手に事業をうまく回してくれるようなスーパーマンではないし、人間ひとりが成せる活動には限界もある。住民の過度な期待は決して居心地のいいものではない。

そのためにも、受入を目指す地域住民が、事前に協力隊制度について先発事例などから学ぶ機会などは有効であると考えている。

本市では、受入を目指す地域が、先に活動を開始している他地区の隊員や受入地域の方々を講師に招いて自主的な研修会や交流を重ね、制度や課題について理解を深めるといった試みが行われている。はじめての導入であれば近隣市町村の隊員を招くのも一つの方法であろう。そうした下地づくりのなかで主体性が芽生え、自分たちでパートナーを選ぶという観点から、隊員選考に際しても、ホスト団体の方々が面接官として参画するようになっている。赴任した隊員の地元歓迎会の席で聞かれた「いい意味で期待してません」というホスト団体代表の歓迎の言葉にすべてが凝縮されているようで強く印象に残っている。

本市では、地域の目標はもちろんのこと、協力隊員にどのような活動をしてもらうかという地域側の戦略も必要であると考えており、そうした下地が整わない段階では、協力隊は配置しないというスタンスである。

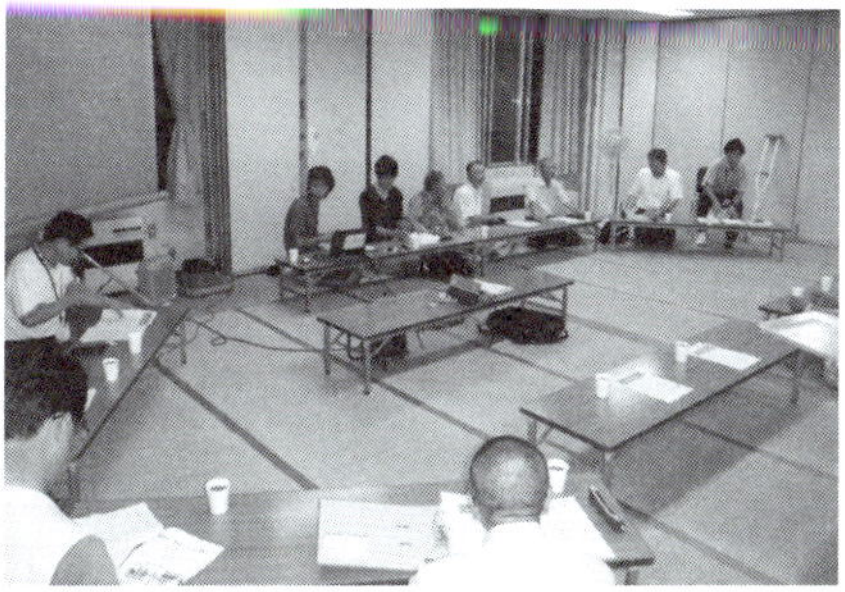
自主的な研修会の様子

本市における受入態勢の特徴としては、協力隊を受け入れる地域には、主体性を持ったホストとなる団体が存在する点と、話し合いやビジョンづくりを通じて地域の目標・指針が明確になっている点があげられる。

四つのプレイヤーによる推進体制と活動展開

受入後の推進体制については、よく地域と隊員、そして行政とトライアングルでその関係が例えられるが、本市では本所担当課のほかに隊員の活動するエリアの地域庁舎に、さらに身近で隊員の活動をサポートする担当者が複数人おり、地域と隊員、本庁と地域庁舎の四つのプレイヤー相互に協力・連携、そして役割分担のもと事業を進めている（図2参照）

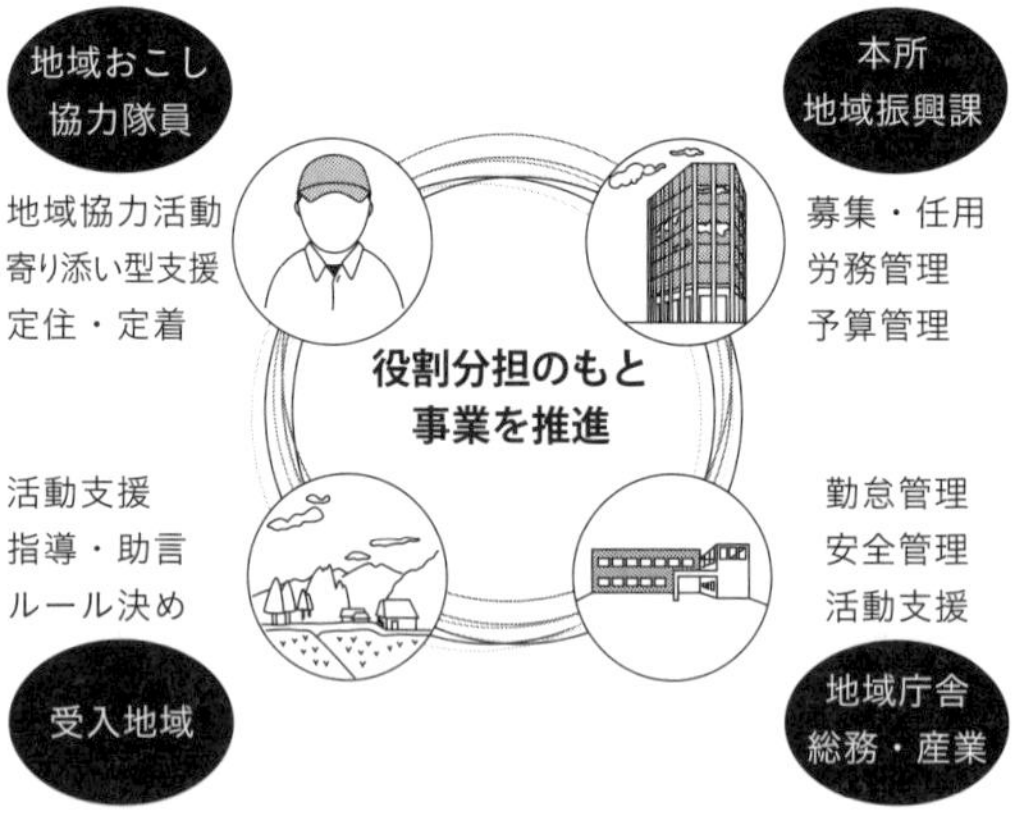

図2　4つのプレーヤーによる推進体制

また、本市に赴任された隊員には、必ずはじめに活動期間の時間の使い方について、お話をさせていただいている。それは、3年間という貴重で限られた時間を、焦らず有効に活用していただきたいからである。

まず活動1年目は、地域をよく見つめ、地域内外の様々な人とのネットワークの構築に集中していただく。興味のあること、もったいないもの、地域の困りごとなど、様々な素材を徹底的に収集する期間という位置づけである。

2年目は1年目に収集した素材と構築したネットワークを礎に、とにかくチャレンジする。もちろんチャレンジに必要な資格や免許の取得に関しては最大限配慮している。

そして、総決算となる3年目。2年間の経験や反省を踏まえ、定住や定着にむけ起業など自身のプランに磨き上げを行う期間と位置づけている。

隊員は地域のことはもちろんのこと、それに加えて自身の今後のことも考えなければならないため、その際の心持ちの目安として、地域のこと：自分のことの比率として、1年目は7：3、2年目は5：5、3年目は3：7ととらえていただくとともに、われわれ業務に関わる担当職員間でもこのイメージを共有している（図3参照）。

また、本市では各種研修会への参加や資格免許の取得にもかなり重点をおいている。例えば国や関係機関のメジャーな研修会のほか、月3万円ビジネスを学ぶ仕事づくりの塾や山岳ガイドなど

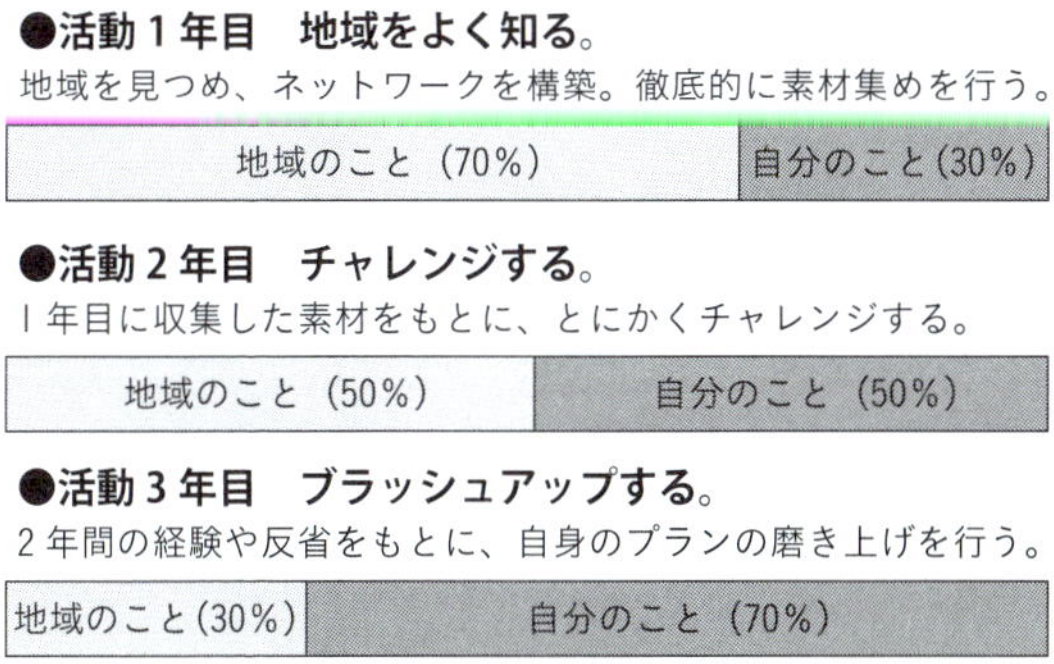
●活動１年目　地域をよく知る。
地域を見つめ、ネットワークを構築。徹底的に素材集めを行う。
地域のこと（70％）
自分のこと（30％）
●活動２年目　チャレンジする。
１年目に収集した素材をもとに、とにかくチャレンジする。
地域のこと（50％）
自分のこと（50％）
●活動３年目　ブラッシュアップする。
２年間の経験や反省をもとに、自身のプランの磨き上げを行う。
地域のこと（30％）
自分のこと（70％）
図３　活動期間の時間の使い方

にも活用できる森林インストラクター養成講座、自然体験学習指導者の養成講座などにも積極的に参加している。免許で言えば「狩猟免許」。これは、貴重なマタギ文化の担い手としての側面と有害鳥獣対策としての側面を持つ。そして「大型特殊免許」。こちらも耕作放棄地の再生と冬季は除雪機械の操縦など克雪対策の担い手としての側面を持つ。

このように、今後の活動に必要である、あるいは定住を見据えた資格・スキルであると判断されるものについては、隊員の申出に基づき予算化している。

また、これら資格免許の取得に関わるもののほか、例年の活動計画についても、隊員による企画提案（プレゼン形式）を基本としている。隊員が持ち込んだ企画を担当者も含め協議のうえで予算化するようにしており、経費の見積などもすべて自分で情報収集し事業計画書を作成している。

大型特殊免許の取得

地域を変えていく協力隊——各地区での活動展開例

大鳥地区における協力隊の活動内容は、集落ビジョン策定の段階で抽出した地域の資源や課題をベースに設計しており、活動エリアの人口から考えて、住民一人ひとりと顔の見える関係も築きやすいという状況もあったため、地域イベントへの応援をはじめ、地元で管理運営する自然体験学習施設の指導業務補助、屋根の雪下ろしといった高齢者の生活支援まで、住民一人ひとりに寄り添うカタチをとった。地元住民からも、「協力隊がいることで、何かに取り組む気運・意欲が高まった」「協力隊に対する住民の期待度は大きく、外からの視点での取組など地域に元気が出てきた」といった声が聞かれた。

2013（平成25）年5月に着任した2名は、2016（平成28）年4月に3年間の任期終了を迎え、任期終了後もそのまま定着し、大鳥地区を拠点に生計を立てており、マタギとしても現役である。砂山元元隊員は当地区の自然体験学習施設「大鳥自然の家」の所長として勤務する傍ら、自ら改修した山菜等加工施設を運営している。また、田口比呂貴元隊員は、地域内に散在する様々な仕事を請け負うかたわら、地域の特産物を扱うオンラインショップ「大鳥てんご（http://ootori-tengo.com/）」を開設・運営している。行政としても、「地域おこし協力隊定住促進起業化補助金」を新たに創設し、彼らの起業、そしてその先にある定住に向けて支援を行った。

一方、福栄地区では、地域の活性化と産業の振興に向けた取組を進めるため、2013（平成25）年10月に設立した菅野代、温海川、木野俣、越沢、関川の5集落で構成する福栄地域協議会「福の里」がホストとなって、3名の隊員を受入れ、地域づくり活動を展開している。

大鳥フェスタの打ち上げの様子

大字単位の大鳥地区と比べ、福栄地区は旧小学校区のため、261世帯、816人〈2017〈平成29〉年3月末現在〉とある程度の規模感はあるが、同様に人口減少や高齢化に伴う諸課題を抱える地域である。

課題となっていた情報発信、特産品開発、生活支援の三つの分野でプロジェクトを立ち上げ、各ミッションにつき隊員を1名、主任者として配置し、お互いをサポートする形をとりながら、チームでミッションにあたっている。当地区の規模感も踏まえ、担当する役割を明確に設定して地域に入ったほうが活動を展開しやすいだろうという判断から、個別ミッションごとに募集・採用を行った。

情報発信分野では、地域で立ち上げたHPやSNSをはじめ、地域情報誌「福の里通信」など各種媒体を活用し、当地区の自然や暮らし方など地域の魅力を地域内外に向けて積極的に発信している。

また、特産品開発分野では、〝焼畑温海かぶ〟をはじめ、地域の特産物を活用した加工品開発・商品化や地域資源を活用した体験プログラムの実証に加え、年金＋αを目指した共同作業の仕組みづくりなど年々活動の幅を広げ、市の食文化部門やJAなど関係機関との連携の機会も増えている。

さらに、生活支援分野では、高齢化が進む中山間地域における将来的な生活支援の仕組みづくりに取り組み、協力隊が事務所を構える木野俣集落センターに、高齢者の活動拠点及び地域医療の拠点を創出し、地区外の医療機関からの定期的な往診が開始されたほか、アンケート調査を通じて方策を模索していた買い物支援についても、生協の移動販売車誘致といった成果に結び付けている。この地域医療と買い物の問題は、当地区のかねてからの課題であり、集落ビジョンに掲げながらも実現までには至らなかった案件でもある。「協力隊の受入なくして実現はできなかった」と地元自治会長も振り返る。

以上の結果から見ても、協働しうるホスト団体の存在と集落ビジョンの策定等を通じた将来像の明確化（取組の方向性）を前提として、外部人材制度を活用することについては、地域の活性化はもちろんのこと、地域の新たな担い手として任期終了後の定着にもつながっており、集落対策の推進に効果が期待できるものと評価している。

いかに柔軟に制度を運用できるか

本市においては、集落対策の推進という政策のもと、地域づくりの最前線に事務所と住居を構え、地域の一員として様々な活動に従事してもらいながら、地域力の維持・強化を図ることを目的として、地域おこし協力隊制度を活用している。

協力隊制度のメリットはズバリ自治体のオーダーメイドで事業の組み立てが可能な点である。そうした活用を見越し、推進要綱上も自治体の柔軟な運用が可能となるよう、あえて粗いフレームが用意されている。ゆえに、いかに柔軟に制度を運用できるかがポイントとなってくる。

本市では、受入地域の実情やニーズに応じて受入のスタイル（フリー型・ミッション型）をアレンジしたり、兼業が可能となるよう、隊員の意向も確認しながら非常勤一般職から非常勤特別職へと身分の

移動販売車の本格運行が開始

変更も行った。また、住宅の確保や車両の維持管理をホスト団体に委託する方式の採用や、報酬の弾力化を受けて活動年次ごとに報酬の額がアップする昇給制度の導入、定住に向けた起業化補助金の創設など、国の動向にも注視しながら、制度の見直しを行っていった。

行政の役割は、受入地域との調整はもちろんのこと、行政内部の調整も行い、絶えず制度の見直しを行いながら隊員が活動しやすいように、そして地域に定住・定着が図れるように環境や条件面を整えていくことだと感じている。「協力隊員をしっかりサポートするように」、これは本市のトップの言葉で、常に自戒としているところである。

二度選ばれる地域に

協力隊の受入は、地域外から新たな担い手を迎え入れ定住してもらうという点において、移住施策と通じる部分がある。移住に際しても地域選びが重要となるが、特に協力隊員は、応募する時と任期が終了した時の二度地域を選ぶことになる。そんな観点から2点ほど触れさせていただきたい。

まず1点目が「地域みがきの重要性」である。現在、受入を希望する自治体が右肩上がりに増える一方、全国的な売り手市場となっており、募集活動を行っても芳しい結果が得られないなど、人材の獲得に苦慮するケースが多い。言い方を変えるならば、地域や行政が人材を選ぶのではなく、人材に地域が選ばれるという表現のほうがしっくりとくるのではないだろうか。

ここで言う「選ばれる地域」とは、単に生活面での利便性が高いといったことではなく、課題は抱えているけれども地域住民も一緒に考え行動に移していくような姿勢であったりと、〝可能性〟や〝関わりしろ〟が感じられ、そこでの暮らしや自分の取組が具体的にイメージできることなのではないかと考える。自分たちはまったく行動する気もなく「とりあえず来てくれ、何とかしてくれ」では誰も来たがらない。地域の人々がいきいきと暮らし、地域みがきを通じて絶えず魅力的な地域であろうとすることが、「選ばれる地域」になる道だと感じている。

また、2点目として、「世話人の存在」も重要な要素である。本市の移住現場においては、専任の移住コーディネーターが、住まいや仕事探し、起業、新規就農、子育てなど、移住に関する様々な相談を受け付けているが、相談窓口設置から1年で相談件数は約6倍に増加し、移住実績も着実に増えている。最終的に移住を決断する際には金銭的なものよりも「人とのつながり」を重視するとも言われており、どれだけ親身に寄り添って、移住から定住に至るまでサポート態勢を構築できるかが重要である。

この点は、協力隊にも当てはまり、受入先のホスト団体の人や地域住民、行政の担当者などが世話人となって、隊員が地域に馴染み溶け込むまでのサポートを行い、いかに着任前後のイメージのギャップやミスマッチを緩和・解消してあげられるかが重要となる。

着任前の事前研修会の開催をはじめ、地域めぐりや地域住民との交流会、行政の政策や取組の方向性、服務などについて理解を深めてもらう行政研修会なども有効であるし、そのなかで、隊員は事前に地域のことや地域の人を知り、「隊員」と「地域」、「行政」相互の理解を深めながら、緩やかに活動のスタートがきれるよう努めている。

また、受入地域の状況を見ても、常日頃の活動はもとより、任期終了後に向けた仕事の紹介など、ホスト団体の方を中心に非常に親密に関わってくれており、こうしたことも、二度目の選択となる3年間の活動終了時に、隊員がその地域に残ろうと思えるかどうかに大きく影響してくるのではないかと感じている。

将来に向けた「想い」を共有

現在、新たな受入に向けて準備を進めているが、先発事例に学ぶ研修会の開催はもちろんのこと、地域が主体となった受入準備委員会の設立や受入後の推進体制の検討など、これまでの先例の蓄積のうえに、さらにアレンジを加えながら、よりよい受入態勢を目指そうとする意識が地域にも行政にも生まれている。

地域おこし協力隊の導入については、あくまでも地域力の維持・強化を図るための「手段」であって、それ自体が「目的」となってしまっては、期待する政策効果が望めない。地域をどうしたいのか、また、なぜ「地域おこし協力隊」を受け入れ、彼ら彼女らに何を求めるのかをしっかりと見極め、「隊員」と「受入地域」、「行政」の連携のもと、地域の将来に向けた「想い」を共有しながら、二度選ばれる地域を目指して取組を進めていきたい。

家族ぐるみで接してくれる地域の方々

協力隊
OG

私を育ててくれた地域の人との出会い

●長野県飯島町　木村彩香《きむらあやか》

神奈川県二宮町出身。神奈川県内や東京都内での仕事を経て、2014年4月から「飯島町地域おこし協力隊」として着任。「移住系女子」の視点で、結婚支援や移住定住促進など、都市と地域とのつなぎ役として様々なイベントなどを企画。現在は、空き家をリノベーションし、田舎暮らしシェアハウスを運営。同時に、結婚支援や地域おこし協力隊サポートを中心としたLLPマリッジローカルコネクトを設立。

●普通の私が地域の宝になった日

「役場の木村さん」から、私の呼び名はこの3年間で変わった。

「あやかー、今日ご飯食べていくか?」と声を掛けてくれるのは、リンゴ農家の那須野市雄さん(通称いっちゃん)。

私の生まれと育ちは、神奈川県の二宮町、海沿いにある町。その海育ちの私が現在は、山に囲まれた長野県でシェアハウスのオーナーをしている。これまでの3年間、私に何があったのか。そこには、様々な方との出会いが関連している。

いっちゃんとの出会いは、地域の行事や、手打ちそばの会だった。「話があるから来てほしい」の一言から、私といっちゃんの関係は密になっていった。いっちゃんの奥様、智代美さんはパワフルなお母さんで、いつも動いている。そんな二人を尊敬していて、私は定期的にいっちゃん家に足を運んでいた。

いっちゃん家は、今では、私のような若者や地域おこし協力隊が頼って訪ねていく存在だ。そんな、いっちゃん夫妻と若者の架け橋を最初につくったのは、今

いっちゃんの誕生日祝いをみんなで。那須野さん夫妻と

思えば私だった。私がいつもいっちゃん家で夕ごはんを食べてそのまま泊まる。今では、いっちゃんの息子さんや娘、孫と一緒に食卓を囲むこともある。

いっちゃんがある日言った言葉が今でも忘れられない。「木村さんは地域にとってなんですか?」という取材の方の質問に、「飯島町の宝だ」と答えてくれたのである。

●書類の付箋が人生を変えた

「木村さん、最近どう?」

役場で会うたびに私を気にかけて一声をかけてくれるのは、飯島町役場の林成昭さん（通称なりっぷ）。

なりっぷとの出会いは、毎年1月に東京で行われている地域おこし協力隊の説明会だ。私は、神奈川県や東京都内でアパレルや美容関係の仕事をしていた。都会に疑問を感じ始めていた頃に「本当の豊かさとは何か」、そんなことを日々考えていた。

自然を満喫できる場所を求めてインターネットで見つけたとある村がある。村の宿泊所の女将、伊東洋子さんとの出会いが私を長野県に導いてくれる決定的な人となった。長野県の魅力を知り、もともと地域の仕事に興味があった私はそんななか、地域おこし協力隊に出会う出来事と遭遇する。話を聞いてみようと説明会に足を運んで出会ったのがなりっぷだった。

その後、役場からきた一通の書類に付箋が貼ってあった。

「わからないことがあったら気軽に連絡をください」

その細かな気遣いに、わたしは「この地域で頑張ろう」そう決意したのだった。

●仕事のパートナーの末っ子娘になる私

私の飯島町での活動内容は、結婚による定住促進をテーマにした婚活事業だった。地域の少子化と人に焦点を当てた活動である。

その活動を通じて出会ったのが、当時の結婚相談員の宮澤郁雄さん（通称みやちゃ）だ。みやちゃのお家には、情報交換という形で何度もお邪魔していつもお茶を飲んでいた。そして、優しい奥様まさ子さんのお茶菓子を口にしながら、婚活事業や地域について3人でいつも話していた。日常の悩み、仕事の悩みをいつも聞いてくれたのは、みやちゃ夫妻だ。

「彩香ちゃんが来てから、お父さんが元気になったのよ」とお母さんは言ってくれた。そんなみやちゃと、二人三脚でやって来た婚活事業だった。

なりっぷに出会ったセミナーに、なりっぷと説明側に。飯島町に3ヵ月移住したタレントの福井仁美さんと

3年間でイベントは39回実施、参加人数は645人。そして3年間の活動で、10組の成婚カップルが誕生し、なんと、そのうち6組が県外女性と町内男性の成婚だった。

また、余談だが、私が協力隊を卒業した後でも継続的に地域のみんなが活動できるように、チームをつくることも意識した。イベントの企画や運営方法などを共有し、一緒にイベントやチームをつくり上げていったのは、今でも楽しい思い出のひとつになっている。そのほか、地域での受け皿として、地元のお母さんを講師に招いた料理教室を開催したのも好評だったように思うのだが、これらは仕事とプライベートの境界がわからなくなるような、楽しい仕事たちだった。

今思えば私は、ミッションのみならず地域の行事には概ね参加し、とにかく顔と名前を覚えてもらえるよう24時間365日地域おこし協力隊の活動をしていたような気がする。

3年間、みやちゃはいつも私を褒めてくれた。だから、私はより一層やる気になった。お互いに頼ってプラスになり、年が40歳も離れているけど、良い仕事のパートナーだった。それだけでなく、いつからかみやちゃ夫妻は私を、「うちの四女だ」と受け入れてくれていたのだった。

●「応援団だから」3年間で出会ってきた人が起業に導いてくれた

私は、3年間ずっと目の前のミッションしかやってこなかったと思う。正直なところ、任期終了直前に、任期後のことは見えていなかった。

「私には何もない」

そう思っていたが、3年間の地域の方との出会いこそが私にとって大きな出来事だったのだ。

3月31日で任期が終わる。その直前の2月、一軒の空き家に出会う。何も片付いていない、〝そのまま〟の状態。この出会いは私にとって、任期中に感じていたこと、想いをかなえ始める瞬間だったと思う。その空き家を、空いている時間に片付け始めることにした私は、任期終了直後の4月から本格的な古民家のリノベーションを始めることとなった。

何もわからない状態の私に手を貸してくれたのは3年間で出会った地域の方々だ。町内の材木屋さんの瀧澤輝雄さん（通称タッキー）と、大工の吉川俊さん（通称シュンさん）に相談をしたところ、快く協力していただけることになった。結果、タッキーとシュンさんを筆頭に、総勢150名くらいの方がこのシェアハウスに携わってくれることとなった。移住希望者や移住者、地域の方が、毎日必死な私をサポートしてくれるという、非常に大きな〝うれしい〟誤算だった。

そして、7月には空き家をみんなでリノベーションしたシェアハウス「みんなの家　まつだ屋」が完成。

そして、今日も「ここがあってよかった」と笑顔で囲

遅くまでリノベーションの作業　タッキーさんと

んでいるシェアハウスでのみんなの食卓がある。

私が地域との出会いで人生が変わったように、私に出会って人生が変わったと言ってもらえるような人になりたいと思っている。「彩香ちゃんの応援団だから」と声をかけてサポートし続けてくれた、地域の方がいたからこそ私は頑張れた。

協力隊の任期が終わってから「役場に行っても会えないし、なかなか見かけないから寂しい」と声をかけてもらうことが多くなった。たくさんの方と出会った3年間。素直に聴き、素直に受け入れ、素直に動くことをしてきた。その結果、私は地域になくてはならない存在と言ってもらえるようにはなれたらしい。

私は、ここにいると幸せな気持ちになる。地域の方と会ったり話したり、全てが自分自身の中にとってのプラスである。その幸せな気持ちは、どうやら地域の方も同じように感じてくれているようだ。私が地域で幸せに暮らしていることが、地域のために私ができることなのではないかと、ようやく最近感じられるようになってきた。

現在は、シェアハウス「みんなの家　まつだ屋」のほかに、地域おこし協力隊での経験を活かすため、結婚支援活動と現役の地域おこし協力隊をサポートするための団体である「LLPマリッジローカルコネクト」を立ち上げ、活動している。これも、地域おこし協力隊の任期中に出会った近隣市町村の協力隊員である橋本真利さんと立ち上げたものだ。

私はこれからも、私自身が幸せに暮らし、関わる人も同時に幸せを感じてくださることを目標に生きていこうと思っている。

シェアハウスの看板を手に

協力隊OB

人材の循環から、地域の担い手を育む

●山梨県富士吉田市　赤松智志《あかまつさとし》

1989年生まれ。千葉県柏市出身。学生時代にコミュニティデザイン会社studio-Lにインターンとして勤務し、2013年から地域おこし協力隊として山梨県富士吉田市に移住。2015年、宿「hostel & salon SARUYA」を開業。現在は（一財）ふじよしだ定住促進センターに勤務。

私とこの街の出会い

千葉県柏市出身の私は、一人暮らしをしたいがために、一浪して神奈川県藤沢市にキャンパスがある、慶應義塾大学総合政策学部に入学しました。親が海外旅行好きだったことが影響したのか、何かにつけ海外志向が強く、そうはいっても外資系企業とか外交官とか大学の同級生が目指すような職ではなく、何となく航空関係の仕事に就きたいと思っていました。それは、2歳の時に家族で行ったイギリス旅行の際、機内でブロンズヘアーの綺麗なスチュワーデスさんに抱っこしてもらったことをよく覚えていたからなのかもしれません。

海外で働きたい——そんなぼんやりとした夢を描いていた私が、大きく舵を切って、今は日本のローカルで暮らし、働いています。地元でもなく、東京でもない地を選んだことに、大きな選択だったでしょう、と周囲の方にはよく言われますが、私にとっては割と小さな選択でした。小さな選択というか、自然な選択だったように思います。富士吉田市という街だったからこそ、そう思えるのかもしれません。

私が通っていた慶應義塾大学と山梨県、富士吉田市は三者間で連携協定を結んでいます。2007年から続く協定は、当初大学側の知的財産を活用した調査研究の実施、またそのフィールド提供という関係性が色濃く、専門的な部署間の連携が主となっていました。しかし、2011年以降、スタディツアーという名の元、まちづくりやソーシャルビジネスなどを研究する学生が富士吉田市をフィールドに調査研究を行うプロジェクトが本格化していきました。まちづくり系のゼミに所属していた私も、その一員として富士吉田市と関わることになりました。私が大学2年生の時でした。そして、地域おこし協力隊に着任したのはそれから2年後の2013年になります（当時は大学4年生で、富士吉田市から週1回藤沢のキャンパスに通っていました）。

まだ学生だったこの街との出会いの時期にも、いろいろなお話があるのですが、今回は私や任期を共にした何名かの地域おこし協力隊が富士吉田市に入ったことで、地域がどんなふうに変わっていったのか、協力隊時代に私の見てきた景色、出会った人々をご紹介していき

富士吉田市の全景

ながら、その変化の一端をまとめてみようと思います。

「あなたたちに賭けるわ」

出会った時は55歳だったその方は、今は還暦を迎えられました。

2013年、地域おこし協力隊として移住し、空き家の利活用をテーマに活動を始めた私は、自分の中で活動するエリアとして定めた地区がありました。そして、およそ毎朝その地区を散歩して回るのが日課となっていました。その地区に住んでる人と知り合うこと、その地区の空気を吸うこと、その地区の時間の流れを感じること。そして、魅力的な空き家を探すために。郷に入っては郷に従え、ではないですが、少なくとも地域おこし協力隊にとって、片足を郷に突っ込むことは大切だと思っています。あくまで片足くらいがちょうど良いのですが。

朝散歩をはじめて3週間くらい経った時、ついに見つけました。当時坊主頭だった私でも、後ろ髪を引かれるような面白そうな空き家です。私はすぐご近所さんに大家さんの居所を尋ねました。すると、その空き家のすぐ正面のお宅が大家さん宅とのことでしたので、すぐに足を運びました。当時55歳の大家さん。ハキハキと話されるお元気な方でした。聞くと、6軒長屋だったその物件にはまだおばあちゃんが一人住んでいるそう。しかし、おばあちゃんの家を除く他5軒分はもう10年以上空き家だと言います。空き家だったらどこでも良かったわけではない。その長屋には、人が集まるパワーを感じ、「まだ生きたい、まだやれる!」長屋がそう言ってるような空気を感じた私は、ぜひ貸してほしい、大家さんにそう伝えました。すると、大家さんは不審そうに、やや失笑気味に「難しいね」と言いました。ここから、私と大家さんの2ヵ月にわたる交渉劇がはじまります。

片想いをしてる女の子を遠くから眺めるように、ほぼ毎日その長屋を見に行きました。そして、3日に1回は大家さん宅を訪ね、「こんな場所にしたい」「こんなふうに人が集まれる場所にしたい」と熱弁していました。しかし、当時の富士吉田市では空き家をリノベーションして活用しているような場所もなく、大家さんにもイメージが湧きづらかったのか、なかなか良い返事をいただけませんでした。片想いの日々が2ヵ月ほど続き、ようやくリノベーションの具体的なプランとそれにかかる資金を調達できる算段がたち、勝負の日を迎えました。「あなたたちに賭けるわ」。大家さんがそうおっしゃったのは、その日でした。

空き家を持つ大家さんにとっての悩みはいくつかあります。貸さ（せ）ない理由もいくつかあると思います。貸すにしても、ある程度改修費用を負担しないといけないだろう。ご近所にも迷惑だから壊したいけど、壊す費用も馬鹿にならないだろう。その他様々な悩みを抱えながら、最善策というか、消去法で固定資産税を払い続けることを選択した大家さんが大半ではないでしょうか。

ある程度のクオリティがないと、不動産屋も管理仲介には入ってくれないでしょう。貸すにしても、借りてくれる人を探すことが大家さん自身では難しい。今回の場合、改修費用もこちらで調達し、契約も最初は1年更新で何かあればすぐに対応できるようにしました。唯一大家さんにお願いしたことは、月々の賃料は固定資産税をベースに、その額を少し超える程度に設定してもらうこと。改修費用も負担しない、掃除や工事もすべて借りる側で段取りをする。賃料が入ることで固定資産税も負担しなくて済む。大家さんにとってのデメリットは一切ないはずです。あくまで、金銭的な部分の話ですが。

私は地域おこし協力隊の任期中に、約15軒の空き家利活用に携わりました。民家や店舗、アトリエなど様々な用途で使えるように、探しに回ったり、改修したり、仲介したり。そのなかで感じた空き家利活用の肝は、〝大家さんの気持ちよさ〟だったように思います。それは、単純に大家さんに媚びへつらい、言われたことを鵜呑みにして、常にこちらが下手に出る、という上下の位置関係での気持ちよさの提供ではありません。私が感じたのは、「コミュニケーションから生まれる信頼関係」「新しい発想に触れる新鮮さ」「変化を目の当たりにすること」このあたりだったように思います。

地元の若者と一緒にリノベーション

「あなたたちに賭けるわ」。大家さんからその言葉が出るまでに、約2ヵ月間にわたたって、まさに恋人を想うように通い、コミュニケーションを重ねていきました。そして、今までに見たことない世界を一緒に想像してもらえるように、いろんな仲間を連れて訪れました。そして、たくさんの若者が、自分が消去法の末、地道に維持してきた思い入れのある空き家を、楽しそうに改修し、ニコニコしながら使ってる。その事実に触れ、今では誰よりも味方でいてくれる存在になりました。

全国的に見ると空き家を利活用した素晴らしい事例がたくさん増えてきています。良い事例、素敵な情報がすぐに手に入るようになり、すぐに成果やゴールをイメージしたり、求めやすくなってきている思います。しかし、空き家の利活用で大切なのは一つひとつのプロセスやコミュニケーションを省かずに、積み重ねていくことだと思っています。ただでさえ、移住や二拠点暮らしのハードルが下がり、何者かもわからない人がローカルの空き家を借りるケースが増えてきているなかで、大家さんや関係者との時間と思いの蓄積は無視できないはずです。少なくとも、「あなたたちに賭けるわ」という一人の大家さんの勇気ある一言が、その後私たちが携わる空き家プロジェクトのスタートラインをつくってくれたのです。

「だれかの支えになりたい」

私がまだ協力隊に着任する前、学生として富士吉田市に関わりはじめた時の話です。仲良くしてもらっていた市役所の若い職員さんが音楽のLIVEをするというので、別の友人と何人かで見に行くことにしました。ここでLIVEをした市役所の若い職員との出会いもとても大切なのですが、今回はたまたまそこで一緒になった、友人の友人との出会いの話です。

リノベーション後のお披露目イベントにて

その子は私と同じ年の女の子です。当時は彼女もまだ大学生だったと思います。その時は挨拶程度で、深く話をした記憶はありませんでした。その後、私が地域おこし協力隊として活動をはじめ、空き家の改修を地域の人たちと一緒になって作業したいなと思った時に、ふと、その子を思い出しました。彼女もすでに大学を卒業して勤め人になっていましたが、久しぶりに連絡を取ってみました。当時はなかなか同世代の若者と出会う機会も少なく、直接自分から連絡を取れる人も多くはありませんでした。「こんなことを今やってるんだけど、時間あったら来てみない?」そう連絡すると、「楽しそうだね！私にもできることあるかな?」そう返事がきました。確かに、女の子が改修作業となると抵抗あるかな? そう思いながら、「とりあえず来てもらって、できることをやってくれたらうれしいよ！」そんなふうに返した記憶があります。まさに、一般的なまちづくり活動で暗黙の了解のようになっている「できる人が、できることを、できる時にやる」というスタンスを真正面からいくやりとりです。

その後も、私が協力隊の期間は彼女にはいろいろなところでサポートをしてもらいました。改修の時には、差し入れを持って来てくれました（最終的には、バールを持ってニコニコ解体していました）。イベントを一緒に企画して、翌年には自分の高校の同級生を巻き込んで一緒にイベントを運営してくれました。そして気がついたら、彼女は今仕事として富士吉田市のまちづくりに関わるようになっていました。私と同じ、一般財団法人ふじよしだ定住促進センターのスタッフとして、移住者の受入をはじめ、まちづくり全般に携わっています。

彼女がニコニコとバールを持つようになってから、今までにどんな心境の変化があったのかは具体的には聞いてはいません。しかし、「できる人が、できることを、できる時にやる」という最も低い地域との関わりのハードルを越えて、仲間との出会いや地元への想い、地域の人から感謝される経験を経て、彼女らしく働いたり、彼女らしくあることができる環境を見つけたのだと思います。「頑張るだれかの支えになりたい」。彼女がいつも言っている言葉です。地域にはヒーローが必要なのではなく、自分自身の輝き方を知っている、最良のサポーターが必要なのだと、彼女に出会って気づきました。地域おこし協力隊の制度は、協力隊自身がヒーローになるのではなく、まだ地域に関われず芽を出してない眠れる主人公を、地域の中から見つけていく制度なのかな、そんなふうにも感じました。

「俺はもうおじさんだから」

最近、その方がよく言う言葉です。確か、まだ38歳くらいだったと思います。その方はデザインや写真、編集を通じて伝えることを生業にされている方で、住まいは富士吉田市ではありませんでした。初めてお会いしたのは、協力隊1年目の夏頃だったと思います。

「東京からUターンで地元山梨に戻ってきました。自分の名刺代わりにもなるような、山梨のフリーマガジンをつくりたいと思っています。ぜひ取材させてください」。そんなメールをいただいたのが、彼との出会いでした。当時は地元の新聞に少し出してもらうくらいだったのですが、それでも私たちの活動を探し当てていただき、取材の依頼をいただきました。

結局、その方と出会い、そのフリーマガジンに掲載していただいたことで、本当にたくさんの方々と出会い、仲良くさせていただけるようになりました。市内のネットワークづくりで精一杯だった私に、山梨県というエリアでの視野を持たせてくれたのもその方でした。

協力隊として活動を続けていくなかで、ことあるごとにデザインの相談や取材の依頼、イベントの企画や撮影の無茶ぶりなど、その方がフリーランスだったこともありましたが、投げかけ続けました。その投げかけは今でも続いているわけですが、それもあって今でも仲良くしていただいています。

どんな分野でどんな活動をしているかにもよりますが、協力隊の任期のなかで、地域のなかのネットワークをつくり、魅力的な事業を立ち上げ、事業を回し、展開していく。平行して、地域の行事や頼まれごとには割と積極的に顔を出す。そして何より、知らない土地で自分自身の生活をつくっていくこともしないといけません。そんな、一見楽しそうで、やりたいことベースで活動してそうな協力隊でも、やること、やらなければいけないことがいっぱいで、最終的に後回しになるのが、自分たちの活動のアーカイブと発信だと思います。常々意識をしていないとどうにも忘れがちです（私だけかもしれませんが）。

デザイナーの方に取材していただいた時

最近では、SNSを使って手軽にページを立ち上げ、不特定多数に向けて一挙に発信できるようになっています。一方で、自分たちで○○通信のようなお手製の紙媒体をつくって、顔が見える範囲で発信するケースもあるかもしれません。いずれにしても、自分の手の中で情報発信していることが多いように思います。もちろん、富士吉田市の協力隊もSNSのページを持っています。加えて、各メンバーで個々にホームページを持っていることもあります。それはそれで大切なことだと思います。しかし、「餅は餅屋」という言葉があるように、専門的なスキルを持った人には到底かないません。特に、写真や言葉など伝える分野においてはなおのことだと思います。

私たちの場合は、この伝えることを生業にしている方との出会いで、活動の発信の部分で大きなサポートをもらっていました。その方が持っているSNSに定期的に登場させていただいたりすることで、その方が日に日に増やしているフォロワーの方々にも私たちの存在や活動が伝わっていく。「あの人のSNSで見たことあります！」そう声をかけていただけるようにもなりました。それは、地元の新聞に出たり、自分たちでSNSをやりくりしているだけでは届かなかった世代や層の方々です。

前述したように、どんな分野でどんな活動をしているかにもよりますが、特に山梨県や富士吉田市のような〝そこそこ都会でローカル〟なフィールドで活動をしている場合、どんなクオリティで情報を発信できるかによって、活動の広がり方や広がり先、仲間の増え方が違ってくるように思います。自分でできることも増やしながら、どこかで「餅は餅屋」を頭の片隅に置いておくことは大切かもしれません。地域の価値観や感性の目線を上げるために、外部から来た協力隊ができることは多いような気がします。

見てきた景色を振り返って

ここまでに3名の方との出会いのなかから、協力隊として私たちが入ったことで地域に起きた変化のタネを書いてきました。最後に、ここまで書いてきたことのなかから、いくつかのタネを改めて見ていきたいと思います。

①郷に入っては郷に従え、ではないですが、少なくとも地域おこし協力隊にとって、片足を郷に突っ込むことは大切だと思います。あくまで片足くらいがちょうど良いのですが

ここでポイントになるのが、あくまで片足であること。地域おこし協力隊は地域のなかにいるだけでは、変化を起こすことはできません。地域と外部の間に立って、常に外部へのアンテナを立てている必要があります。そうすることで、富士吉田市でも外部からの人の流れが生まれ、新しいアイデアが生まれたりしています。「郷のルールを知っておくこと」、完全に従うのではなく、知っておくことが重要になります。

②大家さんにもイメージが湧きづらかったのかもしれません

自分たちと同じイメージが持てない。ローカルで何かをはじめる時、継続していく時にぶつかる壁の要因としてよくあることだと思います。自分はここまで想像できてるのに、どうしてわかってもらえないんだろう。その壁を乗り越えるためには、事例になるいろいろなネタを持っていないといけません。そして、常に周りの仲間たちにはそのネタを共有しておく必要があります。同じ言葉で話せる仲間を増やす。イメージすること、言葉が変わってくると、発想や考え方も変わってきます。地域の雰囲気や当たり前に変化を生むには、日々小出しにするコミュニケーションが重要になってきます。

実際に富士吉田市でも、空き家の利活用で言えば、大家さん側からの問い合わせが増えてきたり、空き家を使って店舗を持ちたいという地元のお店も増えてきています。文化の芽が出れば、あとは水をあげつづけるだけです。

③今では誰よりも味方でいてくれる存在になりました

味方でいてもらえることは、協力隊側からすると何よりも心強いことです。一方で、味方になってくれた人の側に立つと、間接的にではありますが、協力隊を応援することで地域のための何かしらの活動を行っていることになります。ローカルにおいて、味方の味方が味方なのかと言われると、必ずしもそうではないケースもありますが、協力隊が間にいることでほどよい距離感を保ちながらゆるやかにつながりが広がり、味方同士が同じ方向を向ける可能性があります。

味方になってもらいやすい、わかりやすい活動からはじめていくことも一つの戦略かもしれません。私の場合は、空き家という誰もがうなずけるテーマを扱うことで味方が増えていきました。関わり方や応援の仕方がシンプルだったことも、ポイントかもしれません。

④地域に関われず芽を出していない眠れる主人公を地域のなかから見つけていく

協力隊の任期は長くて3年間です。そのなかでできることは本当に限られています。結果が出ているように見える隊員の活動も、成果をあげられる方法を提示しているだけだと思います。本当の意味で成果をあげ、地域に変化が定着するには5～10年は続けないと難しいと思います。

そういった点で考えると、各地域がそれぞれに成果を求め、実感を持てるところまでもっていくには、協力隊以外のプレイヤーが必要になります。協力隊の活動をきっかけに地域に関わってもらえたり、興味を持ってもらえたり、眠れる主人公を見つけ出すことはこれからとても大切です。富士吉田市では、協力隊ＯＢが教育系のＮＰＯ法人を立ち上げ、地元の高校生対象に地域教育や地元をフィールドにしたキャリア教育の事業をはじめています。人材の循環が良い地域こそ、未来が楽しみになる地域なのだと思います。

地域おこし協力隊は、そこに定着し定住することを目的に日々汗を流し、活動しています。しかし本音を言えば、あそこの地域にも関わりたいし、あそこの地域の人と何か事業をしてみたいなど、地域間を横断したり、行き交うことでモチベーションが上がったり、より自分が本拠地を置く場所に愛着が湧いたりすることもあるかもしれません。一つに絞って、一つに縛られるのではなく、時代に合わせ人も流れていくことが必要なのではないでしょうか。

高校生と地元の大人をつなぐＮＰＯ法人かえる舎

人口減少が進むなかで人材を取り合うことではなく、人材を共有しながら、それぞれに輝ける場所や機会をつくっていくことを、地域おこし協力隊の制度を通して各地域が実践していくことを期待しています。

行政

水源地の村づくりに「かわかもん」が新しい風を吹き込む

●奈良県川上村　栗山忠昭

1951年、奈良県吉野郡川上村に生まれる。1969年に川上村役場に奉職。在職中は、村営「ホテル杉の湯」の初代支配人も勤めた。2012年から川上村長に就任。人口1313人の山村が源流の役割を果たしながら、豊かな暮らしを築くことを目指す「川上宣言」を掲げ、それを具現化する水源地の村づくりに取り組んでいる。

消滅可能性自治体第2位にリストアップされて

奈良県川上村は県南東部、大台ヶ原を分水嶺とする吉野川（紀の川）の源流に位置し、面積は269・26㎢という大きな村である。その面積の約96％を森林が占め、吉野杉に代表される吉野林業の発祥の地として美しい人工林が広がっている。吉野杉の特徴は、節がなく、真っすぐで細やかな年輪があげられる。その特徴から樽丸（樽の材料）に用いられ、江戸時代には灘五郷から江戸へ運ばれる清酒の容器として毎年100万樽以上の需要に応えてきた。時代とともにその用途を変え、高級建築材としても重宝された。しかし、1950（昭和25）年当時には約1600人であった林業従事者が、現在は40名程度であることが示すように、近年林業景気は低迷状況にある。

また、１９５９（昭和34）年の伊勢湾台風をきっかけに計画され、建設に50年の歳月を要した大滝ダムは、「東の八ッ場、西の大滝」と関係者間で称されるほど建設事業が難航したダムである。ダム建設が難航した原因の一つは、役場を含む村の中心地が水没し、移転を余儀なくされたことが挙げられる。この間、新たな生活再建地の確保は困難を極め、多くの村民が村外移転を決断したことから、過疎化に拍車をかけることにもなった。最盛期８０００人を数えた人口は、現在１３１３人（平成27年国勢調査）にまで減少した。高齢化率も58・72％と県内で最も高くなっている。

このような背景もあり、村では観光業を第二の基幹産業と位置付け、ホテル杉の湯などによる交流と新たな雇用の創出を通じて、人口減少に歯止めをかけようと取り組んできた。１９９６（平成８）年には、全国に「森を育み美しい水を守り流し続ける」ことなどを誓う「川上宣言」を発信し、ユネスコエコパーク（生物圏保存地域）や日本遺産の認定を受けるなど、歴史や文化だけでなく持続可能な村づくり「水源地の村づくり」が高く評価されている。

川上村が購入保全する原生林
「吉野川源流―水源地の森」

しかしながら、２０１４（平成26）年5月に、元総務大臣の増田寛也氏が代表を務める日本創成会議が「地方消滅」を唱え、川上村は消滅可能性自治体第2位にリストアップされた。ただ幸いにも、この指摘に先駆け、人口推移について分析や評価を行い、毎年1％程度の移住者の受入を目指すことを村の方針としていた。これは、元島根県中山間地域研究センターの藤山浩氏が提唱する「田園回帰1％戦略」につながるもので、後に策定する本村の人口ビジョンの基礎となり、川上村まち・ひと・しごと創生総合戦略を方向付けていくことになった。いち早く、役場職員だけでなく、村議会や村民へも説明を行っていたため、地方消滅論にも大きな混乱やショックを受けず、新たに歩みだせたと考えている。

このようななか、本村で地域おこし協力隊制度を導入したのは2013（平成25）年4月。今年で6年目を迎え、隊員の多様な活動が村民や地域に変化をもたらす役割を果たしてきた。かねてより私は、「山間へき地に若者が住むことだけでも、地域に大きな元気（変化）をもたらす」が持論であった。申すまでもなく、この地域おこし協力隊制度に〝大賛成〟である。

地域おこし協力隊導入に期待したこと

地域おこし協力隊の導入には、少なからず前述のような状況打開への突破口になることを期待した。2012（平成24）年秋に、導入に向けた検討チームを役場庁内に設置、部署の枠を超えた職員構成により導入準備に取り組んだ。

今思えば、2013（平成25）年4月の導入に向けた準備期間としては短かったが、複数の先進地域の取組事例を勉強させてもらい、本村での地域おこし協力隊の在り方について検討した。

検討の結果、「隊員自らが地域の課題を見つけ、課題解決に取り組む」自主性の高い隊員が本村には必要であり、大まかな活動方針のみを示し、明確なミッションは与えずに、求人募集を実施した。

本村ではダム建設が長引いたこともあり、近年の地域づくりは行政主導で行われてきた。このため、村民も行政に依存する傾向が強く、村民による地域活動は低調となっていた。本村における地域づくりが行政主導によって取り組まれてきたことは時代の要請であり、それ自体は間違っていなかったと思っている。しかし、今こそ村民主導や村民参加型の地域づくりが必要になっていると確信している。だから、隊員が村民を巻き込み、村民とともに課題解決に取り組むことが、地域を変えてくれるのではないかと期待したのだ。

導入にあたっては、はじめて尽くしであった。今となっては当然のことではあるが、インターネット上の求人サイトでの募集掲載もはじめてのことだった。地域の歴史や文化などの魅力に自負はあったが、全国的な知名度もない本村に果たして応募があるのだろうか。そんな不安を感じつつ行った求人募集であった。

結果は私の予想を裏切り、20名以上もの応募をいただくことができた。

私たちは、その代わりに応募者一人ひとりの面接と選考に時間を要し、大いに悩むこととなった。

隊員は地域住民になる必要がある

本村で初採用となった1期の隊員は、東京、埼玉、神奈川、岐阜、大阪、奈良からの男女6名。

年齢構成は、21歳から36歳という若者たち。ちなみに、最年少の21歳の隊員は現役の大学4回生であり、隊員活動を行いながら大学を卒業した。

また、採用した6名のうち、5名が求人募集で本村をはじめて知り、訪れたこともないのに応募をしてくれた。つまり、面接がはじめての来村だったのだ。移住しようとする地域を調査することなく飛び込んできた無謀とも取られかねない行動力に、私だけでなく採用に関わった職員は面食らったはずだ。

隊員任命の後、一人ひとりに「ほかにも募集地域があるなかで、なぜ川上村を選んだのか」と聞いてみた。彼らは「募集記事に掲載された栗山村長のメッセージを読んで、応募したいと思った」と異口同音に話してくれた。知名度の低さを心配していたが、熱い思いを発信すれば、それに応えてくれる者は必ずいると自信を持つことができた。

本村における地域おこし協力事業は6年目に差しかかっているが、その礎は彼ら1期の隊員の行動力によって築かれたものであり、幸せな出会い（ご縁）に恵まれたと本当に思っている。

さて、彼らのサポートを行う受入側の体制になるが、当初は観光や農業、大学連携など幅広く担当する地域振興課に担当を割り振った。現在は機構改革により定住促進課が担当している。隊員への指導や相談などは、担当に任せる形となり、私は活動報告を受け、見守る立場となっている。

しかし、隊員の着任時に、必ず伝えることがある。

「まずは村を知ってもらいたい。1年は遊べ。何か困ったことやわからないことがあれば、遠慮せずに担当者に相談するように」

言葉どおりに遊ばれると少々困るのだが、導入時に期待した「隊員自らが地域の課題を見つけ、課題解決に取り組む」ためには、地域の協力者との関係性を築いてからでなければ、地域の理解や協力も得にくいのが田舎の実態だからだ。何としても地域おこし協力隊の導入を成功させたかったこともあるが、それは6年が経過する現在においても変わらず必要なことであると認識している。

また、担当者には次のように強く指示した。

「隊員は自らの選択で川上村に来たかもしれない。しかし、彼らの人生の大切な時間を預けてくれたのだから、村はそれに誠心誠意応えなければならない。地縁も血縁もない川上村では担当者が親代わりになる気持ちでサポートをしてもらいたい」。本村において、本制度がうまく機能しているのは担当者が、このことを真摯に実践していることが大きいと考えている。

このように隊員も担当者も誰もが手探りしながら、本村の地域おこし協力隊事業は出発した。最初の1年間、田舎暮らし体験ツアーや大学連携事業などの役場の補助をしてもらいながら、隊員は積極的に地域の祭にも参加し、村民や関係団体とのつながりを広げ深めていった。

余談になるが、担当者は公務員としての心構えや議会、予算などの行政の仕組みを伝えるのは当然だが、隊員のなかには運転技術が未熟なものも多く、事故対応や対人関係など様々な面で正に親代わりになってくれていたようだ。

さて、地域に住むということは、どういうことを指すのだろうか。

確かに、隊員は住民票を移し、地域で生活をしているが、そう単純なことではない。

地域で寝食するだけでは、地域住民として受け入れられることは困難である。それには、朝夕の挨拶だけでなく清掃や祭、自治会の会議に出席し、自治会で分担した役割を果たす必要がある。村内で活動している和太鼓やコーラス、大正琴グループに参加している隊員もいる。祭や発表会などには欠かせないメンバーとなり、隊員個人の知名度や関係を広めることに一役も二役も買っている。また、隊員には地元消防団に入団してもらっている。これは職業消防士ではなく、地域住民で構成する消防組織であり、万が一の初期消火だけでなく、地域の防災活動でも中心的な役割を果たす。これに参加することは地域住民との関係を深め、信頼を得るための近道になっていると認識している。このようなことが合わさり、村議会のご理解もいただきながら、隊員と行政、地域の連携につながっていると考えている。

「かわかもん」の誕生

隊員の自主性に任せつつも、村からも隊員活動の方向付けに一定の支援も行っている。

例えば、山崎亮氏（ｓｔｕｄｉｏ－Ｌ代表）を講師に招いた「コミュニティデザイン講座」（連続講座）を開催し、「地域づくりの目的と目指す姿は何なのか、それに向けてどう取り組んでいくか」について村内外の多くの参加者とともに考えてもらった。

この講座の成果として、隊員が「地域の魅力を巡るバスツアー」を

隊員も参加する和太鼓龍幻

企画実施した。

これまでは、このような企画を行えば原生林や滝などの名所を巡ることが多かったのだが、このバスツアーは私たちが見慣れ見落としていた地域の魅力を巡るものであった。老舗旅館や美しい吉野杉の人工林など外部からの視点による資源の発掘であり、地域に埋もれていた身近な資源があることを気づかせてくれた。このようなことは、研修会や書籍で知っていたにもかかわらず見逃していたのだ。

彼らが希望する研修会にも積極的に参加してもらった。

そのなかには、リノベーションスクールなどもあった。別に大工をめざすわけではないのだが、空き家活用を考えるヒントを得るためにと参加した。研修で出会った方との交流は後の活動にもつながったほか、空き家を改修した宿の開業にも参考になったと考えられる。

また、村としては外部アドバイザーによる起業支援を行った。彼らにとってアドバイザーは煙たい存在であったと思うが、隊員と行政とは異なる第三者の立場から助言指導を行ってもらった。そのお陰もあってか、隊員活動の一部は起業という形に発展したと思っている。

このほか、本村は複数名の隊員を採用したこともあり、隊員同士の情報共有のための会議が月2回開催されている。これは自主的に始まったもので、隔週木曜日の9時の定例会議であることから「木9」

子どもも訪ねてくる「かわかもん」の部屋
（地域おこし協力隊事務所）

とネーミングされ、協力隊制度導入時から今も続いている。取り組んでいろことの共有や手伝って欲しいことの調整などが隊員全員で行え、相談や励まし合うピアサポートである。この「木9」から始まることもあった。

例えば、「かわかもん」という川上村地域おこし協力隊の愛称やイメージキャラクターの誕生もここから始まった。「かわかもん」には「川上の者、変わり者、川上カモン」など複数の意味を込めて名付けられている。そして、事務所を「かわかもんの部屋」として村民に自由に訪ねてもらえるように当番制で必ず留守番を置くなどした時期もあった。

やがて、採用時の期待に応え、それぞれが村の課題に向き合って独自の取組を行うようになっていく。「かわかもん」のこれまでの取組を少し紹介したい。

「かわかもん」の多彩な活動展開例

●やまいき市（朝市）

朝市で村内の余剰野菜を流通させている。これは、高齢者に年金以外の現金収入や生きがいの提供につながっている。そこには筋力維持や閉じこもり予防、遊休農地対策など多面的な効果が生まれている。また、吉野川（紀の川）流域市町村で推進している流域間交流を民間

土曜朝市の「やまいき市」

レベルで推進。生産者との物販は生産者と村民の交流にもつながっている。

●エコツアー推進プロジェクト「ヨイヨイかわかみ」

豊かな自然資源と隊員自身の特技を生かして始まった。西表島でガイド経験のある移住者も加わり、おおたき龍神湖（大滝ダム湖）でのカヌー体験を中心にケイビング（洞窟探検）やハイキングなどを展開している。大滝ダムを新たな資源として、どのように活用するかが村の課題であり、彼らの活躍に期待している。

●宿「暮らす宿HANARE」

採用面接の頃から宿の開業を希望する隊員が、国や村の補助金を活用して古民家を改修。眼下に流れる美しい中奥川と切り立った山肌が織りなす景観は素晴らしく、夏は川遊びを満喫できる。近くには、国指定重要無形民俗文化財「吉野の樽丸製作技術」を受け継ぐ加工場があり、歴史や文化、山の暮らしが感じられる宿となっている。

おおたき龍神湖でカヌー事業を展開する「ヨイヨイかわかみ」

●studio Jig（家具工房）

アイルランドで習得した加工技術「Free Form Lamination」と吉野杉を組み合わせ、国産針葉樹の可能性を探っている。これまでの木材加工の概念を覆しつつも、吉野杉の特徴である節がなく、細やかで美しい木目が活かされ、独特の曲線美のある作品を作り出している。林業振興という村の課題と関連し、彼の活躍には大きな期待を寄せている。

●Oide（翻訳・通訳・文庫）

アメリカ国籍の隊員がネイティブな語学を生かし、地域の魅力や文化を発信している。翻訳や通訳を行う一方、宿などの外国人対応や観光パンフレットなどの多言語化にも協力している。また、川上村での暮らしを綴った文庫「上流の日々」の発刊も行っている。

●恋する丸太プロジェクト

丸太に抱きついている女性隊員の記事を見かけた人も多くいるのではないだろうか。彼女は、吉野杉の丸太に「おすぎ」と名付け、什器やテーブルなどに加工し、地域や林業振興につながる情報発信を行っている。このほか、林業伐採見学ツアーの際にガイドを務めたり、林業振興のための会議に参加し、女性ならではの視点で提案を行ったりしている。

地域おこし協力隊を導入して5年が経過する。これまで本村が採用してきた隊員は総勢21名となった。なお、自主活動を展開する「かわかもん」とは区別し、現在は明確なミッションを与えた隊員の採用も行っている。彼らは、木の文化の〝復権〟に向け、村と業界が力を合わせた川上産吉野材の一貫供給体制と情報拠点の構築を目指す「一般社団法人　吉野かわかみ社中」や安心して暮らしつづけられる集落づくり（小さな拠点づくり）や移動スーパー事業などに取り組む「一般社団法人　かわかみらいふ」で活動している。

「かわかもん」と地域のつながり

「ヨイヨイかわかみ」を立ち上げた隊員の一人は在任中に、日本山岳会関西支部東ネパール登山隊2016が行った未踏峰登山に参加し、ナンガマリⅡ峰（6209m）の初登頂を成功させた。

彼には、プライベートでも感心した話がある。

「ヨイヨイかわかみ」の事業でお世話になっている72歳になる老舗旅館の女将さんがいる。「若ければ富士山に登りたかったわ」との何気ない会話をきっかけに、その夢を叶えるお手伝いをしてくれた。富士山をいきなり目指すのではなく、期間を設け、低山から徐々に段階を踏んで、富士山登頂の夢を現実にした。

このような隊員に対し、地域の人々は無関心では居られなくなるものだ。

また、4期の隊員のなかには、特別な技術を身に着けた者もいる。木工経験の期間こそ短いが、飛騨高山で木工を学び、アイルランドの工房での勤務経験もある木工作家を目指す隊員だ。

一般的に木製家具は、ナラなどの広葉樹で制作することが多い。広葉樹の木材価格は世界的に高騰傾向にあり、現在のままでは家具製作が困難な未来も予見される。このため、彼は「家具には不向きとされる針葉樹の可能性を試したい。挑戦するなら、吉野林業の中心地である川上村で吉野杉を用いて取り組んでみたい」とのことだった。勇気をもらううれしい話である。

最初こそ半信半疑であったが、試作された座椅子を見せてもらい、木工作家としての可能性を確信した。「国際家具デザインフェア旭川２０１７」でブロンズリーフ賞を受賞した際も、彼は生意気にも満足しなかった。その後、「ウッドデザイン賞２０１７」で優秀賞（林野庁長官賞）を受賞している。彼は革新的な独特の技法を用い、吉野杉の特徴である細やかな年輪や美しい色合いを作品に活かしている。

そんな彼の影響もあり、村内の木工作家や木工作家を目指す若者が集い、組合的なグループが結成された。川上産吉野材の一貫供給体制と情報拠点の構築を目指す本村としても、このような動きは歓迎すべきものである。彼らとの連携を進め、村として可能な支援を検討していきたいと思っている。

このように私は、担当者や彼らから活動報告を受け、その取組の状況を知ることができる。

しかし、村民のなかには隊員との接点が薄く、彼らの素晴らしい活動を知る機会がない方もいる。

このため、隊員の活動を知ってもらい、多くの方に応援をいただけるようにと、２０１５（平成27）年度から村民向けに「地域おこし協力隊活動報告会」を開催している。年1回ではあるが、約３００名を収容するホールは満席となる。村民向けに実施しているが、村外から参加される方も多く、彼らの活動範囲の広さを再認識させてもらって

隊員の家具工房を訪れる筆者（右）

いる。また、この報告会には毎年、総務省から主管課長らに出席していただいており、この場を借りて感謝を申し上げたい。

村民参加型の地域づくりへ

近隣町村の隊員はもとより、県内外の隊員が本村を訪れ、隊員や隊員ＯＢ・ＯＧと交流しているようだ。

このような交流に村民や移住者が加わり、地域の情報発信にもつながっていると聞く。移住定住に取り組んでいる本村で、行政の一方的な発信だけでなく、隊員や村民、また村外からの多角的な情報発信がなされることは心強く頼もしいことである。

村が目指す取組と隊員が取り組んでいる事業は、同じ未来像のなかにあると私は思う。

今、村は地方創生推進交付金事業を活用して「学びと体験・水源地を核とした源流ツーリズムを実現するための人材育成～オール川上観光プロジェクト～」に取り組んでいる。具体的には、吉野川紀の川源流ツーリズムと名付けたエコツーリズムの推進である。

これまで村は、川上宣言の第１項目に定める「森を育み美しい水を守り流し続ける」ことを第一に取り組んできたが、このツーリズム推進では第２、３項目に定める「持続可能な産業を築き、誰もが豊かな自然に触れ合える機会の創出」を目指している。要は、川上宣言の具現化であり深化である。

この事業は、「ヨイヨイかわかみ」のように村内で展開するエコツアー事業者を応援し、交流人口や関係人口の増加を通じて、経済的な循環や地域の振興を目指すものである。そこにはエコツアー事業者だけでなく、宿泊や飲食店、地域も関わったものとなり、ネイティブな英語能力を持つ通訳ガイドにも出番が生まれてくると思われる。

このほか、村の要望に隊員が応える形で始まった活動もある。

移住相談の際には、本村の自然や歴史、文化などの魅力に加え、住まいと仕事を紹介し、移住希望者にアプローチを行っている。その成果もあり、総合戦略に定めた「毎年3家族12名の移住者獲得」を平成27年度からクリアしている。移住後も移住者の相談には誠実に対応しているが、パンフレットで紹介している名所などへの案内はできていなかった。

隊員が開業した宿「暮らす宿ＨＡＮＡＲＥ」は単なる宿ではなく、地域や村民と移住者の橋渡しのような役割を担うことも目的に掲げている。現在、彼女が中心となり、ほかの隊員の協力も得ながら、自然や歴史、文化を楽しみながら体験できるような「むらしるべ」という活動を展開している。

参加者には、村の名所を巡るだけでなく、お餅つきや味噌仕込みなど田舎ならではの文化も体験を通じて学んでもらっている。これは地域の魅力の再発見ではない。地域の魅力を知らない世代が増えている今、地域内部にも情報を発信する必要があると感じている。

吉野川源流でシャワークライミング
「むらしるべ」の活動のひとつ

季節ごとに内容を変え、夏は吉野川の源流域でシャワークライミング。「ヨイヨイかわかみ」に協力してもらい体験のクオリティーも追求している。参加する親子ともに評価は高く、このような原体験が郷土教育へとつながるものと考えている。

また、思ってもなかったことだが、隊員が結婚し、子どもたちが生まれた。生まれた子どもは、地域で孫やひ孫のような存在になっており、地域に笑顔と賑わいをもたらしている。

図らずも、村民として村の未来を担っていこうとしているのだ。

幸福というのは、一人では決して味わえないという。「よろこびも悲しみもみんなで」が私の思いである。

隊員の活動が地域に新しい風を吹き込んだ。弱い風ではない。地域に確かな変化をもたらしている。

この確かな変化を後押しし、大きな動きにつなげていくのは私たち行政の役割と考える。

今後も彼らとともに、村民とともに、水源地の村づくりに誠心誠意取り組んでいきたい。

協力隊OB

地域の協力隊の役割

――協力隊着任から人おこし事業の取組を通して

●岡山県美作市　藤井裕也《ふじいひろや》

1986年、岡山県岡山市生まれ。2011年に岡山県美作市地域おこし協力隊として活動。協力隊任期後、NPO法人山村エンタープライズを設立し、代表。2016年より岡山県内で活動する地域おこし協力隊卒業生のネットワーク組織を設立し運営を行う。

私が地域おこし協力隊（以下、協力隊）に就任してから2018年までに7年が経った。今、協力隊として活動した日々を振り返ると、地域や行政と関わりを持ちながら、自分の目指す姿を模索したことで成長できた、と思うことが多い。

協力隊は「人を残せる制度」である。私は、地域と協力隊双方がどのように変化してきたのか、協力隊任期を振り返りながら文章を綴ってみたい。

活性化委員会が間に立って地域とのつながりが深まる

私が協力隊として活動したのは岡山県美作市である。

1年目は8300枚の棚田再生に取り組む上山地区、2年目と3年目は岡山県の最北端にある梶並地区で協力隊として活動した。私は協力隊になる前は、考古学を学ぶ大学生だった。勉強のかたわら、国際協力のボランティア活動もしており、アジアの貧困問題や、持続可能な社会づくりについてモチベーションが高く、関連する様々な活動に参加していた。２０１１年の東日本大震災や個人的な失恋経験をきっかけに、岡山県美作市の協力隊に応募。先輩協力隊員が地域の現場に入り、新しい価値観をもって地域で汗を流している姿にも感銘を受けた。協力隊活動のエネルギーの源は、自分を変えたい、世の中の役に立てる自分になりたい、自分の人生は自分で決めたい、という強い思いであり、その選択肢が田舎に飛び込むということであったので、明確な目標など私のなかには当初なかったと思う。

協力隊活動1年目、上山地区では先輩協力隊員たちが棚田の再生活動に取り組み、私も一年間草を刈り続け、ひたすら耕作放棄地の再生に取り組んだ。先が見えない活動に不安を感じつつも、目の前のことをしっかりつめてやっていくしかなかったが、上山地区は活動を魅力的に思ってくれる地域内外の人たちが集まる場であったため、たくさんの人のつながりができ、モチベーションを維持できた。この時はわからなかったが、ここで得た草刈りの技術や人のつながりが1年目以降の協力隊活動に活きてくることになる。

2年目に入り、美作市の最北端に位置する梶並地区から協力隊として活動しないかという声かけがあった。梶並地区活性化推進委員会（以下、活性化委員会）の会長がネクタイを締め市長に相談にいったらしいということを耳にし、私は2年目から梶並地区で活動を始めることになる。

梶並地区は南北に長い3本の谷沿いにある山間集落で人口は約７００人、２００軒の空き家がある過疎集落である。当時としては協力隊の地域側の受け皿がしっかりできていたのは珍しかったのではないかと思うが、活性化委員会が私の受入組織であった。私が協力隊として入る少し前に、行政の補助事業（3年間）が切れ、活性化委員会は解散の憂き目にあったが、再度有志が集まり結成され、協力隊が地域で活動するうえで必要な受入組織ができていた。活性化委員会の会長は富阪皓一さんという方で、活動期間中は、2日に1回は会長さんの自宅でコーヒーを飲みながら様々な話をしてくれた。田舎での生活が慣れない私に田舎のルールや地域の歴史、地域の人間関係を教えてくれ、活動中に協力隊では行き届かない集落の人との調整をかって出てくれ、活動が円滑にいくように動いてくれた。田舎のルールがわからないために地域の方に迷惑をかけたり、活動が中途半端な時には厳しいことも言われたが、今思えば成長の糧になったたし、活動地域内に、協力隊と地域内の人間関係を調整してくれる方がいたのは大変助かった。地域の中での地域全体の人間関係の構造をとらえ、自由に活動ができたのは、活性化委員会の存在なしにはありえなかったと思う。

協力隊の活動を地域が引き継ぐ

私が梶並地区に入ったのは2012年であるが、2018年現在も後から就任した協力隊が活動している。梶並地区での受入は私を1期生とすると現在、3期生が活動している。活性化委員会では、特産品づくりや、1年間移住体験ができる「お試し住宅」を運営していたが、入居者がお試し住宅を出た後の移住住宅を整備するため、3期生の協力隊とともに、梶並空き家管理サービス（KAKS）を整備。

移住のための取組を広げ、ホームページの整備なども行った。私たちが協力隊だった頃とは打って変わって、協力隊に求めるスキルや、協力隊の導入目的がだんだんと明確になってきている。地域の目指すもののうえに、協力隊に何をさせたらよいかという意識に変わってきたのではないかと思う。私たちも成長し意識が変わっていくように、協力隊を受け入れた地域の人たちの協力隊受入に対する意識も変わってきている。

協力隊は任期を終えると、協力隊としての活動は自分で継続していくものと、地域や行政、後続隊員で継続していくもの、継続しないものとに分かれる。それらをわける段階で、任期中と任期後では地域と隊員との関係性が変化する。私は協力隊任期を終えた後、協力隊活動で得たものを活かして起業することになり、任期中の活動の一部であった活性化委員会の特産品開発の活動は後続隊員が引き継ぐことになった。だが、一部引き継げないプロジェクトがあった。梶並地区にあった空き家を改修し茶屋スペースとして運営していた「山村茶屋」である。

山村茶屋での地域交流会

山村茶屋は協力隊最終年度に改修作業が終わり、イベントスペースなどで活用していた。私は、起業活動に専念するために、この山村茶屋の運営に時間が割けなくなり、運営ができなくなってしまったのである。そのようななか、活性化委員会のみなさんから、「地域のランドマークになっているし、ここまで頑張ったものを何かの形で残したい」という声をいただき、山村茶屋を引き継いでくれることとなった。現在では後続協力隊員の拠点として、さらに改修が進み素敵な場所として生まれ変わっている。私としては失敗談になるが、私ができなかったことを活性化委員会のみなさんが我が事として、失敗をカバーしてくれたことはいまだに忘れられない。

協力隊として梶並地区に入った当初、70代前後がメインの構成員であった活性化委員会は、活動メンバーとして移住者を増やし、活動主体が若返ってきており、組織の持続力が増していると思う。私も協力隊を卒業した後もメンバーの一員であり、後続の現役協力隊も活動メンバーになっている。

トライ&エラーを通して地域で学び成長する

協力隊着任当初、梶並地区活性化推進委員会では、移住促進のための試し住宅の運営や、耕作放棄地再生のためにコンニャクやソバの特産品の開発に取り組みはじめていた。梶並地区では協力隊の受入が初めてであり、私自身、活動の軸になるものを模索しながらの活動になった。

隊員としての活動は、特産品づくり等の活性化委員会の活動に参加したが、他の時間は自由であり、当日の地域の人達の話からすると、どのようなことをお願いしたらよいのか、何をする人なのかがわからなかったと思うので、地域も私も模索をしていたと思う。

そのようななか、私は、地域の人から「やってみたら」と言われたことを数々させてもらうことから始めた。地域の草刈り、耕作放棄地の再生活動、空き家の調査や改修、地域にあった木工や織物、草木染めの体験、森の間伐作業などを通じて、地域でできることが徐々に増えていった。それらを組み合わせて体験イベントを実施したり、空き家を使ってシェアハウスを開設したり、地域の交流会を開いたりと様々なトライを繰り返した。様々なことを学ぶことはできたが、うまく行ったな、と思うものはあまりなく、地域の人からしてもほぼほぼ失敗といってもいいくらいのものであったと思う。

梶並地区で活動を始めてからは、地域の人と接するたびに、自分の役割や、地域として潜在的に求められているものや、自分の将来などをよく考えるようになった。協力隊期間中は様々な体験をしたが、自分の役割を強く意識するようになった出来事があった。

梶並地区に来てから、住民との交流を深めようと古民家で交流会を開いたが、私の声かけでは参加者はとても少なかった。次の日、同じ集落で地域住民が声かけをした交流会が開かれ、前日の5倍ほどの人数が集まったのを見て、自分で全てやろうとしていたことを反省する機会になった。協力隊としての強みと地域住民の強みをコーディネートし、役割分担することが大事だということを学んだ。

耕作放棄地再生の田舎体験イベントの様子

協力隊として何かを残そうと思い、地域おこしとはなんだろうか、地域住民が求めていることや住民としての幸せはなんだろうか、ということを現場で必死に考えた。住む人のことがわからないままでは地域の課題設定などできないと思っていたので、たくさんの地域の人の話を聞いた。1日中、高齢女性の話を聞いたこともあった。たくさんは聞き取れなかったが、何をいわんとしてるか、何を求めているかを聞き取ろうとした。「挨拶もできない」と学生の頃大人に叱られていたことを思うと、ずいぶんとコミュニケーションスキルが上がった。地域で住む人の幸せに対する明確な答えは、今でも導けずにいるが、現場で体を動かしながら、地域の人や協力隊、移住者、行政担当者と議論した日々に様々な気づきや学びがあった。

山村シェアハウスから若者の社会的自立の支援へ

梶並地区で、協力隊としてトライ&エラーが続いたが、その中で空き家を活用してシェアハウスを開設し、多くの単身者を受け入れた経験が任期後の仕事につながっていくことになった。

私は、一人でできることの限界を感じていたため、協力隊として外から人を呼び込み、人の流れをつくる結節点になろうとした。地域には季節ごとのアルバイトがあり、人手が足らない。私たちはまず、空き家を活用し、梶並地区に単身者の入り口になる「山村シェアハウス」を開設。ターゲットにしたのは、都市部にいる若者で地域おこしや地域づくりに挑戦したい若者であった。入居中は、地域農家でのアルバイトや地域おこし活動を共に行い、シェアハウスの卒業生の進路は、人材不足に悩む地域事業所への就職、地域おこし協力隊などであった。山村シェアハウスのビジネスプランは、2012年には岡山県美作県民局が行うコミュニティビジネス・プランコンテストで最優秀賞を受賞し、数多くのメディアで発信されることで、農山村に挑戦の場を求める数多くの若者が梶並地域へくるようになった。

このシェアハウスの運営には課題が多くあったが、運営しているうちに、予想しないことが起こった。活動地域や市内に住むひきこもり状態の若者が活動に参加してくれるようになったのである。口コミでその噂は広まり、図らずもその数は増えていったのである。単身者の移住が目的であった山村シェアハウスはその姿を変えていった。

発端は、シェアハウスに入居したメンバーのなかにひきこもり経験のあるAくんがいたことだ。彼は、2年間引きこもっていたが、私達が実施する一週間の移住者向け農村体験プログラムに参加し、その後、シェアハウスへ入居。メディアで取り上げられ、それ以降ひきこもり状態の若者がシェアハウスの体験にくるようになった。彼らは耕作放棄地の再生や古民家改修作業、地域住民との交流を通して自立へのステップを踏んだ。「人おこし」のネーミングは彼自身の発案で始まったプロジェクトである。数年間ひきこもっていた若者がシェアハウスに住みながら、耕作放棄地の再生や空き家の改築、地域高齢者の御用聞きなどをする間に社会的自立に向けて成長していく姿をみることができた。

人おこしシェアハウスの前でシェアハウスメンバーと

地域の課題や困りごとを若者の仕事に

地域のアルバイトの依頼主のなかに80歳になるEさんがいた。名前にちなんでアルバイトを「プロジェクトエイト」と名付けた。プロジェクトエイトは、集落の小川周辺の雑木を伐り川に光をいれることで水の浄化を行うというものであった。入居者のAくん中心に、アルバイトに挑戦し、だいぶん苦労したが、小川周辺の見た目が劇的に変わったので本人に達成感が生まれ、なによりEさんからとても喜ばれた。そのほかにも、地域の高齢者に漬物技術を学び、シェアハウスのメンバーとともに、漬物の生産と販売に取り組んだり、古民家を改修して一定期間、メンバーで考案した「お茶づけ膳」を客に振舞った。お皿洗いや接客など、それぞれが得意な分野で自分なりのできることを見つけて取り組んだ。耕作放棄地再生活動では、20年間放置され、背丈ほどある茅が生えた田んぼの草を刈り、水路を開通させて田んぼを復活させた。山林整備にも取り組み、荒れた竹林の竹を伐採し、山林の保全をするとともに、竹炭の生産にも取り組んだ。地域の事業所や農家では、若手がおらず特に農家の農繁期は大変忙しい。農繁期には、軽作業で手伝えるところがあれば仕事のお手伝いをさせてもらった。

このようなことをしながら、これまで多くの若者を就業や進学など社会でのステップアップへつなげてきた。例えば、Y君はシェアハウスへくるまで2年ほど引きこもっていたが、耕作放棄地の再生や特産品のキムチづくり、高齢者の困りごとの支援などを通して、人と関わる仕事がしたいと考えるようになり、就労準備をして、地域の福祉職についた。T君は、大学受験の失敗がきっかけになり2年ひきこもり状態であったが、共同生活をしながら地域活動をしていた。そのうち、地域の農業アルバイトへいくようになり、地域の土木会社へ就職し、新しく家を借りて住むことになった。彼女もできた。N君の場合、シェアハウスに住まず、1週間に1回ほどシェアハウスへの通いを続けていたが、継続してくるうちに地元の印刷会社へ就職することになった。

協力隊として取り組んだ事業を「人おこし事業」に結集

これらの出来事がきっかけになり、任期後も継続して取り組んでいくことになる「人おこし事業」を始めた。「人おこし事業」とは、田舎での体験活動を通じたひきこもり・ニートの自立支援事業である。地域おこしの活動をプログラムにし、地域の課題解決と若者の自立支援を促す事業だ。地域に生きる若者が希望をもって生き生きと生きられる地域環境をつくることが当プロジェクトのミッションである。

この事業は、計画されてできたものではなかったが、私たちとしては、ひきこもり状態だった若者が活動を通じて自立していく姿をみてやりがいを感じていたし、地域内にもひきこもり状態の若者のことを気にかけ、その自立を一緒に喜んでくれる地域の人がいた。行政としても、地域の担い手確保、市内の自立環境の整備は課題であったと思う。そういう意味で、行政・地域・協力隊や、共に活動していた仲間のなかで、それぞれのニーズややりたいことが組み合わさってできた事業であったと思う。

よくよく地域を見渡すと、梶並地域にもひきこもり状態の若者がいた。外から人を呼び込み、地域に活力をもたらそうと思っていたが、地域内にいる若者が元気になる方が先ではないか、そんなことを仲間と話をしていた。

ひきこもり状態は誰でもその状態になることがあるし、特段悪いことではない。だが、問題はひきこもり状態の長期化による、本人のコミュニケーション力の低下と家族を含めた社会的地域的な孤立である。現在では、内閣府の調査では全国で54万人[*1]、美作市内で推定136名程度[*2]がひきこもり状態の人がいることがわかっており、住民サポーター、市内の民生委員会や、自立支援に協力的な市内の企業、行政と協力しながら地域での孤立を防ぎ、ひきこもり状態の若者の自立を支える取組が始まっている。ここ1・2年の間に地域側がダイナミックに動き始めた感がある。地域住民と普段接している美作市民生委員会ではひきこもりをテーマにした活動方針をだし、行政と大学は実態調査に乗り出している。住民サポーターは、彼らのために料理教室を開いたり、文化的な活動を教えたりしてくれている。地域の学童保育の団体とも交流が生まれてくるなど様々なテーマの団体とつながることが増えた。活性化委員会のメンバーは、ボランティアで関わりをもってくれており、月に1回の会議で近況を共有している。

現在では、人おこし参加者は、市内外から集まってくる。常時12名ほどが長期で滞在しながら自立にむけての活動をしており、短期体験で多くの若者が集まる。彼らは、2年から4年ほどのひきこもり経験があり、共同生活を営みながら、地域おこし協力隊として取り組んでいた耕作放棄地の再生活動や、地域の高齢者の困りごとをアルバイトで受けたり、地域の共同作業、廃校を使ったカフェの運営、特産品の開発をしながら人とのつながりを取り戻し就労準備をしている。自立度が上がると、自動車免許やバイクの免許を取り、週1日2時間から自立に向けて地域の事業所でアルバイトを始めるのである。地域の事業所は人手不足が課題であり、私たちは働きたい若者と事業所とのマッチングを行っているが、就労だけではなく、住む場所、仲間、地域との関係などすべてが若者が暮らすことにとっては重要である。住む人の生活目線で見たときに、必要なものを現場でつくり上げていく分野を横断した総合的な取組に育てていきたいと思う。

協力隊卒業生の役割

地域づくりは人づくり、とよくいわれてきたことだが、協力隊制度はそれを体現している制度だと思う。行政や地域が人材をどう活用するか、育てるかという視点がないとうまくいかない。協力隊員には協力隊という経験をどうキャリアに生かしていくのかが問われている。

人口が東京一極集中のなか、マクロで見ると協力隊員の数は大した数ではないかもしれない。しかし、ミクロの視点で見て行政や地域、協力隊がこの制度をうまく活用できたときの地域へのインパクトは大きい。協力隊1名をきっかけにして多数の人材が地域に関われるようになり、地域が外に開いていくきっかけになるからだ。

地域に残った協力隊卒業生の役割も大きい。最初に地域に入る協力隊員は、地域で「地域おこし協力隊」がどんなものなのか地域住民がわからず模索しながらの活動になる場合が多い。協力隊は3年間で地域と行政と関係づくりを行いながら任期に実現したい暮らしや仕事づくりを目指して活動する。地域で活動するうちに、様々な地域の人材や資源を学びネットワークを構築できる。そして、本当に地域で何が必要とされているのかという一番難しい問題を考えることになる。また 行政とやりとりするなかで、行政の人間関係や公的事業の性質、予算の仕組みなどを学ぶことができる。

制度10年目になり、協力隊卒業生も増えてきた。協力隊卒業生をみていると、両者を知ったうえで、地域づくりに関する現場でのコーディネート機能を担いつつある事例がいくつも見られる。制度10年間の蓄積は大きい。受入地域と同様、多くの隊員がこの10年の間に地域で様々な挑戦をしてきた。地域に蓄積された経験と、協力隊卒業生の経験を次に引き継ぐことで、地域づくりにおける担い手育成につなげていけたらと思う。

＊1　内閣府　2018「若者の生活に関する調査」『子供・若者白書』
＊2　2015年の内閣府調査より、人口あたりのひきこもりの出現率より推計

協力隊
OB

地域の熱量を高める、「三方よし」の地域振興

●広島県安芸太田町　河内佑真《かわちゆうま》

1988年生まれ、山口県山口市出身。広島大学卒業後、銀行勤務を経て、2013年4月より安芸太田町地域おこし協力隊。任期終了後に広島県へ入庁し、地域政策局中山間地域振興課へ配属。現在、クラウドファンディング活用支援などを担当。2018年4月から県立広島大学大学院経営管理研究科に在学中。

協力隊から県職員へ

2016年3月に地域おこし協力隊の任期を終えて、丸2年が経った。「これからも安芸太田町で」という想いもあったが、結果的に、私は「転出先で就業」という道を選んだ。現在は、活動地であった安芸太田町に隣接する広島市に住み、広島県職員として中山間地域の振興に携わっている。

入庁3年目となった2018年4月からは、地域づくり活動に関する相談にワンストップで対応する「地域づくりサポートデスク」が所属内に設置された。まだまだ十分な周知ができているとは言えないが、口コミなどでサポートデスクの存在を知った方が、毎日のように相談に来られる。私を指名してくださる方もあり、やりがいを感じるとともに、しっかりとお役に立てるよう、緊張感を持って相談に当たっている。

相談に来られる方には、県内の協力隊や任期終了後のOB・OG、協力隊を受け入れる地域住民などもいる。協力隊経験者であれば誰しも一度は直面する悩みごとであったり、私が協力隊であった当時では考えられない内容であったり、寄せられる相談は様々だ。いずれにしても言えるのは、協力隊を取り巻く状況は百人百様であり、どのような課題もたちどころに解決できる「万能薬」は存在しない。そのため、私が相談を受ける際は、一人ひとりの状況をよく聞き取り、それぞれに合った「処方箋」を相談者と一緒に作り上げていくプロセスを大切にしている。

大切な三つの「心構え」

誰にでも効く「万能薬」はないが、協力隊である以上、絶対に踏み外してはならない「心構え」はあるはずだ。私の場合、これを「地域の人を主役にする」「地域の熱量を高める」「地域に仕組みを残す」の三つであると考えている。

①地域の人を主役にする

協力隊はあくまで黒子として、常に地域にとってのベストを考え、謙虚に取り組んでいかないといけない。協力隊は3年間という期限がある中での活動だが、地域の人たちはもっと長いスパンで物事をとらえ、これまでにも様々なことを試み、成功や失敗を積み重ねてきている。「巨

筆　者

人の肩の上に立つ」という言葉が意味するように、もし協力隊がたやすく大きな成果を上げたとしたら、それは先人たちの涙ぐましい努力がもたらした成果にほかならない。

もちろん、黒子という言葉は、協力隊の自己犠牲を意味するものではない。真っ当な努力をしていれば、必ず誰かが見てくれている。協力隊自身に対する評価は、必ず後からついて来るのだ。

②地域の熱量を高める

多くの協力隊が、地域の人から「この地域はどうにもならんよ」という言葉を投げかけられた経験があるはずだ。このような「諦め感」が地域を覆っている限り、いくら協力隊が頑張ったところで、地域の活性化は難しい。

このような状況を打ち破るには、住民が「この地域の一員でよかった」と思えるために必要な手法を、住民と一緒に考え、実践し、成果を出していくことが重要だ。そのシナリオを設計し、住民を巻き込んでいくことが協力隊の役割である。この時、合理的な判断よりも、地域の人間関係や精神面での配慮が優先されることも少なくない。

次第に「自分たちもこの地域に貢献したい。いや、するべきだ」と考える住民が増えていけば、それを魅力に感じて、地域に関わってくれる人、住んでくれる人も現れ始める。このような「人が人を呼ぶ」好循環が生まれて初めて、地域振興は成功と言えるのかもしれない。

③地域に仕組みを残す

協力隊には任期の限りがあり、任期終了後もその活動に関わり続けられるとも限らない。一方で、3

年間という時限があるからこそ、「寝食を後回しにしてでも」という強い推進力を発揮できる面もあるだろう。だからこそ、任期が終わった後も、地元の方々だけで活動を継続できるような仕組みをつくっておくことが必要だ。

ここからは、私がこのような考えに至った原体験として、安芸太田町地域おこし協力隊としての活動を振り返っていきたい。

人生の転機

安芸太田町との出会いは、私がまだ銀行員として働いていた2012年の秋だった。

当時は、香川県による「うどん県」に代表されるように、自治体のプロモーションに変化が起こり始めた端境期のような時期でもあった。自らをあえて自虐っぽく貶めて、新しい価値観や強烈な印象を残す手法は、SNSの普及と相まって今や定番の一つになっている。広島県も、県出身者の有吉弘行さんを起用した「おしい!広島県」を展開し、全国ネットのテレビ番組やインターネット上で大きな反響を集めた。

このトレンドに素早く反応したのが安芸太田町だった。自治体が取り組むプロモーションにありがちなのが、都道府県と市町村が全く違うコンセプトの企画であったり、都道府県の企画に市町村が「協力」するといったケースだ。しかし、安芸太田町の場合は、広島県の企画に積極的に「便乗」することを選んだ。

本家に似せてつくられたポスターでは、有吉さんの代わりを町民が務め、町役場の女性職員有志が町内各地を踊ってPRする動画も制作した（参考：https://youtu.be/OAo3eCxaSBc）。

県内最少人口、高齢化率ワーストの小さな町がやってのけた便乗企画を、県内メディアはこぞって取り上げた。私が安芸太田町の存在を知ったのは、その報道がきっかけだ。このときすでに、安芸太田町は変わり始めようとしていたのだ。

少ない予算で大きな成果を獲得する見事なプロモーション手法と、絶妙なタイミングを逃さないスピード感。そして、地元住民にスポットを当てて、盛り上がり感を演出するイメージ戦略に感銘を受け、私はいつしか「ここで地域振興を学びたい」と強く思うようになっていた。

「おしい！の〜ぉ。安芸太田町」プロモーションポスター。「おしい！広島県」に便乗して注目を集めた

日本の「先駆け」を志す

安芸太田町を気にかけ始めていたある日、町が地域おこし協力隊を募集しているという情報に行き当たった。これが、私の協力隊制度との出会いだ。当時はまだ制度開始から4年目で、広島県内で活動している協力隊はわずか11名。全く予備知識のない状況であったが、「制度として試行錯誤の時期だから

こそ、飛び込む価値があるはずだ」と迷わず応募した。これから全国的にも増えていくであろう協力隊の「先駆け」となり、制度自体の価値を高める一助になりたいと考えた。

安芸太田町もまた、日本の「先駆け」となる可能性に満ちあふれていた。人口減少、少子高齢化、財政難といった課題にいち早く直面している安芸太田町は、まさに日本の「未来の姿」といえる。その状況下において、全国のモデルケースとなるような解決策を示すことができれば、それはこの国の未来に対する処方箋になるはずだ。

何か特別なスキルや経験を持っているわけでもなかったが、もし私が何らかの成果を上げることができれば、「自分にもできそうだ」という挑戦の連鎖が続くと考えた。一人でも多くの若者が「未来の日本」をあらかじめ経験しておけば、本当の未来をより良いかたちで迎えることができるはずだ。

その想いが通じ、2013年4月、私は晴れて安芸太田町の地域おこし協力隊になった。

危機に瀕した町の特産品

任期の3年間で最も忘れられない経験となったのが、平均年齢80歳の女性グループ「寺領《じりょう》味野里《あじのさと》」のおばあちゃんたちや町内外の有志と取り組んだ、干し柿スイーツ「祇園坊柿《ぎおんぼうがき》チョコちゃん」のブラッシュアップだ。チョコちゃんは、安芸太田町が日本一の生産量を誇る祇園坊柿の干し柿を細長く切り、その先端にホワイトチョコレートをコーティングしてつくられる。2001年、祇園坊柿の一大産地である寺領地区のおばあちゃんたちが「〝何もない〟と言われる地元を何とかしたい」との想いから開発したものだ。

渋柿である祇園坊柿は、通常は渋抜きをしたあおし柿や干し柿として食される。また、その大きさから別名「柿の王様」とも呼ばれ、特に形の良いものは贈答用として高値で取引される。形状や大きさでランクの劣るものは、チョコちゃんや羊羹など加工品の原材料として流通する。

一見、効率的に現金化されているように思える祇園坊柿だが、当時は課題が山積していた。高価で取引される柿は1本の木からそう多くは取れず、加工品用の柿も今となっては信じられないほどの安価で取り扱われていたのだ。また、その大きさゆえの重労働と不安定な生産量、何より自身の高齢化と後継者不在による生産者の意欲減退が深刻な課題となっていた。生産者の中には、「近い将来、祇園坊柿はなくなってしまうだろう」とこぼす人もいたほどだ。

祇園坊柿の収穫の様子

チョコちゃんが持つ可能性

その諦め感を打破する打ち手として着目したのが、地元を愛してやまないおばあちゃんたちが細々と作り続けてきたチョコちゃんだ。何の変哲もない商品に見えるチョコちゃんだが、「祇園坊柿を救ってくれるかもしれない」と思わせる二つの強みがあった。

まず、チョコちゃんが持つ強いストーリー性だ。「厳しい現実に直面する安芸太田町において、唯一の特産品とも言える祇園坊柿を慈しみ、地元を愛するおばあちゃんたちが開発したスイーツ」という強いストーリー性を有するチョコちゃんは、消費者の心をとらえる可能性が非常に高いと考えた。また、「おばあちゃんたちの想いに共感した若者たちが支援の手を差し伸べ、町民一丸となった取組になっていく」という成長ストーリーを戦略的に発信することで、安芸太田町自体に興味を持ち、消費や交流を目的とした来町者が増えるのではないか、という期待感もあった。

次に、保存性の高い干し柿が原材料であることに加え、簡易な設備で製造できる点だ。通常は季節商品である干し柿だが、水分含有量が少ないため、長期間の冷凍保存をしてもあまり品質が劣化しない。また、干し柿を細長く切り、溶かしたチョコレートをつけただけのチョコちゃんであれば、どんなに小さな加工場でもつくることができる。寺領味野里のおばあちゃんたちが冬場に300個を作るのが精いっぱいだったチョコちゃんを、町内各地の加工場で1年中製造することができれば、祇園坊柿生産者にとっては大きな収益の柱になるに違いない。

2013年10月、寺領味野里のおばあちゃんたちの想いに共感

チョコちゃんを製造する寺領味野里のメンバー

し、チョコちゃんの持つ可能性を信じる町民有志で「Newチョコちゃんプロジェクトチーム」を立ち上げた。

「5P」に基づくブラッシュアップ戦略

プロジェクトチームでは、五つの「P」からなる戦略に基づいてチョコちゃんのブラッシュアップに取り組んだ。マーケティングの分野では「Product」「Price」「Place」「Promotion」の頭文字をとった4P戦略が有名だが、チョコちゃんの場合は、これに「Policy」を加えた5P戦略とした。

①Product——エース商品を作る

プロジェクトチームの目標は、チョコちゃんを安芸太田町のエース商品に磨き上げ、町と祇園坊柿の名前を広くPRしてくれる広告塔にすることだ。

そのためにまず取り組んだのは、チョコちゃんにスペシャリストの目を入れることで、町のエース商品としてふさわしい品質を確保することだ。力を借りたのは、福岡県福岡市で洋菓子店「Jacques」を営むパティシエ、大塚良成さんだ。本人は謙遜されるが、私たちは大塚先生と呼んでいた。今でも信じられないが、日本人では5人しかいないルレ・デセール会員の一人である大塚先生が、おばあちゃんたちの小さな取組であるチョコちゃんの製造監修を引き受けてくださった。

大塚先生は、新店舗の出店準備や海外出張などで多忙をきわめるなか、安芸太田町を訪れておばあちゃんたちへ直接指導をしてくださった。その時に誕生したのが、抹茶味のチョコちゃんだ。バリエーションの増加は、「両方買い」による客単価の増加と、おばあちゃんたちのモチベーション向上に大きく貢献した。また、原材料の見直しや製造工程の刷新に取り組み、リードタイムの大幅な短縮につながった。このことにより、チョコちゃんの大量製造や常温販売（当初は冷蔵販売）が可能になった。

パッケージの刷新も行った。主導したのは、U・Iターン者が中心となって若者向けのフリーペーパーを作っていた「あきおおたん制作委員会」のメンバーだ。商品の顔となる表面は、祇園坊柿をあしらったものと、安芸太田町の伝統文化である神楽の登場人物「鐘馗《しょうき》」をあしらったものの2パターンを採用した。パッケージを開けると、裏面には安芸太田町や祇園坊柿、チョコちゃんの誕生秘話などが紹介されている。ここには、「チョコちゃんをお土産として受け取った人が、安芸太田町へ来てみたくなるように」との思いを込めた。町内の印刷会社の協力で、包装紙の材質にも徹底的にこだわることができた。

成分分析や賞味期限設定などの検査にあたっては、広島県の事業を活用する道筋を町役場がつけてくれた。寺領味野里のおばあちゃんたちの強い想い＝自助から始まった取組が、共助、公助へと広がっていく確実な手ごたえがあった。

ブラッシュアップされたチョコちゃん

②Price――「三方よし」の価格設定

開発当初のチョコちゃんは、1パック50g入りで250円という低価格で販売されていた。私たちは、この2倍の500円で販売することを目指した。

実は、チョコちゃんは寺領味野里に1円の利益ももたらさず、おばあちゃんたちは無報酬でチョコちゃんをつくり続けていた。「地元を何とかしたい」という強い想いのあまり、自身の利益よりも祇園坊柿のPRを優先したのだ。また、祇園坊柿の生産者もその想いに気を使ってか、かなりの低価格で原材料の加工用干し柿を供給していた。さらに、要冷蔵保管などの手間のわりに販売利益が低いため、道の駅などの販売者にとってもメリットの少ない商品であった。せっかくの取組にもかかわらず、少しずつつくり手や売り手に負担を強いる構造が出来上がってしまっていたのだ。

しかし、前述の品質改善の取組が価格の見直しを可能にしてくれた。販売価格を500円に引き上げることで、原材料の干し柿を従来の2・5倍の単価で生産者から買い取ることができるようになり、チョコちゃんを販売する店舗の利益も従来の2倍になった。何より、チョコちゃんをつくる寺領味野里に確実に利益が生まれ、少しずつ報酬を渡せるようになっていった。

祇園坊柿生産者・チョコちゃん製造者・販売者の三者に利益が行き渡る構造になったことで、製造体制強化の追い風となるような出来事があった。祇園坊柿を含む農作物の生産・加工・販売を手掛ける「株式会社百姓屋」と、町内で飲食店を2店舗展開する「きっちんたまがわ」が、製造委託先としてプロジェクトに加わることになったのだ。高まる需要に対して体力面の不安があった寺領味野里にとっては頼もしい援軍だ。このことで、以前の100倍に当たる年間3万個をつくれるようになり、欠品によって買いそびれるお客様をずいぶん減らすことができた。

③Place――「あえて」町内だけで売る

全国から引き合いのあったチョコちゃんだったが、あえて町内のみの販売とした。一番の理由は、チョコちゃんの購入を目的とした来町者が増えることで、他の店舗や観光施設などでの消費額増に貢献できると考えたからだ。また、目の前でチョコちゃんが売れていくことで、対抗意識を燃やす事業者が町内から出てくることを期待した。

実際、道の駅や近隣店舗の売上向上に大きく貢献し、祇園坊柿製品や町内産品に限ると2倍近い伸び率であったという。また、町内事業者がこぞって新製品を開発する好循環も生まれ、地元での祇園坊柿の引き合いは格段に増えた。

④Promotion――ストーリー性を売り込む

プロモーション展開は、地域の外に向けたものと地元に向けたものの両方に取り組む必要がある。

外向きのプロモーションは、前述したように、「寺領味野里の小さな取組が若者・よそ者の共感を呼び、次第に大きな渦となっていく」というストーリー性を積極的に打ち出した。また、アワード受賞などの話題を定期的につくり出すことにより、地元メディアはもちろん、全国メディアにおいても、チョコちゃんの成長ストーリーは幾度となく取り上げられた。これには、安芸太田町観光協会の地道な営業活動によるものが大きい。おばあちゃんたちの体力面に配慮して取材を断ることも頻繁にあったが、そんな時には観光協会スタッフが代わりに詫びを入れてくれた。地元に活発な組織が存在するのであれば、その力を借りることで協力隊の動きやすさは格段に高まる。

余談だが、タイのテレビ番組『Ｓｕｇｏｉ Ｊａｐａｎ』の取材が決まったときに、おばあちゃんたちとタイ語の勉強を行った。しかし、ＭＣの方が日本人であったため、タイ語を披露することもなく取材は終わってしまった（参考：https://youtu.be/Y2GXtRmgBe4）。

地元メディアによる報道は、外向けのプロモーションになるだけでなく、地元住民が地域の前向きな変化に気付くきっかけにもなる。新聞に載った人は一躍「時の人」となり、学校や職場はその話題で持ちきりだ。テレビで安芸太田町の話題が放送されるときには、町内全戸に設置された防災無線でアナウンスをしてくれた。おばあちゃんたちの活躍は、「80歳のおばあちゃんたちが頑張っているのだから、自分たちも負けていられない」という刺激を町民にもたらした。

町が発行する広報誌も非常に重要な媒体である。地元に向けたプロモーションという点では、各戸配布される広報誌に勝るものは無い。安芸太田町では、「地域おこし協力隊　隊員だより」として、毎月丸々1ページを協力隊のために割いてくれていた。最近では数名の隊員で紙面を分け合っているが、まだ隊員が少なかった当時は、一人で1ページを使って町民へメッセージを届けることができた。

寺領味野里の初代メンバーと筆者（中央左）

⑤Policy――町民の「誇り」を育む

当然のことながら、取組はいつもうまくいくわけではなかった。地域の人間関係や精神面への配慮から一筋縄にいかないことも多く、紆余曲折を繰り返しながら少しずつ前進していった。真面目な人柄だからこそ「いつもチョコちゃんばかり応援してもらっては良くないのではないか。今回は他の人を取材してあげてほしい」とおばあちゃんたちから遠慮が出たり、自分たちのやっていることに自信を持てなくなってしまうことも少なくなかった。私自身、協力隊の任期終了後を案じて、思いわずらったことは一度や二度ではない。

そのような時には、必ず取組の「意義」に立ち返るようにしていた。この取組が、安芸太田町を訪れる人に町ならではの価値を提供し（買い手よし）、取組に関わる町民に真っ当な対価が支払われる仕組みを作り出すことで（売り手よし）、町が持つ価値と可能性を町民に示し、町民の熱量を高めることを目指すものであるということ。また、安芸太田町が全国の過疎自治体のロールモデルとなることで、社会のお役に立てる地域として存在感を示すことができる（世間よし）ということを繰り返し確認し合った。自分たちの目指す方向性が「三方よし」である、という誇りがいつも背中を押してくれた。

地域はどう変わったか

ここまで、私が協力隊として携わってきた取組を題材として、その時選んだ「戦略」や、その根拠となった「背景」について紹介してきた。

町民を巻き込み、一緒に取り組んできたチョコちゃんは、国内最大級の地域産品コンテスト「おみやげグランプリ２０１５」準グランプリ、広島県主催「チャレンジ・フォーラム２０１５」しごと創生部門賞といった成果を上げるほどに成長した。また、他市町に出かけると、「安芸太田町は元気でいいですね」と声を掛けられることが増えた。チョコちゃんの取組を通じ、安芸太田町は「真っ当な」評価を受ける町になってきた。

六次産業化や農産品のブランド化事例として紹介をされることもある取組だが、けっしてそれを目的として行ってきたものではない。それらはあくまで手段に過ぎず、真の目的は「地域の熱量向上」にほかならない。安芸太田町の住民が「この町の一員でよかった」と思えるために必要な手法を、住民を巻き込みながら一緒に考え、実践し、成果を出すことができた、ということに意義がある。

２０１８年4月現在、寺領味野里は新生メンバーに代替わりが行われ、平均年齢は70歳まで下がった。新しく加わったメンバーには、まだ働き盛りで、他に勤め先のある人もいる。きちんと利益が生まれているからこそ、次世代にバトンを渡すことができた。「いつ辞めるか」とこぼしていた頃からは想像もできない状況だ。２０１7年には「ひろしまグッドデザイン賞」入賞を果たし、チョコ無しの「チョコちゃん　プレーン」も開発された。チョコちゃんは今も進化を続けている。

私も、これからさまざまなことを学び、経験することで、より良い日本の原動力として少しでも貢献できる人間になっていきたい。それが私なりの安芸太田町に対する恩返しだ。

現役

協力隊によって私はどう変わったか

――協力隊と行政・地域住民をつなぐコーディネーターとして

●香川県　秋吉直樹

1988年神奈川県小田原市生まれ。東海大学体育学部卒業後、小田原市役所に勤務。その後、香川県が掲げる「これからは地域のハブになれる存在が必要」という思いに共感し、香川県地域おこし協力隊として四国初上陸。地域おこし協力隊コーディネーターとして、地域住民と行政、協力隊の3者の関係性構築に尽力。

協力隊の経験があればこそ

はじめまして。香川県の地域おこし協力隊の秋吉直樹です。この自己紹介ができるのも、残り2ヵ月ほどになりました。今、この原稿を書いているのが2018年1月20日。あと2ヵ月もすれば、2018年3月。地域おこし協力隊の卒業を迎えます。つまり、この原稿が出版される頃、私は地域おこし協力隊OBという立場になって、香川県高松市で暮らしているんだと思います。ああ、卒業まであと2ヵ月かぁ、緊張するような、ワクワクするような、ふわふわと落ち着かない心持ちです。あっという間だったなぁ。

2017年6月1日、「『働く』という価値観の幅を拡げる」という理念のもと、株式会社Woriks（ウォリクス）を設立しました。Woriksは、仕事を意味する「works」の真ん中に、人を意味する「i」を入れた造語。仕事を考える時、何よりも「人」を考えることを大切にしようという想いが込められています。求人メディア「ヒトデ」(http://hito-de.com) や、職業紹介事業を通じて、「誰と一緒に働くかで、仕事を決めませんか?」という価値観を提案しています。

さて、そんな私がいただいた今回の原稿テーマは「協力隊によって地域はどう変わったか」です。すみません。きっと私には、このテーマにぴったりと合う内容は書けないと思います。なぜなら、自分でもびっくりするほど、地域を「変えた」あるいは「変える」という意識がありませんでした……。正直、自分のことで精一杯。それでもしっかりと、「精一杯」だったという自負はあります。真剣に取り組んで、真剣に悩んで、真剣に落ち込んで、それでも諦めずに立ち上がって、また迷って……。そんな繰り返しがあったからこそ、自分の「軸」を見つけることができたのだと思います。

「協力隊によって地域はどう変わったか」このテーマで書くことはできませんが、「協力隊によって私はどう変わったか」これなら迷うことなく書くことができます。この本は、多くの協力隊やその関係者、あるいは協力隊になりたい人に読んでいただけるものだと理解しています。一人の協力隊が、本気で悩みながら本気で取り組み、そのなかで自分のテーマを見つけて起業した。こうした等身大を通じて、皆様に何かお役に立てることがあれば幸いです。それでは、よろしくお願い致します。

求人メディア「人で見つける私の仕事
ヒトデ」のロゴ

香川県のミッションに共感して飛び込む

「香川県のコーディネーターになってください」これがＪＯＩＮのサイトを見ていた時、私の目に飛び込んできた言葉。今考えると、なんだかボヤッとしていますが、当時の私にとっては、「これだ！」と思える衝撃があったのを覚えています。

大学卒業後、小田原市観光課で働いていた私は、「これからの地域には、コーディネーターが必要だ」と強く信じていました。２０１０年代前半、各自治体で「いかにインバウンド需要を取り込むか」を議論し始めた頃。会議に出るたびに、「新しい魅力をつくるのではなく、今ある魅力をどうやってコーディネートするかが重要だ」と耳にしていたのです。コーディネーターの機能や本質は、てんで理解していなかったのですが、「これからはコーディネーターが必要」これだけは脳みそにインプットされていました。ほとんど反射的に問い合わせボタンを押した瞬間から、私の地域おこし協力隊人生がスタートしたのです。

協力隊と行政をつなぐ通訳者として

全国的にも珍しい県所属の協力隊。香川県からいただいたのは「地域おこし協力隊コーディネーター」という肩書き。地域おこし協力隊のための地域おこし協力隊です。地域おこし協力隊がしっかりと機能するためには、行政職員や地域住民との連携体制が必要なことは言わずもがな。一方で、上手に連携するのが難しいのも確かでした。それぞれのバックグランドも異なれば、思惑も異なる。そんな3者に「明日から仲良く地域おこししてください」というのも厳しい話です。全国で起きている地域おこし協力隊を取り巻く課題のほとんどが、この3者の連携不足によるものではないかとすら感じています。

特に難しさを感じるのは、地域おこし協力隊と行政職員の連携。香川県も例外ではありませんでした。私と時を同じくして、香川県内の市町に着任した地域おこし協力隊の多くが、行政職員との意思疎通が上手にできずに悩んでいたのです。地域おこし協力隊にとっても、行政職員にとっても初めての経験。無理もありません。それでも「地域を盛り上げたい」という同じ想いを持っているもの同士、なんとか歩みを同じく進んでいくことはできないか。そんな気持ちがきっかけとなり、地域おこし協力隊コーディネーターの取組をスタートさせました。元行政職員で、現役地域おこし協力隊。二つの経験を持つ私だからこそ、お互いの通訳者になれるのではないか。こうして念願の「自分にしかできない仕事」と思えるものに巡り会ったのです。

「誰と一緒に働くか」を大切にしながら、仕事探しのサポートをしている

接着剤的役割と補強材的役割

地域おこし協力隊コーディネーターには、大きく二つの役割があると考えています。「接着剤的役割」と「補強剤的役割」。それぞれの意味は、読んで字の如く。地域おこし協力隊、行政職員、地域住民をくっつける役割と、それぞれを補って力強くするというものです。

二つはそれぞれ異なる役割ですが、それ自身が主体でないという点で共通しています。つまり、コーディネーターが主役ではなくて、地域おこし協力隊、行政職員、地域住民のみなさんが主役。主役が輝くための役割であるという事です。こうした役割ごとに、次のような取組をさせていただきました。全てを詳細に紹介することはできませんが、ここでは、内容、目的、効果など、簡単にまとめさせていただきました。

○接着剤的役割1「さぬきの輪の集い」

内容：月に一度の地域おこし協力隊意見交換会。2015年9月からほぼ毎月実施。県内各地の地域おこし協力隊の活動拠点を巡回し、活動報告や情報交換を行う。

目的：地域おこし協力隊の連携体制強化

効果：協力隊同士に信頼関係が生まれ、支え合うコミュニティが形成された。気軽に相談できる体制も整い、離職率低下につながった。

○接着剤的役割2「さぬきの輪WEB」

内容：地域おこし協力隊のポータルサイト。名簿、募集状況、コーディネーターの取組を掲載。視聴者からの問い合わせフォームも設置。
目的：地域おこし協力隊情報窓口一元化
効果：地域おこし協力隊の認知度向上。
興味・関心ある方から連絡をいただけるようになり、双方向のコミュニケーションが実現。

○接着剤的役割3「さぬきの輪TIMES」
内容：地域おこし協力隊のフリーペーパー。きっかけや任期後への想いなど、しっかりと残していきたい内容をまとめた。特集ページと隊員紹介ページの二部構成。県内の各役場及び地域おこし協力隊に配布。
目的：地域おこし協力隊情報のストック
効果：認知度向上。
自身の想いがまとまっているため、名刺代わりに活用する隊員も。

○接着剤的役割4「さぬきの輪座談会」
内容：地域おこし協力隊と行政職員を集めた意見交換会。年に一度実施。県内カフェを貸し切り、それぞれに本音を言い合える雰囲気づくりにこだわった。
目的：地域おこし協力隊と行政職員の連携強化
効果：本音で話をすることによって、相互理解が深まった。行政職員同士の横のつながりも生まれ、関係性のきっかけを作れた。

○補強材的役割1「さぬきの輪TERACOYA」
内容：地域おこし協力隊向けの勉強会。外部講師を招請し、プレゼンテーションやファシリテーションなどのコミュニケーション講座のほか、地域おこし協力隊OB・OGによる心得などもテーマとして扱った。

目的：地域おこしに関する知識・スキルの習得

効果：知識・スキルの習得に加え、地域おこし協力隊同士のノウハウ共有にもつながった。特に行政職員や地域住民との上手な関係づくりのためのコミュニケーションは、それぞれの経験を基にした情報共有が積極的に行われた。

○**補強材的役割2「さぬきの輪そろばん教室」**

内容：10月中旬頃行う行政予算についての勉強会。県職員が講師を務め、前半は講義形式、後半は地域おこし協力隊同士で来年度の予算計画についての情報交換を行った。

目的：行政予算についての知識習得及び、効果的な予算立案

効果：行政予算に対する苦手意識を取り払うことができた。

以上の六つが、基本的な取組です。それぞれの取組は「香川県地域おこし協力隊活動報告書『地域おこし協力隊コーディネーターとしての取り組み』」に、より詳しくまとめさせていただきましたので、ぜひご覧ください（さぬきの輪WEB内に閲覧用PDFを掲載しています。http://sanukinowa.com/archives/13548）。

ズレを少なくするために、「入り口」を整備する

接着剤的役割と補強材的役割に加え、力を入れて取り組んでいたのは、地域おこし協力隊の採用サポートです。私の起業のきっかけになった取組でもあります。「導入目的明確化サポート」と銘打って、

地域おこし協力隊を導入しようとする自治体にうかがい、行政職員・地域住民・コーディネーターの3者で、導入目的から役割分担、運用計画などを話し合うとともに、採用PRまで行いました。大まかな流れは次の7段階です。

①地域おこし協力隊についての情報共有

県内の取組状況や全国の優良事例などの情報について、コーディネーターから情報共有。

②地域課題の洗い出し

地域住民・行政職員の2者で、地域の課題を洗い出す。コーディネーターは、付箋に書きとめて分類。

③地域課題の仕分け

出た課題を「優先順位が高い／低い」と「自分たちでできること／できないこと」の2軸で仕分ける。

④地域課題の選定

仕分けた課題のうち「優先順位が高く、自分たちではできないこと」を選定。

⑤ビジョン設定

選定した課題を克服した後の地域未来像（ビジョン）をイメージ。模造紙に課題付箋と併せて書きとめる。

⑥ミッション設定

「導入目的明確化サポート」の様子

ビジョン実現のために、地域おこし協力隊にはどんな役割を期待するかをイメージ。これも模造紙に書きとめる。

⑦地域・行政・隊員で共有

ビジョンやミッションから、適当な人物像をイメージし、募集要項づくりやPR方法を検討する。

自治体の状況に応じて、多少の内容変更はありましたが、基本的にはこの7段階を意識しながら進めていきました。こうした取組のきっかけとなったのも、私が着任した直後に聞こえてきた、地域おこし協力隊の皆さんの悩みや不安です。「行政職員とどう関わったらよいかわからない」「地域おこし協力隊に何を期待しているのかわからない」地域によって細かな内容は異なりましたが、突き詰めていくと、こうした悩みに集約されていました。さらには行政職員も、地域おこし協力隊に対して同じような悩みを持っていたのです。

「地域おこし」という根本の想いは同じでも、すれ違う。私にはこうしたズレの原因が、「入り口」にあるように見えました。ゴールや役割分担の共有が曖昧のまま、「協力して取り組みましょう」という枠組みだけを意識している。するとお互いが探り合いになり、不信感を募らせている。そんな状態に見えたのです。つまり、こうした状態を解消するためには、目的や考え方、行政職員との役割分担などをしっかりと整え、「入り口」をきちんと整備することが重要だと感じるようになっていました（のちに一番重要なことはこれではないということに気づくのですが）。

そして、そのためには「入り口」に大きく影響を及ぼす、「受入体制づくり」から関わりたい。そんな想いから、各自治体の採用に関わらせていただくようになりました。「導入目的明確化サポート」この名前も、そうした想いをそのまま表現した結果です。

「受入体制づくり」と「共感者づくり」

機能的には7段階ある「導入目的明確化サポート」。やりたいことはシンプルに二つだけでした。「受入体制づくり」と「共感者づくり」。これだけです。7段階のうち①～⑥が「受入体制づくり」、⑦は「共感者づくり」に該当します。具体的な取組内容について、この二つの項目に分けて簡単に紹介します。

●「受入体制づくり」

これは地域住民、行政職員、コーディネーターの3者で、地域おこし協力隊のゴールを確認し、そこから逆算して、受入体制を整えていくというものです。地域の現場に何度も通い、皆さんとの対話を通じて「なぜ、地域おこし協力隊を導入するのか?」を議論しました。現場視察やワークショップなど様々に工夫をこらしながら、皆さんの考えを整理したり、確認し合ったりしたのです。

実際に地域のなかにいる皆さんの視点と、コーディネーターとして多くの地域おこし協力隊を見ているわれわれの視点。二つの視点を持って取り組むことで、より深くて大切な議論ができ、そこで決まったことが受入体制の骨格になりました。

●「共感者づくり」

これが私の起業にもっとも影響した取組です。いくら受入体制を整えても、そこに共感していただかないと意味がありません。つまりは情報発信。共感していただくためのPRが大切だと考えていました。一般に、地域おこし協力隊の募集は、求人情報をHPや求人サイトに掲載したり、合同募集説明会に参加したりすることで行われていました。いわば民間企業のそれとほとんど変わらないやり方です。

しかし、地域おこし協力隊の求人には、特有の難しさが二つあります。お給料と仕事内容です。地域おこし協力隊の給料は全国ほぼ一律。多少の違いはあっても年収200万円～250万円の間。これは仕組み上やむを得ず、給料の違いで差別化を図ることは、ほとんど不可能でした。仕事内容でも差別化は難しい状況でした。過疎地域の課題は全国で共通しているのです。「一次産業や伝統産業の担い手」「地域の魅力発信」「耕作放棄地や空き家、廃校を活用した地域おこし」などなど、地域おこし協力隊の募集サイトには、似たような言葉がたくさん並んでいます。

つまり、よほどの理由がない限り「情報発信がしたいから香川県○○市を選びました」とはならない。お金でも仕事内容でもない、何か別の理由で共感していただく必要性を強く感じていました。「いったいどんなものが、地域おこし協力隊になりたい人に届くんだろう……」そう悩んでいた時、これまで一緒に取り組んできた地域の人たちも、隣で一生懸命に悩んでくれていることに気がつきます。「ここまで真剣になっている人たちと一緒に地域おこしに取り組めるなん

さぬきの輪の集いの様子

て、うらやましいなぁ……」自分でも気づかずに通り過ぎてしまいそうになるほど、自然にそんな想いになっていました。

「この人たちの人柄や想いを伝えれば、きっと『一緒に地域おこしがしたい』と思ってもらえるはず」。そこから「人」を伝えることによる共感者集めをスタートさせます。現場視察やワークショップなど、これまで丁寧に進めてきた準備の様子をWEBで公開しました。もちろん受入準備の様子ですから、はっきりとしたビジョンやミッションが出てくることは少なく、むしろ「それについては次回以降の打ち合わせで検討します」といった途中経過報告のような内容が多い。それでも積極的に発信しました。見ている人に「ここまで真剣に準備してるんだ」「こんな想いの人たちと一緒に地域おこしをするんだ」ということを感じていただきたかったのです。

こうしたPRの効果はてきめんでした。採用の精度がかなり上がったのです。ある地域では、前年度は応募数0だったのに対し、10人以上から応募があり2人を採用することに成功するほど。「人」への共感が、実際の採用につながるということを実感しました。

こうした経験が「ヒトデ」の発想につながっています。給料でも仕事内容でも差別化は図りにくい。こうした状況は地方の中小企業でも同じだったのです。そこで働く「人」への共感、すなわち「ライフスタイル」や「企業文化」への共感から、働く場所を見つける。そうした価値観の拡がりを通じて、地方の中小企業に役に立ちたい。そんな想いが大きくなり、いろんな方の応援もありながら、起業することを決意しました。地域おこし協力隊コーディネーターとヒトデ。一見すると脈絡が無いように思えますが、私にとってはぐねぐねと曲がり続けた一本道の先にあった事業なのです。

自分事意識が醸成されれば、地域は回っていく

ヒトデにつながる発見に加えてもう一つ、「導入目的明確化サポート」を通じて発見がありました。それは地域おこし協力隊の受入準備に一番必要なことは、「自分事意識」だということです。この「自分事意識」は、「本気」や「必然」といった言葉に置き換えることができるかもしれません。

それに気づくことができたのは、受入準備を進めるなかで、地域住民の方が発したある言葉がきっかけでした。「ここまで準備したら、絶対成功させたい」。これまでは「行政から言われたから手伝ってる」というどこか「他人事意識」だった人たちが、多くの時間を使って自分たちの手で組み立てていくプロセスのなかで、「地域おこし協力隊は自分たちのプロジェクト」だという「自分事意識」に変化していったのです。

行政職員にも同じことが言えました。事務分担上でたまたま担当になったという職員も、次第に目の色が変わり本気度がグッと上がる。そんな瞬間を目の当たりにしました。そこからは見違えるほど、皆さんの言動が変化し、われわれコーディネーターの必要性も次第に小さくなっていきました。そんな地域に入った地域おこし協力隊が、皆さんと良好な関係を築きながら活動していることは言わずもがなです。まさに、自転する地域の転がり始めに立ち会えた感覚でした。

「導入目的明確化サポート」はその名の通り、ビジョンやミッションを明確にするために始めました。

しかし、地域おこし協力隊は、「人」が中心の制度。どんなに綿密に計画し、どんなに先見性のあるビジョンやミッションを設計したとしても、それが予定通りに進むことはほとんどありません。計画はいろんな人の想いを交差させながら、グニャグニャと変化していきます。そんな時大切なのは、地域おこし協力隊と一緒に真剣に悩んでくれる人やポンっと背中を押してくれる人、感動を分かち合ってくれる人の存在。こうした「自分事意識」の人が近くにいれば、悩みながらも何とか前向きに歩みを進めることができ、その先に見えてくるものがある。地域おこし協力隊に対して、必然性を持って、本気で向き合ってくれる人。こうした人に助けられたからこそ、任期を全うできたという隊員は少なくないと思います。つまり、「導入目的明確化サポート」の本質的な価値は、この「自分事意識」の人の発見および醸成だったのです。それ以来、各地で「導入明確化サポート」の依頼があった時は、「受入体制づくり」ではなく「自分事意識づくり」を目的に取り組んでいます。

「他人」から「当事者」へ変わるための地域おこし協力隊

地域おこし協力隊コーディネーターとしての取組は以上ですが、最後に「地域おこし協力隊によって、私はどう変わったか」をまとめて終わりにしたいと思います。

単刀直入に。私は地域おこし協力隊を通じて、「他人」から「当事者」に変わりました。「コーディネーター」から「プレイヤー」に変わりました。私がこれまで「導入目的明確化サポート」を通じて出会った「目の色が変わった人たち」と、きっと同じ感覚だと思います。「自分のプロジェクトだ」と胸を張って言えるものに出会えたのです。

地方は今、人手不足と言われます。それは間違いありません。しかし、さらに正確に言うならば、「当事者不足」なのだと思うのです。空き家問題、耕作放棄地、継承者不足……全国の地方に蔓延する課題に対する知見やノウハウといった情報は、私たちが見きれないほど多く存在します。それでも課題が課題のままになっているのは、それに向き合い抜く当事者の不在が大きく影響しているからだと感じています。誤解を恐れずにあえて言うと、これからの地域に学者やコンサルタントは要りません。いろんな人の想いが錯綜し、ノウハウや計画通りに進むことなんてほとんどない。それでも歯を食いしばりながら、やり抜く当事者が必要です。

その意味において、地域おこし協力隊はとても素晴らしい制度だと思います。日々悩みながら歩みを進めている当事者の仲間が全国にいると思うと、本当にうれしく誇らしく感じるのです。私もようやくその当事者の一人になれたばかり。これから辛いことも大変なこともたくさんあると思います。それでも諸先輩方を見習いながら、当事者の道を地道に進みたいと思います。がんばります。ありがとうございました。

さぬきの輪の集いの様子

現役

地域の人とつくり上げた「内子あでカワプロジェクト」

●愛媛県内子町　清水香奈《しみずかな》

1982年9月17日生まれ。宮城県仙台市出身。東京の美容専門学校卒業後、仙台へUターン。仙台市内の美容院に10年間勤務したのち、内子町地域おこし協力隊となる。趣味は旅行、鉄道。

私の住む内子町は、人口約1万7000人、愛媛県のほぼ中央に位置している。国の重要伝統的建造物群保存地区に選定された町並みや、100年以上の歴史を持つ芝居小屋「内子座」で知られる。また、郊外へ足を伸ばすと、棚田や渓谷が四季折々の美しさを見せる。

私は、そんな文化や自然が色濃く残る内子町に、2015年4月、宮城県仙台市から移住した。観光振興をミッションとし、前職である美容師の経験を活かした着物着付け体験「内子あでカワプロジェクト」の企画・運営に取り組んでいる。

●内子町との運命的な出会い

今から数年前、美容師の仕事にやりがいを感じながらも「自然を身近に感じる場所で、観光の仕事がしたい」という夢を持つようになった。そして一大決心し、10年続けた美容の世界に別れを告げ、新たなステージへ進むことを決めたのだった。

退職直後、気分転換に訪れた初めての四国。私は、その時眺めていたガイドブックで、内子という町があることを知った。そして、そこで見た風情ある町並みにすっかり心を奪われてしまったのだ。残念ながら、その旅で内子へ足を運ぶことはかなわなかったが、

「いつか行ってみたい！」と思いを馳せていた。

そんな矢先、夢が一気にかなう絶好のチャンスが訪れる。内子町が、観光振興をミッションとする地域おこし協力隊を募集していることを知ったのだ。もちろん、迷わず応募。晴れて憧れの内子町で、新しい生活をスタートさせることとなった。

移住生活では、旅で感じた愛媛の温かい風土と人柄そのままに、皆が歓迎してくれた。また、移住のきっかけにもなった町並みにも魅せられていった。移住後知ったことだが、町民・行政が一体となり進めてきたたゆまぬ保存活動によって、この美しい景観は守られてきたのだった。経済開発優先の流れに逆行しながら自分たちのアイデンティティを貫き、価値をつくり出すことは並大抵なことではなかっただろう。町の人たちの気概や保存の歴史を知ることで、内子への愛着がますます湧いたのだった。

協力隊と内子の街並み（中央が筆者）

●「あでカワ」ができるまで

着任当初から、美容師時代の着付けやヘアセットの技術を活かし、観光客に着物を着て町並み散策を楽しんでもらうという構想はあった。とはいえ、町の人とのつながりもまだ浅いうえに、未経験の観光分野で、どう形にしてよいかわからない。笑顔の裏で、一人悩む日々が続いた。そんな状況に追い込まれたとき、湧いてきたのが「私の武器はやっぱり美容なのだ」という気持ちだ。良い意味での開き直りと持ち前のプラス思考で、「小さなことでもよい、実現に向けた行動を起こそう」と決めた。

まず、やりたいことを意識的に人前で口に出すようにしていった。すると、「あそこの場所、空いとるんやない？」「あの人、着付けやりよるよ」と情報が集まるようになったのだ。そして、何よりうれしかった

着付けをする筆者

のは、「内子の町並みには、着物が似合うと思ってたんよ！」という地元の人たちからの言葉である。「もう役に立つことはないだろう」と思っていた美容の経験が内子の観光に貢献でき、町の人に喜んでもらえると知ったとき、プロジェクトを成功させたいという気持ちがより一層強くなった。そして、2016年5月、多くの人の協力のもと、「内子あでカワプロジェクト」をスタートさせることとなったのだ。

●「内子あでカワプロジェクト」始動

プロジェクト名の「あでカワ」という言葉は、「艶《あで》やか」と「可愛い」を組み合わせた造語である。特に若い世代へ向けて「気軽に着物に親しみながら、内子の魅力に触れてほしい」という思いから名付けた。今では親しみを込めて、この体験を「あでカワ」と呼ぶ人が多く、私の顔を見るなり、「あでカワの人！」と言う人までいる。町民に認知され、受け入れられていることがとてもうれしい。

また、自らが着物を着てチラシのモデルになったり、メディア対応や観光イベントに出向くことで「内子は着物が似合う町」というプロモーションに努めた。

●「まちづくり型」着物着付け体験の内容

着物で町を歩く姿は、内子のような歴史的な町並みがある観光地ではよく見かける光景である。しかし、「内子あでカワプロジェクト」は、地域の人とつくり上げた「まちづくり型」の着物着付け体験だと私は考えている。主な内容は、次のとおりである。

①体験場所は、重要伝統的建造物群保存地区内にある古民家の2階を利用。1階は、町内の職人による工芸品が販売され、体験者には店舗で使える割引券を進呈。着物を着ながら、木工や紙漉きといった内子の伝

統産業の工芸体験もできる。

②使用している着物や帯の多くは、プロジェクトの趣旨に賛同してくれた町民からの寄付によるもの。その数は、小物類も含めると300点を超える。豊富な種類から気に入った1着を選ぶのも、この体験の楽しみのひとつとなっている。また、寄付してくれた人や着物にまつわるエピソードを体験者に伝えている。

③ヘアアレンジには、地元高齢者が特産品の和紙でつくった髪飾りを使用。体験者の喜ぶ姿が、製作者たちのやりがいにつながっている。また、その収益は町へ寄付され、福祉事業に役立てられている。

「あでカワ」で着物を選ぶ体験者

現役の芝居小屋「内子座」を訪ねる体験者

④一人での対応が難しいときは、着付けができる人がボランティアで手伝ってくれている。私自身にとっても町民とのコミュニケーションの場にもなっている。

⑤着物姿が会話の糸口となり、町民と観光客の交流が生まれている。内子の人の温かさに触れたことが思い出となり、再来訪する体験者もいる。また、散策中に着物の持ち主とばったり遭遇するという、うれしい偶然もある。

⑥利用者には、体験後、内子の工房でつくられた和紙のはがきでお礼状を送付。町内特産品の周知、リピーター創出につないでいる。

●滞在時間の増加、商店街への誘客に効果

かねてから「観光客の滞在時間の短さ」は内子町の観光課題の一つであった。しかし、「あでカワ」体験者の多くは町並みのみならず、そこから続く商店街まで足を伸ばし、食事や買い物を楽しんでいる。写真を撮りながらの散策は「2、3時間があっという間」という声も多い。微力ではあるが、滞在時間の増加、商店街への誘客に寄与できたのではないかと感じている。またその一方で、松山市から近いゆえに通過点となっていた内子が、着付け体験が来訪動機となり、「日帰りで楽しめる観光スポット」として変わってきたように思う。

体験者はのべ500名を超え、国内にとどまらず、海外観光客の利用も増えている（2018年9月現在）。「着物姿のある風景」が内子の景観のひとつとして、町並みの華やいだ雰囲気をつくっている、と地域の人たちにも喜ばれている。

まったくの観光の素人が始めたプロジェクトが、新たな風を吹かせることができたのも、多くの人の支えと磨き上げられてきた資源があったからこそである。

ヨソモノの私を温かく迎えてくれた内子の人たちには、心から感謝している。そして、自分が生まれたふるさと以外に、こんなにも誇らしく、大切に思える場所や人に出会えたことは、私の人生において大きな財産となった。

このプロジェクトを通し、多くの人に内子の魅力を知ってもらうことで、町の人たちに恩返ししていきたい。

本芳我家住宅と体験者

地域の高齢者の方々の髪飾りづくりを手伝う

協力隊OB

イノシシ皮革活用を通して見えてきた、地域から本当に求められている地域おこしとは

●愛媛県今治市　重信幹広

1980年東京都生まれ。明治大学法学部卒業後、損保・金属メーカーを経て、2013～16年今治市の地域おこし協力隊として赴任。現在、イノシシ皮革活用に従事し、革素材の販売や革商品の製作販売を手掛けている。レザークラフトJishac代表。しまなみイノシシ活用隊皮革担当。

「地域おこし」という言葉は嫌いだ

私は2016年3月、地域おこし協力隊（以下、協力隊）の3年間の任期を終えた。退任の年の終盤に市長・副市長をはじめ、協力隊を統括する部の上席者や職員、他の現役協力隊員などが出席する「地域おこし協力隊活動報告会」が行われ、私は二つのポイントで報告を行った。

一つは、協力隊を退任してすぐ「在任中から取り組んでいた『イノシシ皮革活用』を基に地域で稼いで生活できるか」をこの時点での具体的な金額を提示してシミュレーションしたこと。

もう一つは、「地域おこし」という言葉が「嫌いだ」ということを、3年間の協力隊活動のなかでつくづく認識したということ。

協力隊として着任し、委嘱式で市長から委嘱状を受け取った日から、この3年目の活動報告会まで

に、退任後に生活していける「何か」をつくり上げたい、しっかり稼いで移住先で定住する覚悟を地域の皆さんにお見せしたいと、毎日思い続けてきた。すなわち、私の協力隊3年間のひとまずの目標は「自活する移住者になること」だった。

退任後に「自活する＝在任中に取り組んだ施策を継続しつつ生活する」ということが協力隊としてどんなに大変なことかは、着任する前から想像できていたし、それがかなわなければ出身地に帰らなければならないという危機感があった。

危機感はそのままにしておくと漠然とした「不安」に変化する。不安を少しでもぬぐい去るためにも、可能な限り具体的な数字を出して皆さんにお見せし、「この人となら、今後この地域で一緒に生活できる」と思っていただくことが肝心ではないかと考えた。もっとも、いま振り返ると「皆さんにお見せする」とは言ったが、自身に対して「これだけやれたのだから大丈夫だ」と言い聞かせるのも、もう一つの目的であったかもしれない。

「地域おこし」という言葉が「嫌いだ」とは少々穏やかではない発言だったと反省しているが、当時の自分の素直な本音だったと、言ったことに後悔はない。この「嫌いだ」の真意は後々の記述で紹介したい。

イノシシ皮の下処理をする筆者

モノづくりの面白さと地方を意識しはじめる

私が移住先に今治市を選んだのは、いろいろな思いや偶然が重なってのことである。

東京生まれ、東京育ち。都内の私立大学を卒業後、国内損保会社に入社した。その後、自身が本当に携わりたい仕事は「モノづくり」であると、金属メーカーに転職。転職前は頻繁に「手触りのある商品を扱いたい」と言っていたのを思い出す。しかし本当の転職理由は、仕事内容が性分に合わないことと、仕事に対する自身の力量のなさにあったのだと思う。当時は自分の未熟さを隠すべく、もっともらしい言いわけを考えて転職するのが精一杯だったのだ。しかし今につながる「モノづくり」に舵を切ったのはこの時だった。

そのような働くことに悶々とした感情を抱いていた時期に彼女ができた。現在の妻である。妻は当時からデザイナーの仕事をしていた。仕事柄もあったのか、休みの日は一緒に美術館や工芸展、著名なデザイナーの作品展などに足を運ぶことが多かった。仕事以外の時間でデザインやモノづくりの現場を垣間見ることは、私にとってとても刺激的だった。金属メーカーに転職したとは言え「営業マン」だった私は、直にモノをつくり上げるという営みにふれ、やはり自分がモノづくりの初めから携わりたいと心が揺れ動くようになった。

また、このころからまとまった休みには、妻と国内旅行に出かけるようになった。行く先は日本の原風景が残る島や山間地、棚田や古い昔ながらの商店街が多かった。恥ずかしながら、当時、私のなかの日本は所詮、東京を中心とした首都圏でしかなく、いわゆる「地方」とはテレビを通して触れるぐらいのものだった。

妻と出会い、モノづくりの面白さ、地方を意識する感覚を持ち始めた矢先に訪れたのが瀬戸内海だった。初めて四国、瀬戸内に降り立ったのは香川県の島。当時、香川県では島々を挙げての芸術祭が開催されていた。そのうちの島のとある砂浜で夕陽を見ながら「凪の海を見ながらモノづくりして生活できたら幸せだな」とつぶやいたのが移住決断のきっかけとなった。

地域おこし協力隊として大三島へ

移住の決断は同時に「モノづくりして生活するのであれば自営業」という決意も存分に含んでいた。それまでは「あなたは何者か」と尋ねられたら「○○会社の社員です」と答えてきたが、自営業は「自分は何をして稼いでいるのか」をダイレクトに問われる。雇われた経験しかない人間には相当高いハードルであり、しかも移住も併せてとなると「何を目的に来たのか」も問われてくる。

自営業者として自走しつつ、縁もゆかりもないところに入っていく。単なる転職・引っ越しとは違う思い切った選択に少々躊躇する気持ちもあった。そのような時に偶然目にしたのが、同じ瀬戸内の愛媛県今治市島嶼部での協力隊募集の情報だった。これしかない！　とご縁を感じたのを今でも強烈に覚えている。

「物事はタイミング」と移住を決断し、今治市の面接を受け、協力隊となった。移住先は希望していた大三島（上浦町）となった。ちなみにこのタイミングで妻と移住先の上浦町の支所に婚姻届けを出し、夫婦となった。

全国津々浦々の協力隊が各地域で伝統行事やイベントをサポート・お手伝いする活動に携わっているように、大三島でも年間を通して各種催し物があり、私もそれに従事した。その時の交流が現在の島内でのつながりに大きな意味を持っていると感じている。縁もゆかりもない移住者が、自治体の名前を冠して地域に入れることは大変心強いことであった。協力隊という制度のメリットを存分に感じているところである。

さて以降は、私が協力隊として活動していくなかで、現在も継続中の「イノシシ皮革活用」について重きを置いて、その活動において意識したこと、行動したことを紹介していく。また、「イノシシ皮革活用」が地域にどのような効果・影響をもたらしたか、あくまで私の主観であるが、併せて紹介する。

「イノシシ革の人」が代名詞に

何事も早めに行動し、常に計画は「前倒し」で進めたいという性分な私は、「生涯をかけてすべき仕事」と「妻との協働」を模索すべく、着任早々地域を見て回った。

実は、移住する1年ほど前から妻が先行して、仕事とは別に趣味でレザークラフトをはじめ、本格的に他人にも教えられるようにとスキルアップ・知識研鑽のため、レザークラフト教室にも通っていた。当時私は前述の通り、金属メーカーに勤務していた身で、妻の数々のレザー作品を手に取りながら「自分が素材づくりに携わって、その素材を君が商品にする」「いま扱っているのは金属だけど、素材としてレザーを扱えたら面白いね」といった〝妄想〟をよく話していた。

もちろん、妄想のまま終わらせるにはもったいないと思い、実際にレザー素材を自分で扱う手段はないものかとあれこれ探していたところ、移住直前のタイミングで「野生獣皮を有効活用しているプロジェクトがある」との情報を入手した。あとは自分で野生獣を捕獲・解体し、皮を下処理して、そのプロジェクトに発送すれば野生獣皮革（レザー）が手に入る。

工房とイノシシ革素材

流れは大まかに理解したものの果たしてそれが移住先で可能なのか。捕獲には狩猟免許が必要だし、簡単に野生獣が捕獲できるのか。そもそも移住先にはどんな野生獣が生息しているのか。大三島の事情を把握しないまま、地域に飛び込んだことは、今思えば、少々無計画な感じではあったが、もし野生獣が手に入らなければ、今まで通り牛革・豚革を使えばよいと開き直っていた面もまたあった。

ところが、移住早々に大三島でイノシシ肉を有効活用している団体から私のところに、「イノシシの有効活用に興味があれば見学に来ませんか」とお話があった。どうやら、私の役所でのつぶやきが、さっそく島内に広まったようだった。

すぐに団体の代表を訪れ、団体の目的や活動内容などを聞くことができた。その際、「肉は活用していますが、皮は廃棄しています。皮を活用してみますか?」と申し出を受けた。こうして私は大三島にある任意団体「しまなみイノシシ活用隊（以降、活用隊）」に加入し、イノシシ皮革活用を進めることになった。

私は着任早々、代名詞＝ニックネームをいただいた。すなわち「イノシシ革の人」である。サラリーマン時代は名刺があった。もちろん協力隊任期中も協力隊の名刺はある。しかし、その人の活動や人となりがわかる「代名詞」は名刺よりも大変ありがたいものだと感じた。なぜなら、相手に抜群のインパクトを与えることができるからだ。私は在任中から後輩協力隊員には「代名詞」の有用性を説いてきた。今では「(イノシシ）革の人」の私をはじめ、大三島には「パンの人」「竹の人」「ラーメンの人」「アロマの人」「自然農の人」など、名前を聞いただけでワクワクするような多様なジャンルの「代名詞」が増えた。

地域の方に自身の本気を見せる

大三島はもちろん四国でも獣皮活用をしている地域がないなかで、私は幸運にも早々から「イノシシ皮革活用」という小さな事業を始めることができた。今治市島嶼部の協力隊の活動はいわゆる「フリーミッション」であり、隊員自ら、①地域の困りごと解決、②地域の情報発信、③地域資源の掘り起こし・廃棄物の資源化、④特産品開発、⑤イベントの企画・実行などを、自身の社会人経験や知識などをフル活用して行っていた。

私の活動は③、④に合致したが、一つ懸念があった。それは、まだ誰もイノシシ皮革活用を持続可能な「産業」として見ていなかったことである。私が皮革活用をはじめた当時、全国的にはすでに大小30箇所ほどの「野生獣皮産地」があり、イノシシやシカの革を製品にして売り出していた。私も活動を始めるにあたり、その先進地の一つに視察に赴いたりした。

当時、すべての産地を視察したわけではないが、ほとんどの産地に共通していることがあった。それは、(1)自治体が主導して活動している、(2)なめし加工代金(例：1枚の野生獣皮あたり5000円〈税別〉)に補助金・助成金を充てている、(3)原皮代(野生獣の生皮に支払うお金)は支払われていない、であった。

私はこれをどうにかして、(1)民間(=しまなみイノシシ活用隊の私)が主導し、(2)なめし加工代金は補助金・助成金に頼らず自腹を切り、(3)原皮代は活用隊(=捕獲者・解体作業者)に支払うカタチにしたいと考えた。(1)〜(3)のどれ一つとして欠けないようにしたいと考えるその根底には、「地元の方々に私の本気を見ていただきたい」という思いがあった。

「イノシシ皮革活用」が民間主導の採算事業になることで、補助金・助成金に頼らない持続可能な施策になれば、それは地域にとって新しい産業になるのではないか。また「地域資源の掘り起こし・廃棄物の資源化」にあたっては、より具体的に資源化の成果を数値化したいと考えていたので、「原皮代の支払い=現金化」は私にとって大変重要な意味があった。すなわち、「天から降ってくるお金=補助金・助成金」に頼らず、言い出しっぺ(=私)が「自腹を切り」、それまでは「廃棄物」であったイノシシ皮を「資源化＝現金化」することを私の生涯の仕事、そして島での地域おこし活動の一つとしようと決意した。

イノシシ皮革活用を自身の「本業」と位置づけ、自腹を切る（＝リスクをとる）ことで、地域の方に私がこの地で、本気で新しい産業をつくり上げていくんだという意気込みを感じていただきたいと考えたのである。この姿勢が地域で理解者が徐々に増えてきている実感につながっている。

屋号と素材名で何をするのかをわかりやすく伝える

ところでイノシシ皮革活用を進めるにあたり、私たちは事前に①レザークラフトの屋号（ブランド）を立ち上げ、②イノシシ革の「素材」に名前を付けた。①はレザークラフト「Ｊｉｓｈａｃ（じしゃく）」であり、②は「島シシレザー」であった。

「Ｊｉｓｈａｃ」とは「自分」の「尺度」という意味を「自尺（じしゃく）」という一語で表した造語で、それをアルファベット表記したもの。「自分の尺度を大切にし、使う方が思い思いに日常使いしていただけたら」との思いを込めた。また「磁石」にモノとモノ

島シシレザーロゴ

Jishac ロゴ

が引き付けられるように、Ｊｉｓｈａｃのつくるものに、自分の価値観を大切にする方たちが惹きつけられてくれたらとの思いも込められている。

「島シシレザー」は読んで字のごとくで、「しまなみイノシシ活用隊」で捕獲された大三島・伯方島のイノシシ革をわかりやすく表した名前である。

事業内容をわかりやすく、親しみやすくすべく、①と②、それぞれのロゴもつくった（前ページ図）。

ちなみに協力隊退任後、職業はレザークラフト作家として「Ｊｉｓｈａｃ」を名乗り、夫婦でレザー商品を製作していると、また「しまなみイノシシ活用隊」の皮革担当としてイノシシ革「島シシレザー」を取り扱っている素材屋であると自己紹介している。

こうして私は現在もクラフト作家と革の素材屋として、大三島で知られることになった。

「思いは伝えなきゃ思ってないのと同じだ」

仕組みづくりと基本的な考え方、ブランディング（屋号・ロゴ）ができたので、後はひたすら、イノシシ皮の下処理技術の向上、在庫管理、野生獣皮活用の有用性の啓蒙に努めつつ、妻とイノシシ革商品の開発や営業・販売などといった活動を進めていった。

活動のなかで意識したキーワードは「六次産業化」である。

イノシシ革での六次産業化は、野生獣を扱うため捕獲数が常に一定ではなく、大規模に人を雇い入れたり、数字ありきで収益を見込んだりするのが難しい。品質も一定ではなく、素材を販売するにも一枚一枚の特性を丁寧に紹介するしかなく、なかなか根気のいる作業になる。ならば、少人数で生産から加工・販売までをこなすことがこの事業ではネックになるのではと思い、ただひたすら夫婦で経験を積んでいき、実績を上げてきた。気が付けば他の野生獣皮革産地との差別化として「イノシシ革の素材としての販売」と「商品としての販売」の両立がかなうようになり、少人数でも無理なく持続的に野生獣皮を活用している産地として認知されるようになった。もっとも、少人数で活用することを目指していたわけではなく、そもそも携わる人が少なかったことが、かえって事業の効率化、動きやすさにつながったといえる。

さて、私は協力隊在任中、基本的に勤務時間中は地域の各種行事・イベントのお手伝いや、事例報告・事務仕事が中心で、勤務時間外に皮の下処理や、イノシシの解体などを行っていた。妻は私が下処理などで携わったイノシシ革を購入し、イノシシ革商品を製作していた。退任後は商品製作に合流し、夫婦で本格的にイノシシ革の商品製作を進めるようになった。協力隊3年目の8月にはわが家に男の子が誕生し、慌ただしくも楽しく、仕事と育児に追われる日々が始まった。

そんな時に、以前から懸念していたことが再燃し始めたのだ。それは、私たちが進めているイノシシ皮革活用の中身とは違うイメージが地域の方の一部に広まっているということだった。

具体的には、①協力隊は退任後も生活が保障されている（生活費が支給されている）、②イノシシ皮は無償でもらっている、③レザー商品は嫁さんに製作させている（私は何も製作していない）、などといった類であった。人づてに耳に入ったり、また直接言われたりもした。あの時の悔しさは今でも忘れないし、その悔しさがあったからこそ、その後いろいろと情報発信の手法を変えていくことにつながったと思う。

いつ頃のテレビCMか忘れてしまったが、飲料メーカーのCMで、とある俳優が侍に扮し、「思いは伝えなきゃ思ってないのと同じだ」といったセリフをその時思い出した。

どんなに六次産業化の仕組みづくりをしっかりしても、一生懸命商品をつくっても、廃棄物を資源化しても、結局自分たちのしていることが、正確に相手に伝わらなかったら、その志は誰の心も打たないのだと痛感した。私は、協力隊在任中にイノシシ皮革活用に真面目に取り組んできたし、退任後もこれで生活をしていくのだと意気込んでいた。しかしこの一件で、日々の仕事の成果や、自分たちの暮らしぶりをうまく情報発信できていなかったのかもしれないという自責の念を感じていた。

あえてSNSで情報発信をした理由

実は私は仕事ぶりや成果、暮らしぶりをSNSなどで情報発信するのを、退任後は止めよう、もしくは減らそうと考えていた。理由は書かないが、躊躇することがいくつかあったからだ。

しかし地域の方の一部に誤った情報が定着してしまいそうな段階で、迷っている暇はなかった。SNSなどのツールを使い、投稿頻度を上げて、日々のイノシシ皮革活用（イノシシの駆除や解体、皮の下処理、皮革商品の作成など）や、島暮らしや子育てを楽しんでいるところを紹介するようにした。もちろん島の方に会えば、自身の仕事の進捗、子供の成長ぶりなどをできるだけ具体的に話すようにした。

とにかく、今、自分たちがどのようにイノシシ皮革事業を運営し、失敗や成功も含めどのような成果を出しているかを、紹介できる範囲でお伝えしたのだ。

効果は思いもよらぬところから出てきた。島外の方から「島暮らし楽しそう」「移住・子育て頑張っていますね」「モノづくりで生活する人の覚悟を見ました」「同じ移住者として、その頑張りは励みになる」「六次産業化・地方創生を地でいってますね」などなどの言葉をいただく機会が増えたのだ。

そして徐々に島内の方のなかにも活動に興味や理解を示し、自宅・工房に足を運んで下さる方が増え、その数は在任中よりも退任1年目、2年目と確実に増えてきたと実感している。

私がした情報発信には賛否両論がある。移住者または協力隊OB・OGは、そこまでしないといけないの？　と言われることもあった。しかしこれはあくまでも私が考えたうえでの行動であったので、万人受けするやり方とは思っていない。

大切なのは自分の活動・成果、仕事ぶりが誤った形で認識されないようにすることだ。移住者にとって実はこのようなところが悩みどころではないだろうか。もしそのような状況に陥ったら、ぜひ個々人で解決の糸口を模索してもらえたらと思う。

私にとって「地域おこし」とは

「家族で仕事をして、いつまでも楽しく生活していく」ことが私の移住目的だ。

皮革商品

私たちのように移住し、その地で自ら仕事をつくり、子育てをし、生活基盤を築いていきたいと真剣に考えている世代に、大三島はそれがかなうところであるとPRすることが私にとっての地域おこしの一つだと考えている。少々強引な論理展開だが、人生の目的が地域おこしとリンクできたらと思い、日々生活している。

冒頭で私は「地域おこし」という言葉が「嫌いだ」といったエピソードを書いた。実はその発言の何ヵ月か前に、集落のおばあちゃんから感謝の気持ちを伝えられた。

「あなたが今住んでいる家はあなたが来るまで4年間空き家だった。そこに夜、明かりがついて、中から人の話し声が聞こえたんよ。うれしかったんよ。最近またあなたの家の前を通ったら、今度は赤ん坊の泣き声がしたんよ。私は涙が出たんよ。ありがとう」と。

その言葉をかけられたとき、地域おこしとは、シンプルに「人がその地で継続して住み続けることができる」その可能性を地域の方に感じていただけたら、それで十分ではないかと思ったのだ。

私はイノシシ皮革活用を通して「地域資源の掘り起こし・廃棄物の資源化、特産品開発」といった「地域おこし」のど真ん中のようなことをしてきたつもりだ。概して周りの方もそのように評価してくださることが多い。もちろん今後も誇りをもって皮革活用を継続していくつもりだが、地域の方にとっての関心は、移住者がしっかり継続してこの地で住み続けるか否かなのであるとそのおばあちゃんの言葉から気づかされた。

「地域おこし」とは、いろいろな立場の人が様々な解釈をしてとらえている。だからこそできる限り移住の早い段階で、移住者と地域の方との「地域おこし」に関する解釈のすり合わせをし、そこで気付くことが大切だ。わかっているが、なかなかできないことである。私はおばあちゃんからかけていただいた言葉に、この地域での「地域おこし」の意味を感じとれた気がした。その気付きはとても大きな収穫であった。

ともあれ、今後10年、20年と私たちはイノシシ皮革活用を通して地域の方とともに生活できればと思っている。そしていつの日か地域の子供のなかから、この皮革活用に携わりたいという子が出てきたら、私はうれしい。

レザークラフトと子育てはなじむ
（撮影：日本写真映像専門学校）

協力隊
OG

元気な人と元気な地域

●島根県雲南市　三瓶裕美《さんべひろみ》

1975年、東京生まれ東京育ち。日本大学文理学部体育学科卒。島根県雲南市地域おこし協力隊を経て、しまね協力隊ネットワーク代表、地域おこし協力隊サポートデスク上級専門相談員。体と食と農のつながるスペース「つちのと舎」を夫婦で営むほか、体づくりと地域づくりに関する仕事をいろいろ受け、多業での田舎暮らしを実践している。

2011年、私は夫とともに東京から島根県雲南市に移住した。最初の約3年は地域おこし協力隊として活動し、その後農地付き空き家を購入して定住。現在は体と食と農のつながるスペース「つちのと舎」を開き、自然農の田畑や民泊、カフェ、ボディケアサロンを営みながら暮らしている。ここに至るまでのこと、そしてここで関わる人や活動のことなどを紹介しようと思う。

自分の根っこにあるものに気付く

東京で生まれ育った私は、大学で体育を学び、健康・美容系の業界で仕事をしていた。スポーツトレーナーやエステティシャン、美容商社でのインストラクター、アンチエイジングクリニックのセラピ

郵便はがき

107 8668

おそれいりますが切手をはってお出し下さい

(受取人)
東京都港区
赤坂郵便局
私書箱第十五号

農文協
http://www.ruralnet.or.jp/
読者カード係 行

◎ このカードは当会の今後の刊行計画及び、新刊等の案内に役だたせていただきたいと思います。　　はじめての方は○印を（　　）

ご住所 （〒　　－　　） TEL： FAX：	
お名前	男・女　　歳
E-mail：	
ご職業	公務員・会社員・自営業・自由業・主婦・農漁業・教職員(大学・短大・高校・中学・小学・他) 研究生・学生・団体職員・その他（　　）
お勤め先・学校名	日頃ご覧の新聞・雑誌名

※この葉書にお書きいただいた個人情報は、新刊案内や見本誌送付、ご注文品の配送、確認等の連絡のために使用し、その目的以外での利用はいたしません。

● ご感想をインターネット等で紹介させていただく場合がございます。ご了承下さい。

● 送料無料・農文協以外の書籍も注文できる会員制通販書店「田舎の本屋さん」入会募集中！
案内進呈します。　希望□

■毎月抽選で10名様に見本誌を1冊進呈■（ご希望の雑誌名ひとつに○を）

①現代農業　②季刊 地 域　③うかたま　④のらのら

お客様コード □□□□□□□□□□

014.07

お買上げの本

■ご購入いただいた書店（　　　　　　　　　　　　　　　　　書店）

●本書についてご感想など

●今後の出版物についてのご希望など

この本をお求めの動機	広告を見て（紙・誌名）	書店で見て	書評を見て（紙・誌名）	出版ダイジェストを見て	知人・先生のすすめで	図書館で見て

◇ 新規注文書 ◇　　郵送ご希望の場合、送料をご負担いただきます。

購入希望の図書がありましたら、下記へご記入下さい。お支払いは郵便振替でお願いします。

（書名）	（定価）￥	（部数）　部
（書名）	（定価）￥	（部数）　部

ストなどとして勤めた後、個人サロンを開業した。

人が元気でいれるにはどうしたらいいのかと、体に向き合うなかで、食、そして農へ関心が広がり、ストレスに満ちた都会的な社会の仕組みへの疑問と田舎暮らしへの憧れを募らせた。しかし、東京以外で暮らしたことのない身で、地方でどうやって生計を立てて暮らすのか想像できず、矛盾を感じながらも東京での暮らしを続けていた。

転機となったのは東日本大震災だった。ガラガラになったスーパーの棚を眺めながら、都会の脆さを身にしみて感じた。計画停電で街は少し暗くなり、福島第一原発の事故が起きて、福島の電気を東京が使っていたことを知り、東京での暮らしが知らず知らずに地方へ負担をかけていることを申し訳なく思い、このままの暮らしを続けていいのか考えた。

たまたま震災2日後に祖母が亡くなり、その葬儀のなかで自分のルーツに触れたことも影響した。祖母は新潟県の佐渡島の農家出身で、戦後、祖父とともに島を出て、東京に来た人だった。町工場を営み、佐渡から若い人を呼んで仕事をさせながら学校に通わせていたそうだ。ささやかながら戦後という時代を一市民として築いてきた祖母。その命の終わりは時代の変化と、自分の根っこにあることを教えてくれた。

そうしたことから「移住して農ある暮らしをする」と心に決めた。決めた時点ではまったくどうやったら暮らせるのかわからなかったけれど、東京で育った私たちが田舎で暮らせるようにと試行錯誤することが大事だと思ったし、そうすることで東京に一極集中する社会の仕組みと逆向きの流れをつくるささやかな一石になりたいと願った。

ミスマッチのなかで活動した協力隊時代

移住を決めた後、課題となったのは当面の収入をどうしたらいいのかと、地域の人たちとつながるにはどうしたらいいのかだったので「地域おこし協力隊」という制度を知ったことは渡りに船であった。そして不思議な何かに後押しされるように話は展開し、2011年7月末、島根県雲南市へ移住した。それまで島根県に行ったことはなく、ましてや雲南市のことも知らなかったのだが、神話や古事記に興味があったので、出雲大社があるのが島根だと知って興味をそそられた。

地域おこし協力隊として、私は制度が始まって3年度目、雲南市の協力隊としては第1号で、大東町塩田地区（3自治会、60数戸、200名弱）の担当として着任した。小学校閉校直後の地区で、行政との面接では「廃校の利活用について、地域の人たちと取り組む」をメインミッションとして挙げられていたのだが、着任後しばらくして、それは地域の人たちが望んでいることではないことがわかった。行政と地域の間で宙ぶらりんになり、いわゆる「ミスマッチ」の状況が続くなど精神的にハードなものがあった。協力隊の成功事例とはほど遠い状態で、任期後のことも不安で仕方なかったのだが、移住を決めた時の想いと、地区内外の応援してくださる方たちの存在に助けられ、地区内でできることを模索しながら、小さな活動を積み重ねて、2014年3月、任期を満了した。

任期後は雲南市内の別地区の農地付き空き家を購入した。雲南市に定住するが塩田地区は出ることになり、大してお役に立つ活動もできず、定住もできず、塩田地区の方々に申し訳ないような複雑な気持ちの春だった。

協力隊をサポートする側にまわって

塩田地区での協力隊活動について見直したのは、卒業後しばらく経ってからだ。卒業して1年後、協力隊のミスマッチ事例が後をたたないなか、それに苦しんだ一人として、現役の人たちの何かお役にたてたらと、地域サポート人ネットワーク協議会の地域サポート人アドバイザーに登録し、協力隊の全国研修のお手伝いに出るようになった。そこで中越防災機構の稲垣文彦先生の講義で「地域づくりの足し算と掛け算」について聞き、溜飲が下がる思いを得た。地域おこしというと「掛け算の活動」に目が行きがちだが、掛け算に入る前に「足し算の活動」をする時期があり、そこで小さな活動を積み重ねることが大切だというお話で、これを聴いた時、自分が塩田でしていたのは「足し算の活動」で地域にとって意味あることをできていたのかもしれないと思えるようになった。

最近、塩田地区では一番小さく高齢化の進んだ箱淵自治会で「この農地だけは守り続けたい」と農事組合法人が立ち上がった。氏神様の名前にちなんで「きよたき米」と名付けられた米は食味値85、味度値91を出すなどとても美味しい米で、私はカフェでの食事や、東京で開く食事会などでこのお米を使って紹介している。移住した最初の3年間を、雲南市の課題先進地とも言える塩田地区で地域おこし協力隊として暮らし、経験させてもらったことの大きさを、時を経てかえって深く感じ、感謝の気持ちとともにこれからも塩田地区と関わりを持ち、応援していきたい。

そして地域おこし協力隊について、いろいろ大変ではあったが、何もなしで移住するよりも人とのつながりがつくりやすく、住まいや収入の支えとともに、生活環境を大きく変えることを助けてくれたと思っている。

私が現役の時は全国で400名ほどだった協力隊の隊員数は、現在5000名を越えている。研修の機会が不足しており、島根県では定住率の低さが課題になっている。島根に定住したOGの友人たちと、何か現役をサポートできたらいいねと話していたところ、2017年11月、島根県庁や協力隊サポートデスクからの応援もいただいて「しまね協力隊ネットワーク」が立ち上がった。不束ではあるが代表に着任し、2018年3月で協力隊を任期満了した竹内恒治さん（大田市富山町）と小田ちさとさん（安来市比田地区）の副代表2人をはじめ、関わってくれる皆さんとともに活動を進めているところだ。島根県内の協力隊のつながりを広げ、より良い活動や地域・行政との関係づくりができるよう、研修や交流の場をつくっていきたいと思う。また、サポートデスクの上級専門相談員も拝命し活動を始めた。このように協力隊と関わり続けることになるとは思いもしていなかったが、都会から田舎へ、生きる場を変えさせてくれた協力隊制度に感謝して、お手伝いしていきたいと思う。

しまね協力隊ネットワークのキックオフ

農ある暮らしづくり

私たちは移住前から、自然農や有機農業に関心を持っていた。夫は自然農法の福岡正信氏の「わら一本の革命」に感銘を受け、援農などをしながら、有機農業研究会青年部で学ぶなど、就農に向けて東京でできることをしていた人で、私は母が生協の活動に積極的だったことや、中学生の頃から「美味しんぼ」を愛読していたことなどから、有機の農産品を選んで購入する消費者だった。移住先候補として雲南市が出てきたとき、調べてみると自然食品店で購入していた木次牛乳の産地で、有機農業の盛んな地域柄だと知り、移住先に決める理由の一つとなった。

移住して間もなく、有機農業学会の公開フォーラムが雲南市内で開催され、「うんなんナチュラルべじまーと」という自然農や自然食を志向する人たちのマルシェが始まるなどの機会に恵まれ、島根県内の自然農や有機農業を大事にする人たちとのつながりをつくることができた。有機農業については島根県吉賀町柿木村の福原圧史さんの「有機農業は生き方」という言葉が至言だと思っている。自然農や有機農業を大事にする人たちとのつながりとは、価値観を共有する人たちとのつながりであり、こうしたつながりが島根県内にできたことが、地域おこし協力隊として活動がうまくいかずに悩んでいたときの心の支えとなった。中でも音楽好きな人たちと「農民バンド（仮）」を結成するなどもあり、2013年4月、雲南市木次町日登地区にある「食の杜」で音楽とマルシェのイベント「つぎのむらまつり」を開催し、300名からの来場者を迎えることができた。

日登地区は前述の木次乳業がある地域であり、早くから有機農業に取り組んできた歴史がある。それを牽引してきたのは木次乳業の創業者で相談役の佐藤忠吉さんなのだが、お話をうかがうと必ず「自分は加藤歓一郎先生の教えに沿ってやってきただけだ」とおっしゃる。加藤歓一郎先生とは、戦後間もない混乱した時代に、日登中学校で校長先生をされた方で、「教育とは……育つのだ　育つものは待たねばならぬ」という「待つ教育」を掲げ、農村を大事にする産業教育や民主的な社会教育を実践した。その影響は色濃く、かつては公民館が、現在は地域自主組織が中心となって地域づくりの活動が活発に行われている。特に、小学校で行われている地域とつながった農と食についての実践的な教育が素晴らしく、都会育ちの自分にはとてもうらやましく感じる。

つちのと舎で開催した雲南 UI ターン交流会

ちなみに協力隊の任期後、私たちは日登地区で暮らし、「つちのと舎」を営んでいる。家のすぐそばの休耕田を借りて田んぼに戻し、ほぼ手作業で米づくりを始めた。始めは5畝ほどだったが、自分たちが自給するには十分な米を収穫することができた。品種は自然農法の福岡正信さんが遺した「ハッピーヒル」という種を育てている。２０１７年からはカフェ営業を始めたのもあり、1反に広げ、田植えや稲刈りのイベントも行うようになった。主食を自給できるようになったことの安心感は言葉にならないほどのもので、移住を決めた時に求めていたことをかなえることができた。

そして、2016年からはしまね田舎ツーリズムの民泊に登録し、宿泊体験を提供している。雲南市の移住体験プログラムとの連携で移住検討中の方に来ていただくことが多い。先に移住定住した者の務めとして、続く流れづくりを担っていきたいと思う。

意外だったダンスの仕事

私は「つちのと舎」を営む以外に、体づくりと地域づくりに関する仕事を受けて多業を生業としている。体づくりの仕事では、地域おこし協力隊の3年度目だった2013年から、体育活動コーディネーターとして、市内の小中学校でのダンス・表現運動の授業を行っている。

この始まりは文部科学省の「地域スポーツとトップスポーツの好循環推進プロジェクト」で、市内の総合型スポーツクラブが受託した。スポーツクラブと教育委員会で派遣する指導者を検討するなか、「地域おこし協力隊で来た三瓶さんは、体育のことができるらしい」と声をかけていただいた。私は中学・高校の保健体育の教員免許を持っていたが小学生への指導はまったくの未経験。しかし、幼少期からの体づくりの必要性は以前から感じていたことであり、協力隊の研修などで耳にしていた「頼まれごとは試されごと」という言葉にも励まされて取り組んでみたところ、とても喜ばれる結果となった。

3年間の文科省事業後も市の事業として続けていただき、足かけ6年、現在も続く流れがあり、毎年十数校まわって授業を行っている。学校規模や地域性による学校の雰囲気の違いなども興味深く、年を重ねることで先生方や子どもたちとの関係も深まってきた。はじめは踊ることや表現することを恥ずかしがったり、躊躇していた子どもたちが、だんだんと自由に動き、表現し、自分たちで創造するようになっていくのを見ると心からうれしい。

こうした流れから、もっと小さい人たちからご年配の方まで、幅広い年代での体づくりやダンスをする仕事をいただいている。体づくりの専門性は、移住前から持っていたことではあるが、東京での仕事の仕方がそのまま地方で通用するものではないと思い、どのように活かしていけるかは移住から定住に向けての大きな課題だった。体育のましてやダンス講師という仕事が引き出されるとはまったくの想定外で、所変われば引き出されるものが変わり、自分の役割も変わるものなのだと知った。ダンスをきっかけに関わるようになった地域活動もあり、東京にいた時よりも文化的な日々を暮らしている気がする。

中学校でのダンス授業にて

「演劇によるまちづくりプロジェクト」に加わって

ダンスの授業を始めた1年目、学習発表会用の振付を依頼された。私はダンスエクササイズには親しんでいたけれど、舞台に立つこととは無縁だったので、今後もこうしたことを求められるなら舞台というものを学ぶ必要を感じた。

そんな時にスーパーで目に入ったのが雲南市民演劇の「歌劇ふることぶみ　キャスト・スタッフ募集」のポスターだった。演目が「ふることぶみ（古事記）」なのも興味をそそられ、演劇はまったくの初心者ながら参加申し込みをした。そして、顔合わせの場に臨んだ時の驚きを忘れられない。どこから湧いて来たんだと言いたくなるほど若い人がたくさんいたのだ。当時は協力隊3年目の後半、協力隊として知り合うのは年配の方がほとんどで、雲南市内の一般の若い人たちはどこに居るのだろう？　と思い続けていたのもあって、20代・30代と思われる人たちがたくさん集まっていることに心底驚いた。聞いてみると高校時代から演劇をしていた人が多く、普通にお仕事をしながら演劇を続けているという。

市民演劇の脚本・演出は市内の県立高校教師の亀尾佳宏先生が行っている。亀尾先生は演劇部の顧問として生徒たちと何度も全国大会に出られている方で、教え子たちが市民劇の幹となっていた。参加者は多様で下は保育園児、上は70代という幅広い世代が集まり、雲南市民だけでなく車で1、2時間かけて通う参加者も少なくない。演劇をできるところだからという理由で移住して来た人もいて、市民演劇つながりで結婚したり、子どもが生まれたりという例もいくつもある。

内容は主に地域に根ざしたことや人が題材となっている。雲南市出

はじめて立った舞台「歌劇ふることぶみ」

身の医師で平和活動家の永井隆博士（『長崎の鐘』『この子を残して』などの著者）を題材とした「Ｔａｋａｓｈｉ」は、平和について深く考えさせられるものだったし、雲南市が誇る桜と和歌（雲南市大東町須賀は和歌発祥の地）を題材に、過疎の町で暮らす高校生や町の人たちを描いた「Ｋｏｍａｃｈｉ」では、地域のことを知ったり、地域のことを考えた。地域づくりの観点からも市民演劇の持つ力の大きさを感じる。

市民演劇は「雲南市演劇によるまちづくりプロジェクト実行委員会」によって運営されている。実行委員長の吾郷康子さんは尊敬する女性の先輩だ。長らくご家業を社長として切り盛りされ、商工会の活動にも貢献し、男女共同参画についての知見も深い。ご自身も青年団活動などで演劇に親しんでこられ、演劇がまちづくりに貢献することを確信し、雲南市民演劇を支え続けてくれている。吾郷さんは桜を心から愛する人でもあり、商工会女性部の活動を共にしてこられた方々と「木の花工房」を開き、桜100選の木次斐伊川土手の桜を使った桜染めの品々や、美しく美味しい桜の塩漬けをつくっている。私は友人たちを誘って塩漬けづくりのお手伝いをしているが、一緒に作業する時間は、吾郷さんをはじめこの町を支えてきた先輩女性の皆さんからいろいろなことを学べる大事な時間だ。

出雲大東駅を拠点にした「雲南せいねんだん」の活動

ダンスからの展開でご紹介したいもう一つの活動は「雲南せいねんだん」だ。雲南市にはＪＲ西日本のローカル線・木次線が走っており、そのなかの「出雲大東駅」を拠点としている。

この中心にいるのが駅長の南波由美子さんだ。彼女は私と同年代で、知り合った時はご当地戦隊ダイトレンジャーの中の人だった。雲南市大東町出身で、学生時代に関西に出ていた以外はずっと雲南市で暮らしてきた彼女は、地域を元気にする活動をしたいという想いを内側に温めていた。出雲大東駅の指定管理業務をしていた会社でスタッフとして働き始めると、彼女の想いはあふれ出し、駅で年2回行われていたイベントをもっとにぎやかにしたいと周りに声をかけ、そこから「雲南せいねんだん」が生まれた。

メンバーには大東町出身で東京からUターンしたミュージシャンの森脇謙治さんがいた。彼は大東町がホタルの町であることから「光舞う町」という歌をつくった。私はダンスの振付を担当し、歌の意味を伝えられる振付にしたいと考え、出雲大東駅で活動していた「手話に親しむ会」にご協力いただいて、手話ダンスをつくった。駅でのイベントで披露するとたくさんの人たちの共感を呼び、つくったCDを買ってくれたり、町内外のイベントで出演オファーをいただいたりした。なかでも、長年ホタルの保護活動を続けてこられた「赤川ホタル保存会」の方々が喜び、応援してくれたことは、とてもうれしいことだった。

南波さんが2016年、任意団体「つむぎ」を立ち上げて、駅の指定管理業務を引き継いで駅長となると、より活動が活発になった。上の世代の活動と下の世代の活動がつながり、先輩女性たちが立ち上げたよさこいチームの名前は「光舞う町」にちなんで「光舞《こうまい》ほたる」と名付けられ、雲南市立大東小学校では月間の歌として全校生徒が歌い、雲南せいねんだんがライブをする機会もいただいた。私がダンスの授業をしている雲南市立大東中学校では「光舞う町」の手話ダンスをしていて、曲ができた年は全校で、以降は毎年1年生がダンスの授業のなかで学んでいる。大東子ども園の保護者たちが歌とダンスを練習して卒園する子どもたちに披露したこともあった。

「光舞う町」の「光」には蛍の光とそこに暮らす人たち一人ひとりが輝く光であるという想いが込められている。「光舞う町」によってつながりを得て、出雲大東駅で開かれるイベントは、とてもにぎやかな多世代交流の場となっている。

木次線沿線では、JR西日本木次鉄道部の協力もあり、出雲大東駅以外でもたくさんの住民が木次線を盛り上げる活動をしている。ここ数年、木次線の開業100周年や全線開通80周年などメモリアルな年が続き、そうした活動同士のつながりが深まっている。ローカル線を取り巻く状況は明るいことばかりではないが、南波駅長の「奇跡の木次線」を合言葉に温かい想いを持った人たちが集まっていることに希望の光を感じている。

雲南せいねんだんの「光舞う町」

出雲大東駅は今まで出会う機会のなかった人たちがつながる場であり、つながった人たちがさらに新しい活動を始めることにもつながっている。ここで生まれる活動は一人ひとりのできることや、やりたいことを活かしあいながら行われている。何か目標となる形に人をはめ込むのではなく、人と人のつながりからふんわりと形が生まれる。つながりの根っこには地域への愛があり、ゆるやかにしなやかに展開している。

地域が私を元気にしてくれる

「元気な人と元気な地域」をタイトルに、ここまで書かせていただいた。そもそも「元気」とは何なのか？　自然療法などを学ぶなかで、私はそれを「元の気」として、本来そこにあるものだととらえている。本来あるものが損なわれると人も地域も元気を失う。元気になるとは、本来あるものを取り戻し、その人らしさ、その地域らしさを現していくことではなかろうか。

そういう意味で、私は移住してからの自分がより元気になっているのを感じる。この地域が私を元気にしてくれている。地域の元気とそこに暮らす人の元気はつながっているのだ。そして、人と地域がより元気であるために、教育がとても大事だと気づいた。前述の日登教育の加藤歓一郎先生は「地域づくりは人づくり」という言葉も残されている。

私はこれから教育についても自分のテーマとして取り組んでいきたいと思い、今年度、島根大学の「地域・教育コーディネーター育成プログラム」を受講している。地域と教育について関心を持つ全国の人たちと学び合いながら、人と地域がより元気であれるよう、これからも考え、行動していきたい。

現役

「持続可能な農業と流通のカタチ」を求めて模索する日々

●長崎県島原市　光野竜司《みつのりゅうじ》

1991年生まれ、東京都世田谷区出身。慶應義塾大学法学部法律学科卒業。ITベンチャー、青果関係のベンチャーを経て、2016年1月より島原市地域おこし協力隊に着任。同年9月に㈱トトノウを設立、代表取締役として現在に至る。

私は学生時代より旅行が好きで、年間の3分の1ほどは日本各地を巡っていた。興味があったのは地域の食、各地の名産や名物で、それに出合うことを旅の目的としていた。そんななか北海道を旅しているとき、ふと道端で食べたアスパラガスに感動し、その生産者のお宅に泊めてもらったのが、農業とのはじめの接点となる。それからというもの、各地の農家にホームステイをしながら旅するようになり、農業と関わっていくようになった。

「農業の持続可能な新しい形をつくりたい」――これが私のなかでテーマとなっていたことである。収入が不安定、重労働、後継者不足など、農業が抱えている課題を目の当たりにするなかで、食の基盤となっている産業を未来のある形に変えることが不可欠であると感じてきた。

農業とはほど遠い東京で育った私であるが、地方への関心は消えることなく、移住して農業に関わると決めていた。そして社会に出て3年後、偶然にも旅先で「地域おこし協力隊」の存在を知り、2016年1月に長崎県島原市に移住することとなった。

地域おこし協力隊のミッションとは

そもそも地域おこし協力隊に求められているものは何なのか、「地域おこし」とは何なのか、非常に難しいテーマである。地域おこし協力隊となり移住すると決まってから、自分なりに考えるようになった。様々な事例を見ていくなかで、地域おこし協力隊としての活動内容は次の二つに分類されるように思っていた。

①既存の資源、人材を活用し、地域を盛り上げる
②持続可能な地域づくりのための基盤をつくる

①は地域の特産品の開発や工芸品などのブランド化、各種イベントの開催、観光商品のパッケージ化など、既存の地域資源や組織を利用したうえにある地域おこし。対して②は、地域経済を将来的に持続可能とするための、地域内の仕組みや人の意識を変えていくことによる地域おこしである。地域おこし協力隊として一般的にみられる事例は大半が①に属している。これは比較的に短期で結果に表れるものであり、3年という期間が決まっている立場からは活動しやすい内容とも

筆者。雲仙普賢岳をバックに

言える。ただこれらでは任期が決まっていることもあり、一過性のものとなるリスクを包含している。実際に地域において行政主導で行われる地域おこしをのぞいてみても、その取組が持続可能なものかという視点から見ると大半がそうでないように感じる。

将来的永続的な地域経済に着目すると、②の側面を持つ取組が不可欠となるはずであろう。その地域に生まれ、地域のなかで育ってきた人々が主導で新しい取組や仕組みを生みだせる環境をつくること、これこそが本当に必要なことであり、地域おこし協力隊の本質ではないだろうか。

移住当時の私自身この考えのもと、地域おこし協力隊として農業分野で具体的に何をするのか見えないなかでも、1年以内に事業を立ち上げ、地域の農家と新しい農業の形をつくっていくとのビジョンを持っていた。

まず、地域を知ることから

長崎県の南部に位置する島原半島、読者の皆さんはそもそも知っているだろうか。東京の友人に聞いてもほとんどが島原の乱の天草四郎、稀に雲仙普賢岳といったところで、知名度はごく低い地域である。かく言う私も以前に観光で訪れたときに見た情報くらいしか持っておらず、そもそも農業が盛んな地域なのか、どんな産業で成り立っているのか、移住当時はまったく知らなかった。農業を形づくるとはいえ、地域の農家とのつながりもなければ、協力者も市役所の方を除けば誰一人いない。

まずは地域の人とのネットワークをつくらなければということで、「地域を、農業を知る」をテーマに4ヵ月間様々な人に会い、話し、つながりをつくっていった。累計で300人以上、農家だけでみても100人以上の方と会うなかで、多様な島原の情報を集めるとともに、課題や問題点、反対に利用すべきところを学んだ。気づけば、まったく理解できなかった独特な方言も聞き取れるようになっていた。東京にいたときはIT企業でろくに眠れない毎日を送っていたが、島原に来てからはそれと同等以上のエネルギーを消費していたように感じる。

地方に移住して最も大きなハードルがここかもしれない。東京で暮らしていたころと大きく異なる点が、地域内における人間関係の重要さであるとつくづく感じてきた。はじめの段階で地域内に溶け込むことができるかどうかによって、この先永住できるかどうかが左右されるといっても過言ではない。私のもとにも様々な地域の地域おこし協力隊の方から相談があるが、この段階でつまずいている方を多く見かける。居心地が悪ければその地域で先は見えてこない。

地域おこしを行っていくうえで、いかに地域人を巻き込むかということは不可欠な要素となる。

島原の農業――その強みと課題

ここでは、私が移住当初に見た島原の農業についてお話ししていく。というのも、いま地域おこし協力隊としての取組の原点はすべてここにあるためだ。前に述べた持続可能な地域づくりを進めるためにも、まずは現状を知ることが大前提となる。良さを活かしつつ課題を解決していく、この視点は地域づくりを行ううえで必要な考え方であると思っている。

私の島原半島における農業の第一印象は、「昔の人の努力と経験が蓄積された古き良きものづくり」である。これには、地域づくりに活用すべきところと課題となっていること、両方の意味が含まれている。

―強み
・栽培技術が高い　・栽培品目が多い　・品質、味の水準が高い
・若手農業者が多い

―課題
・半島に位置し、流通の条件が悪い　・農地が狭い　・販路の選択肢が少ない　・収入が不安定　・地域内での格差が大きい　・ブランドイメージが弱い

島原半島から福岡まで約3時間、東京となると半日はかかり、流通にかかるコスト、時間は大きな課題である。そのため、流通ルートが確立されているJAもしくは市場への出荷が大部分を占めており、他の農業地域と比較すると販路の選択肢は限られている。既存の販路では遠くても関西まで、それより東へのルートはほとんどないため、首都圏からすると島原産野菜のイメージは薄い。事実、私もまったく知らなかった。また雲仙普賢岳の裾野に広がる農地は、一大産地と比較すると狭く、平地はほとんど

島原半島、南串山の棚田風景

ない。

そのような条件のなかでも島原半島は、長崎県の約4割の産出額を占めている。そこには古きより地域のなかでつくられてきた仕組みや培われてきた生産技術、また農家の努力があり、品質、味に関しては高い水準にある。そのなかでも特に印象的であったことが、狭い農地で生計を立てる術である。年間で休みといえば年末年始とお盆くらい、いつでも何かしらの野菜がここにはある。作物の種類でいっても細かく分ければ400~500種類くらいはありそうだ。農家はそれだけ休みなく畑に出ていることになる。

「昔の人の努力と経験が蓄積された古き良きものづくり」と述べたが、良い意味では昔からの蓄積された質の高い知識や技術の上にある農業、反対には伝統的な色合いが強く、時代の流れに取り残される可能性のある農業、という意味である。

いままで述べてきたことは「島原半島」という地域の農業の特色であるが、次のような日本の農業に共通な課題も当然この地域にもある。まず私が日本の農業を見て回るようになってから感じた最も大きな課題である、収入の不安定さだ。自然を相手にする農業は、天候、天災の影響を直に受け、それ次第では1年の収入がゼロになる可能性もある。また、市場の相場も収入変動の大きな要因となる。いかにし

島原の湧水と夏野菜

て相場の高いタイミングで出荷できる状態に育てるかが重要課題となる。これに成功してきた農家と失敗してきた農家では、当然、収入に格差が生じてくる。

島原半島の農業の強みを活かし、課題を解決していくことで持続可能な農業のカタチを創っていく。島原に合った方法で地域づくりを進めていく。それが約2年間、私が島原という地域で行ってきたことだ。

事業計画を立て、起業する

2016年4月より、島原の農業に適した事業計画を具体的に立て始めることとなる。4ヵ月かけて地域のなかでネットワークをつくってきたが、新参者である私が地域のなかで、こんな活動ができるのかと正直当初は思っていた。というなかでも、できることからコツコツと動いてきた。

●活動における私の立場

各自治体によって異なるが、島原市地域おこし協力隊は島原市役所の非常勤職員の立場である。移住当初はその立場を活かして、様々な人と会う機会をつくってもらったり経験したりしてきた。私にとって地域に移住するうえで最も大きなハードルが人間関係のネットワークをつくることであったが、その点、すんなりと溶け込めたように感じる。

さて、農業の新しいカタチを創るために事業を生み出そうとしたときに、地域おこし協力隊として問題となってくることがその立場である。これも自治体ごとの判断によって変わってくるが、一応は行政職員という立場なので、副業禁止などの制限がある場合もある。また、金銭関係は原則として市の決済を通す必要があり、仮に事業によって収益が出ても市に帰属する。時代に合ったスピーディーな活動を進めるにはネックが多く、また持続的な事業をつくることが難しくなる。やはり行動に制限がかかってはやりたいことが実現できないと考え、起業しようと決断した。

幸いなことに島原市からは、副業として起業することの許可をもらった。ただし行政職員の立場である以上、勤務時間内は公的な立場となる。通常ならば副業は勤務時間外に行わなくてはならないのだが、起業となるとそんなわけにもいかない。そこで、民間企業として地域づくりを行う活動が地域おこし協力隊としての活動、との理解により、フルタイムで起業のための時間に使うことができた。

●地域の農家が参加できる仕組みづくり

持続可能な農業の形をつくっていくために、まず地域の農家にどのように関わってもらうかが最も考慮すべきところであった。

まず持続可能という視点から、地域の農家が積極的に参加できる仕組みを構築することが必要と感じていた。もちろん主体は私自身となるが、農家も一緒になって活動できる仕組みであれば、私がたとえ島原を去ったとしても持続可能となるはずである。そうでなければ私のなかでの地域づくりは意味をなさなかった。またそこには、新しい動きを地域のなかから起こすきっかけづくりとの意味合いもあった。

そのために地域の農家がいかに参加できる仕組みをつくるかが鍵となり、次にお話しする組織をつくるところに関わってくる。

●ボランティアではなく株式会社に

起業するといっても、その方法や組織づくりには様々な方法がある。持続可能な地域づくりを行っていくためにどのような方法をとるべきか。それは分野にもよるが、非常に重要なテーマである。私の活動は農業分野、必然的に農家が関わってくる。また、「農業の持続可能な新しい形をつくる」ためには営利を目的とするのは必須である。

話はそれるが、地域づくりにおいてよく「ボランティア」という言葉を耳にする。日本において素晴らしい精神であり、欠けてはならない考えであるとは感じているが、それでは持続可能な取組とはなりづらい、と知り合いの移住者から聞いたことがある。私も同様に地域での失敗事例を見てきたなかで、必ず営利企業として起業し地域づくりを行っていくと決めていた。私としても、そのほうがモチベーションは一層高まる。

ここでは細かい話は省略するが、結論として株式会社を設立し、農家の方々に参加してもらう仕組みをつくると決めた。私は偶然にも大学時代に法学部に在籍しており、会社法を専門としていたため、企業に関する法律に多少の知識があった。そのため、農家が密に参加でき、持続可能な農業をつくるために次に述べるような方法をとることとした。

●地域の農家が株主に

持続可能な農業の新しい形を目指すためには、農業者が減少する原因を取り除く必要がある。その根本にある問題は「収益の不安定さ」であると感じてきた。そこで必要なことは農業者をまとめた組織づくりと「固定給」という概念ではないかと考えた。天候などの影響で収穫がゼロであったから今年の収入はゼロ、ではなく、毎年安定した収入を得ることができる仕組みがあれば農業は廃れないのではないだろうか。

具体的な話をすると、株式会社を設立するにあたり、その構成員（株主）の立場に農家の方々を置くというものだ。一つの企業体のなかの構成員に、各農家を置くことで農業という業種を普通の東京にあるような企業と同様の形をつくる。その経営に参加してもらい、また将来的には従業員や役員という立場になってもらうことで、農業に固定給という概念をつくることができれば、持続可能な組織がつくれるのではと考えた。

●トトノウに込めた意味

島原半島の農業の強みを活かし、課題を解決していくことで、先を見た持続可能な農業の形をつくっていく役割を担う会社となる。これを見据え、「株式会社トトノウ」は地域の農家11軒が株主となり、2016年9月に設立された。

「トトノウ」には、

①農業の形を新しいものに整えていく

②ト（都）とノウ（農）をつなぐ、良い関係性を構築する

との意味が込められている。

①はトトノウという組織としての将来像、②は事業内容としての理想が込められている。

では具体的にどんな事業をしていくのか、それに関しては、あまり重要なこととは考えていない。ただ農業分野で持続可能な事業をつくる、ということがトトノウのミッションであり、時々刻々と変化する時代のなかで農業という分野からできることを行っていくだけだ。

そんなきれいごとを言ってはいるが、具体的な事業内容が決まっていないわけではなく、計画段階から農家を交え、何度も話し合う機会をつくり、事業内容は決めていた。島原半島の農業の強みを活かすことのできる事業として考えたものが、2016年の「地域おこし協力隊ビジネスアワード事業」に採択されているので興味のある方は見てほしい。ただ今実際に行っている事業とは異なる部分も大きい。

トトノウ設立当初の農家の方たちと

トトノウの事業とそれが目指していること

まずトトノウが行っている事業の理念的な部分をお話しようと思う。全ての根幹にあるものは、「トトノウ」の由来でもある「ト（都）とノウ（農）をつなぐ、良い関係性を構築する」ということである。そのうえで、今までに述べてきた農業の問題の解決につながる事業を生み出している。

・消費者と生産者の間での情報の明確化、お互いの理解の促進　・販路の拡大、新たな売り方の提案
・品質に準じた価格の見直し　・流通ネットワークの確立

いままで行ってきている事業のテーマとして、これらが挙げられる。

●農家育成型ネット販売

これは当初より計画し、いまから主力としていきたい事業である。簡単に説明すると、島原半島産の果菜類を、その旬に応じて消費者へ届けるネット通販である。同業他社は日本各地に無数に存在するが、それらと異なる点、それは「農家育成型」という部分である。

いままで青果の小売業界でよく使われていた言葉、それは「農家の顔が見える」である。いまでも直売所などの取組の一環として多く行われていることで、非常に意義があるものだ。ただそれでは生産者から消費者への一方的な情報の流れとなる。

「自分がつくっている野菜はどんな人が食べて、どんな感想を持っているのだろう?」

ある一人の農家から聞いた言葉だ。特に島原半島という、販路の限られた農家からすると重要な課題となる。消費者からのフィードバックを参考に、より高い品質、味を追求する機会をつくるための取組である。

野菜を届ける消費者の方には、生産者や産地、こだわりなどの情報を届ける。さらには、保存方法や食べ方、レシピなど、食に対する提案をしていく。反対に、消費者からの声を農家に直で届ける機能をつくることで、ネット上で会話できる仕組みを構築してきた。

インターネットという、遠距離にいてもコミュニケーションを取ることのできるツールで販路をつくり、島原半島の特色である「年間を通じて多種多様な果菜がある」ところを活用したものとなっている。また、価格に関しても市場の相場ではなく、味、品質を基準として農家と相談のもとで決めることが可能となる。

そして誕生したのが「トトノウ Online Shop」、2017年1月よりサービスを開始した。

●地域内流通の仕組みづくり

その地域に住んでいるから地域のことを知っているという考えは間違っている。事実、私も島原に移住し、地元の方々が地域の農業について知らないことが多いということに驚きを覚えた。というのも、地域のなかで育てられた質の高いものは、基本的に首都圏へ流れる。理由は簡単で、そのほうが高く売れるからである。一概には言えないが、地域の直売所などに並べられる野菜たちはそのルートから漏れたものの可能性が大きい。

島原の方々が地元の本当においしい野菜を食べたことがない、それは大きな問題だと感じた。地元の方々が地元の良さを知らなければ、それを伝えることもできない。それは地域づくりには不可欠なことである。

農家を連れてイベント出店

ということで、詳細はここでは控えるが、島原半島のなかで地元のおいしいものを知ることができるサービス、「ととのうボックス」が2018年4月にスタートとなった。

●まいごの野菜たち

既存の販路にのることができない野菜たちを、「まいごの野菜」と呼んでいる。それは規格外のものであったり、販売ルートのない野菜であったり、まちまちである。それらを輝かせるための事業を2018年3月現在、いままさに立ち上げている最中である。

これらのほかにも、いくつもの事業を進めてきて、なかには当然失敗してきたものもある。ただすべての事業において、私のみならず、地域の農家の方々が関わって進めてきたものだ。

地域が変わってきた兆しをみる

私が行っている取組で地域がどのように変わったのか、という問いに対して、私の理想通りの結果になっているとは正直言えない。私のなかで目指す理想は、いまの「株式会社トトノウ」としての仕組みを地域経済のなかに埋め込み、農家の農業の在り方に対する概念を変えるところにある。ただ現状から見ると、理想のための基礎を固めている段階であり、地域にそこまでの影響を与えているとは言いづらい。

ただ、細かなところを見ていけば、地域のなかで、農家が変わってきたと感じることは少なくない。少し事例を混ぜつつお話ししていこうと思う。

●若手農業者が経営に参画する

イチゴを生産している20代前半の農家がいる。よくある家族経営で、両親と一緒に栽培を行っている。出会って当初、トトノウの計画段階で苦労したことが、若手農業者からの意見を求めてもなかなか出てきにくいという点であった。その時は彼も同様である。それから繰り返し話していくうちに変化が見受けられた。

まずは会計を親と分けると言い出した。それから、本人から新しい品目にもチャレンジしたい、こんな売り先はどうかなど、新しい提案をもらうようになってきた。それに私もトトノウとして協力する形を取り、販路に関しては一つ新しいものをつくることができた。

後から話を聞くと、彼が感じていたこの先の農業に対する不安や何かしなければという思いを相談し、やりたいことを実現できる場所ができてよかったと言ってくれた。それだけでもトトノウをつくってよかったと感じている。

島原という地域では、言い方は悪いが農業経営において親からの縛りがよく見受けられる。親が引退して代替わりするまでは、毎日同じ農作業の繰り返しが当たり前、ということが多い。若手農業者が経営への決定権を持つことはなかなか珍しい。農業の方法が確立されている地域ほど、この傾向は強いように感じる。

私は持続可能な農業のために、農家が経営者の感覚を持つことが重要と考えている。農業に固定給をという概念はお話ししてきたが、そこには必然と経営者と従業員がいる。その経営者側にこれからの若手農業者はなるべきである。

●おじいちゃんの真っ白ないちごが人気商品に

会社の経営自体はまだまだであるが、2年間地域で活動してくれば意外に知名度は上がってくるものである。地域おこし協力隊としてメディアに出る機会は少なくなく、そのたびに私自身の想いや取組を伝えてきた。

次第に私からではなく、興味のある農家からのアプローチが増えるようになった。そのなかのひとりに、もう代替わりして息子に経営を任している70歳位のおじいちゃんがいる。昔から変わり者と呼ばれていて、イチゴの珍しい品種の栽培を失敗し続けながらも挑戦してきた。たとえ周りからは馬鹿にされても、いつか日の目を見ると信じ続けてきたそうだ。ようやく5年越しにいいものが収穫できたと、ある時いきなり事務所に来てくださった。いまでは白いいちごが、シーズンには数百件の予約を受けるまでの人気商品になっている。

このように、トトノウの取組が島原半島に広まるようになってから、関わりのある農家の数は増え続け、今では40軒弱の農家さんたちと動いている。島原半島のなかでは各地域間で交流が薄いようだが、これをきっかけにつながりの輪を広めている方も多くいる。このようなネットワークが農業の未来を背負っていくように感じる。

●地域の消費者と地元の野菜をつなぐ

野菜を買って食べてくださっている消費者の方々、そこからの声による地域の変化も見受けられる。いま週末になると、事務所へ野菜を買いに来る主婦の方が口コミで増えてきた。特に宣伝しているわけでもなく、ここにはおいしい地元の野菜が揃っているからと、評判が広まりつつある。そのなかでも聞こえる声は「こんな野菜あったんだ」「トマトの大ファン」などまちまちであるが、こんなおいしいものが地元にあるんだという意見が一番多く感じる。スーパーマーケットや直売所とは違い、割高で注文制であるにもかかわらず、幅広い方が支持してくださっている。

またこの声を農家さんに届けることで、よりおいしいものをつくろうというやる気を感じることも多い。実際に消費者と農家さんとが顔を合わせる機会もつくることができ、新鮮な感覚で農業ができるという意見ももらっている。

未来の農業へ

インターネット販売から始まったトトノウは、

・新規就農者増加のための研修生の受入　・農業の方法を変えるシステムの開発　・農業技術の海外輸出

など、農業が抱える問題の解決を順次行っていく。またこの仕組みを九州全体に広めていくことで、「ｍａｄｅ ｉｎ 九州」という一つのブランドを確立するまでを目指していく。

ただすべての大本にあるのは、私自身がおいしい野菜をずっと食べていたい、それだけである。

行政

全国最大規模の隊員を受け入れ、続々と起業者が生まれる町

●大分県竹田市　後藤雅人《ごとうまさと》

大分県竹田市出身。1983年生まれ。2012年4月から竹田市企画情報課農村回帰推進室に配属、移住・定住の担当となる。これまで6年間で400名の移住を実現。NHK「目撃！　日本列島」、テレビ朝日「報道ステーション」で紹介されたほか、新聞雑誌等に多数掲載。

「農村回帰宣言市」として移住促進政策を展開

竹田市は、大分県南西部に位置し、熊本県と宮崎県の県境に接しており、周囲をくじゅう連山、阿蘇外輪山、祖母傾山系など九州を代表する山々に囲まれた緑豊かな地域である。滝廉太郎の名曲「荒城の月」のモチーフとなった岡城阯と400年以上の歴史をもつ城下町、大パノラマの広がる久住高原、大分県の母なる川・大野川の源流にあたる白水の滝、日本一の炭酸泉といわれる長湯温泉など、他に誇れる豊かな地域資源や自然環境を有している。また、トマトやかぼすなど農業粗生産額大分県一の農業地帯でもある。

しかし、全国の農山村と同様に少子・高齢化の影響で空き家が目立ち、地域コミュニティの維持が難しくなっている集落も見受けられる。こうした課題に対峙するため、竹田市では全国で初めて「農村回

帰宣言市」を標榜し、都会でリタイアした団塊世代だけでなく自分らしいライフスタイルを求める若者の「終《つい》の棲家《すみか》」として、全国から竹田市への移住を促す政策を展開している。今では「チャレンジしたい若者におすすめの田舎」部門第1位にランクされるなど、注目される移住希望地の一つになっている。

本市の「農村回帰」宣言は2009年6月、同年12月には移住・定住の促進戦略として100万人のふるさとと回帰を目指す「ふるさと回帰支援センター」と全国初の相互協力協定を締結した。本市の持っているポテンシャルを全市民で共有するとともに、まだなお竹田に眠っている魅力に気づき、竹田をもう一度見直して（回帰して）、その魅力を日本全国へさらに世界へ情報発信し、都市で生活している皆さんの農村回帰を促す「内に豊かに外に名高く」がそのコンセプトである。具体的には、本市への移住や定住の相談、田舎暮らし体験、空き家の調査・提供などの受付窓口の一元化、移住支援サービスの充実などの政策を展開しており、その農村回帰の受け皿として「竹田市農村回帰支援センター」を2010年6月に設立した。

すでに、市役所の機構改革により、平成22年4月1日付で企画情報課内に設置された農村回帰推進室（現TOP戦略推進室）及び荻、久住、直入支所いきいき市民課（現地域振興課）に農村回帰担当を配置し、庁内の推進体制を整え、移住・定住への本格的な取組を開始していた。しかしながら、移住・定住については、市民の理解と協力が必要不可欠であることから、移住者への細やかなサポートを全市民で行う体制づくりのため、市議会をはじめ、自治会長会など地域、農業、経済、観光など主たる市内の

17団体で組織する竹田市農村回帰支援センターを設立したもので、当センターが竹田市の移住定住施策の最大の推進組織である。

地域おこし協力隊の人材を活用して地域振興

過疎化、高齢化、少子化が進行する本市において、この施策により人口の社会増をもたらすということは重要な要素ではあるが、ただ単に人口が増えればいいというものではない。移住した方が地域でどういう役割を担い、地域コミュニティの再生にどう関わるかという農村回帰の本質を常に念頭に置くことが重要であると考えている。

この農村回帰の運動を効果的に推進するために、地域ブランドや地場産品の開発・販売・PRなどの地域おこしの支援や、農業などへの従事、住民の生活支援などの「地域協力活動」を行う地域おこし協力隊制度を積極的に活用し、これまでの流れを基本に様々な施策とリンクさせながら移住・定住を推進している。

現在、竹田市では40名の地域おこし協力隊員が活動している。2010年度から1期生として埼玉県から移住した女性を1名採用。彼女は農作業のかたわら年4回、フリーマガジンを発行（行政に頼らず商店主からの掲載料だけで発行）するほか、ブログで竹田市の魅力を情報発信し、自らの体験をもとに移住者の相談にも応じるなど、竹田市の農村回帰を積極的にサポート。2012年度で任務は終了したが、定住し引き続き移住のサポートをしていただいている。

さらに、2014年度から毎年度募集を行ってきた。市の公式ホームページをはじめ、JOINなどで広く募集している。各年度の応募者、採用者の状況は以下のとおりである。

・2014年度（2期生）18名

移住・定住、観光、社会教育、地域振興の一般枠4分野とチャレンジ枠で10名の募集。

募集　43名応募　内定者19名（うち1名辞退）

・2015年度（3期生）14名

観光、スポーツ、酪農業、農業分野の一般枠4分野とチャレンジ枠で10名の募集。

募集　35名応募　内定者14名

・2016年度（4期生）14名

地域づくり、農業、畜産業、観光、創業の5分野に5名程度、企画提案分野で5名程度の募集。

募集　44名応募　内定者16名（2名辞退）

・2017年度（5期生）17名

一般枠は、農業・畜産、文化振興、観光、温泉活用、移住・定住の6分野に6名程度、企画提案分野に4名程度を公募。

募集　40名応募　内定者17名

平成30年2月28日現在、40名が在籍。

性別は男性が半数以上の21名で女性は19名である。年齢に関しては30代が最も多く、平均年齢は35歳

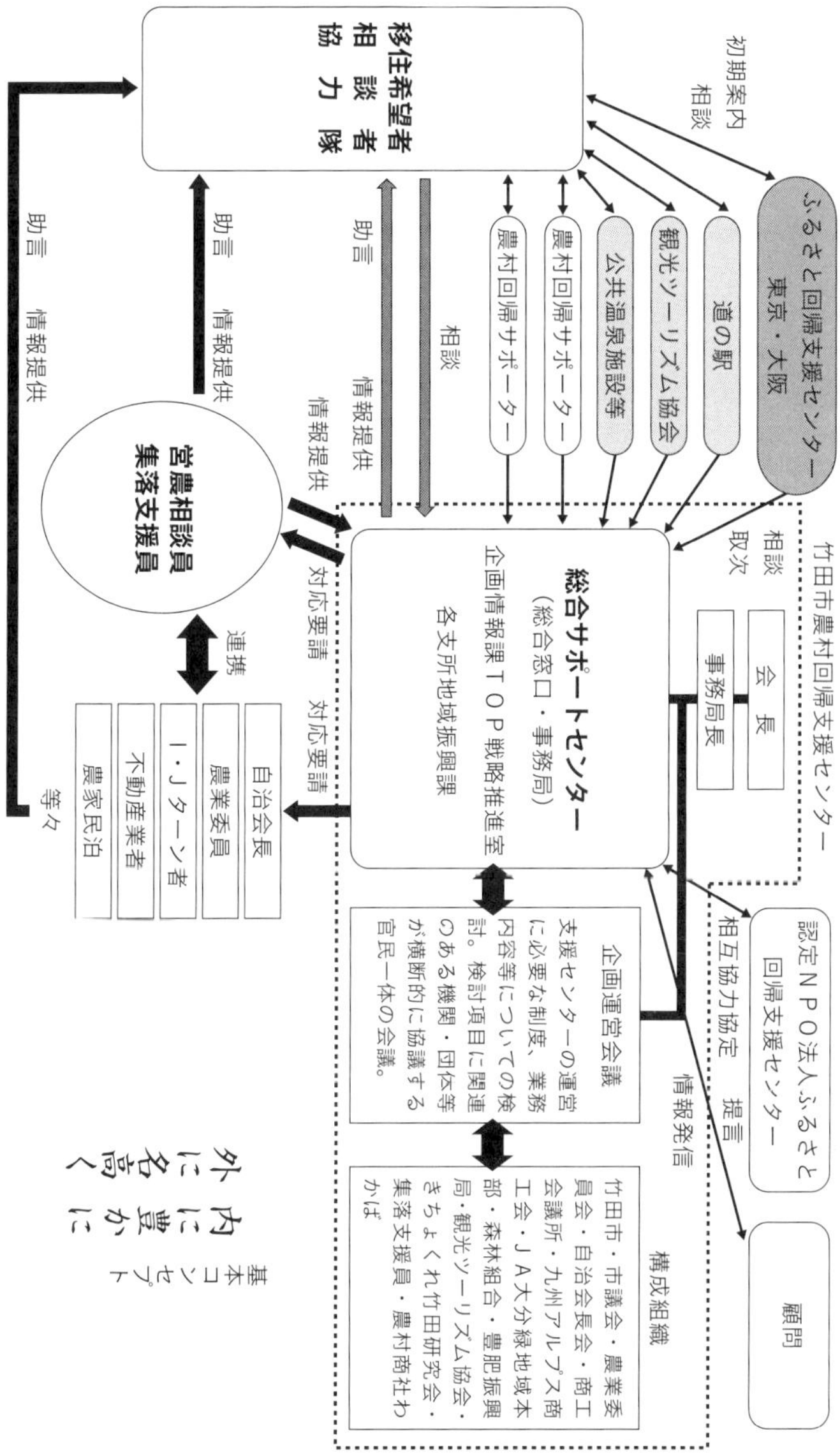

図1　竹田市農村回帰支援センターのしくみ

だった。従前の住所地は、九州が最も多かった。次いで関東、関西となった。北海道、東北、北陸などは協力隊の地域要件もあって対象者がいなかった。

地域おこし協力隊の活動内容——市民と隊員の交流機会を増やす

現在、竹田市地域おこし協力隊の活動内容は20ジャンルあり、それぞれの配属先で活動をしている。それぞれ応募時にこれまでの経歴や自身のやりたいことから希望部署を選択していただき、それを基に選考を行っている。さらに担当部署の職員によって面接をし、配置先を決定する。実際に活動を開始した後に気をつけなければいけない点は、配置先と希望業務のミスマッチである。ここで重要な点は、隊員と担当職員とのコミュニケーションが取れているかどうか。隊員の不安や悩みにいち早く気付くのも担当者に必要なスキルである。

また、隊員が孤立することなく活動するためには協力隊同士の情報交換も大切である。現在行っている月1回の定例ミーティングは隊員自らが提案をし、協力隊同士のコミュニケーションを取っている。当市は協力隊の人数が多いため、このような場は重要であり、活動に対しても良い効果を表している。

さらに、市民の皆さんとのコミュニケーションを図りながら、協力

活動報告会の様子

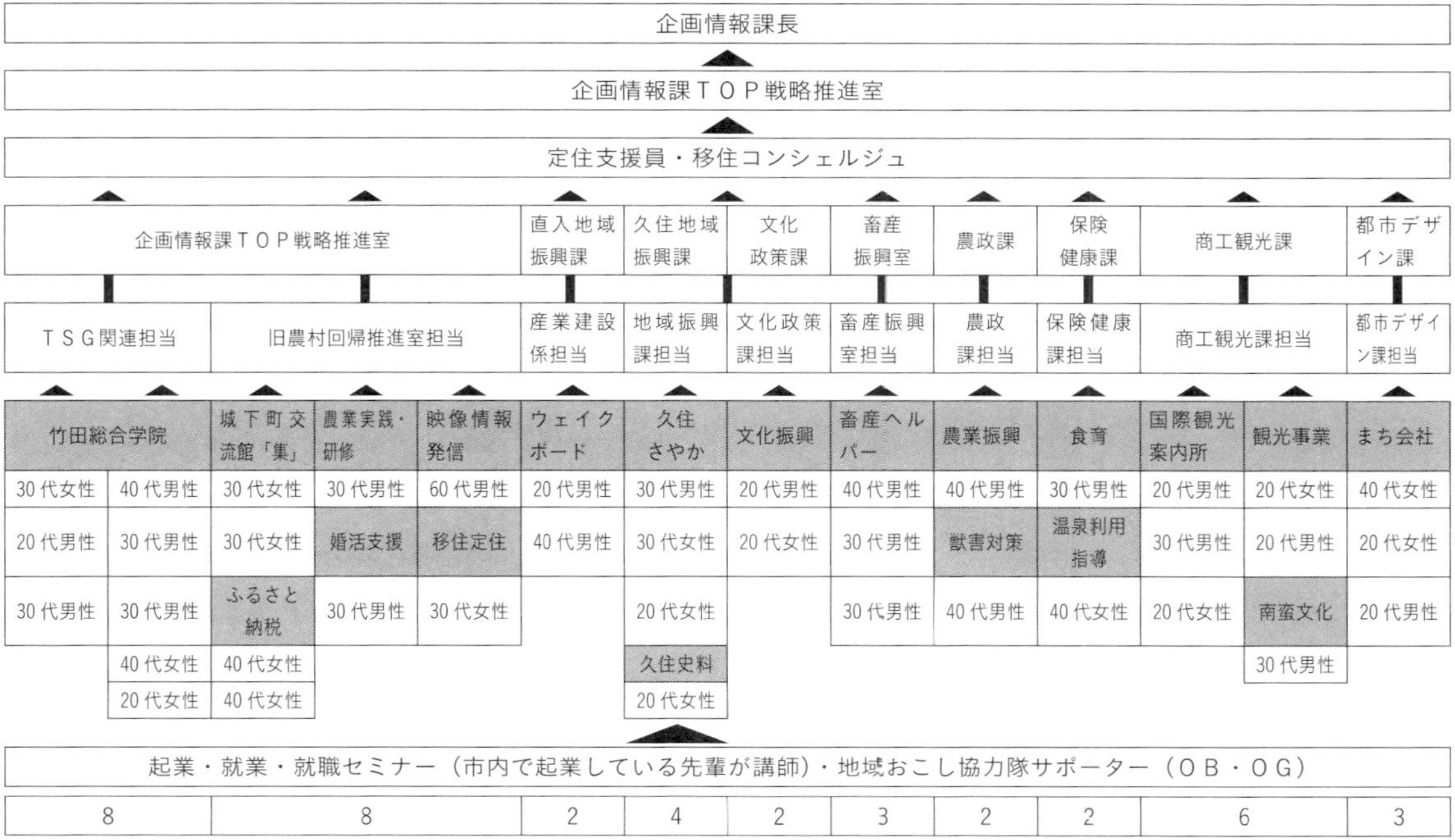

図２　地域おこし協力隊　配置およびサポート体制

隊の具体的な活動を伝え、協力隊への認知度、共感度を上げることを目的として、地域おこし協力隊活動報告会を開催している。当日は、協力隊と市民の方々とのグループワークの場を設けるとともに、それぞれの活動報告ブースで日頃の活動を報告した。市民と協力隊との交流機会を増やすことが任期後の定住につながっている。

以下、具体的な活動例をみていこう。

①竹田総合学院（TSG）

竹田市に伝わる歴史や文化、地域資源を再構築し、地域に根付いた起業家と人材の育成を目的に、廃校を活用したインキュベーション工房「竹田総合学院（TSG）」を運営している。現在、竹工芸、彫刻、服飾、絵画など8名の協力隊員が在籍しており、作品の制作とともに地域の方に向けたワークショップも開催している。

地域の小学生を対象としたワークショップ

②吹きガラス工房マグマグラススタジオ

久住地域にある市の遊休施設を活用し「吹きガラス工房マグマグラススタジオ」を開設、現在3名の隊員が活動している。オープンしてから2年、少しずつ来客数も増え、観光客や地域の方々に認知されるようになってきた。工房では、主にスタッフの作品制作とガラス体験を行っている。併設されたショップでは、長湯の炭酸泉をガラスに閉じ込めた「炭酸泉泡グラス　ｂａｄｅｎ」、竹田の竹材を用いて形作る「ＫＡＧＵＹＡ」シリーズなど、竹田で生まれた作品も販売している。

隊員3名は、同じガラス造形専門の教育機関で様々な技法を学んでおり。その知識を生かし、いろいろな角度からガラスの持つおもしろさを伝えたいという思いで体験メニューをつくっている。溶けたガラスに息を吹き込んでコップなどをつくる「吹きガラス体験」、ガラスの表面に砂を吹き付けて絵柄を彫る「サンドブラスト体験」、様々な色や形のガラスの粒を自由に並べて装飾する「モザイクガラス体験」の3種類があり、地域内外からの参加者も多い。

その他に市内での出張ワークショップも行っている。市内最大のイベントである竹楽での開催は今年で3回目となり、竹灯籠に火が灯る前の時間から竹楽を楽しめるプログラムとして提案している。２０１７年はステンドグラス体験で「ガラスの灯籠づくり」を、２０１８年はガラスに絵を彫るエングレービング体験で「すかし絵ガラスの飾り屛風」をつくり、ガラスを通して竹田の魅力を多くの参加者に伝えていた。

③畜産ヘルパー

畜産ヘルパーは、協力隊のヘルパー3名のほかに、従来から在籍しているヘルパーが3名、合計6人体制で、主に畜産農家の和牛の飼養管理のお手伝いをしている。主な飼養管理業務内容は、飼料や水の給与、家畜の観察、牛舎などの清掃となっている。

ガラス体験をサポートする協力隊員

夏の暑い日や、冬の寒い日などは辛いこともしばしばあるが、農家の方々の励ましや、感謝の言葉をいただきながら頑張っている。特に、ヘルパーの活動により「休日ができたことで心と体にゆとりができた」「安心して外出できるようになった」「息抜きができるようになり、ストレス解消ができる」「家畜の状態を教えてくれるので助かる」など、多くの喜びの声を聞くことで、隊員の活動の励みとなっている。

隊員としての期間満了後も引続きヘルパーでの活動や、畜産業で起業する計画をしており、市の畜産振興に寄与している。

④子育て支援

母親であり、子育て真最中の隊員が、竹田市の宝である子どもたちが輝き続けてほしいと考え、「タケハコ教室」という子育て支援活動を行っている。コンセプトは「志の種まき」。ここで言う志とは、とてつもなく高い目標や大きな夢のことではなく、自分の「好き」を見つけること。竹田でしかできないオリジナルなプログラムをつくることにこだわり、ジャンルは問わず、新しい世界との出会い、竹田の魅力を感じることを大切にしている。

畜産ヘルパーとして活動する協力隊員

2017年度開催したのは、城下町のトンネルを宇宙空間に変えたトンネル宇宙教室や、秘密基地教室、身近な卵を題材にした物理学教室。講師は隊員ではなく、選りすぐりの専門家。2018年度は、そのノウハウを生かし、竹8シネマプロジェクトでタケハコ映画制作教室を開催した。

過去全ての回に参加し、タケハコファンでいてくれるご家族、市民の皆さんに励まされる日々。今後も喜んでもらえる企画を立案し、協力隊の任期が終わってからも、タケハコ教室を開催していけるように試行錯誤の日々を送っている。

⑤観光振興、国際観光案内所

「竹田温泉花水月」内には、商工観光課、国際観光案内所があり、5名の協力隊員が在籍している。

まず、商工観光課の主な業務は、お客様からのお問い合わせのあったパンフレットの送付や、電話対応。ツーリズム協会や国際観光案内所と一緒にイベントなどの計画や準備。主な業務に加えて、PR動画作成、翻訳作業など、協力隊個々の持っている能力と観光を織り交ぜながら仕事をしている。

観光課にいる協力隊は市内出身者ではないため、最初は地域を知ることから始まった。様々な地に足を運び、地域の方やお客様と関わり生の声を聴くことで、新たな竹田市の魅力を知ることができている。

国際観光案内所には3名が在籍。観光案内や、竹田市の良さを国内はもちろん、世界に向けてアピールする業務をしている。英

トンネル宇宙教室

語、韓国語、中国語、さらにはスペイン語まで幅広い多言語で対応ができる協力隊員が揃っており、協力隊の目線から見た「竹田市の宝」を外国人観光客に感じてもらえるために日々頑張っている。

また、竹田市民の方にも隊員の出身地のことを知ってもらい、国際的な感覚を覚えていただくために国際交流の場を図ったり、一緒にコミュニケーションが取れたりするように努力している。例えば、農家民泊を利用して竹田に来られる方が増えており、宿泊受入先の宿泊施設のみなさまと力を合わせておもてなしをしている。2018年5月に、竹田市と観光文化友好交流都市である台湾高雄市田寮区から、約40名の高校生が来られた際には、隊員がコーディネーターとして活躍した。

キリシタン遺物を案内する協力隊員

⑥南蛮文化振興

2017年4月から新設された竹田キリシタン研究所には1名の協力隊員が在籍。竹田市は藩ぐるみでキリシタンを隠した「隠しキリシタン」城下町。これまでの地道な研究やPRが実を結び、国内外から竹田キリシタン文化にふれるべく訪問客が年々増加している。数あるキリシタン遺物のなかでも、キリシタン洞窟礼拝堂は史実に登場して2018年が400周年。2017年10月には城下町に竹田キリシタン資料館もオープンした。この千載一遇の機会に、竹田キリシタン文化を通じて竹田の魅力を知ってもらうために意気込んでいる。
Webを活用した情報発信も大切だが、興味を持っていただいた方とじっくりお話することも大切だと考えている。現在は電話や飛び込みで資料館を訪ねて来る方が毎日尽きない。地域の方と話しているうちに思い出がよみがえり、重要な発見に至ることもある。

任期後に起業する隊員が次々と

2期生18名のうち1名は大学院進学のため1年間の活動であったが、残りの17名は3年の任期を終え、次の進路に進んでいる。

17名のうち6名は市外で就職をしたが、11名は引き続き市内に定住している。注目すべき点は、11名のうち半数以上の6名が起業をし、新たな産業を創

表1　地域おこし協力隊　第2期生（2014年度採用）の進路

	年代・性別	任期後	
		場所	進路
1	20代男性	関東	進学
2	20代女性	関西	就業
3	30代男性	九州	就業
4	30代女性	市内	起業（ギャラリー）
5	30代女性	市内	就業
6	30代男性	九州	就農
7	30代男性	市内	起業（宿泊業）
8	20代男性	九州	就業
9	20代男性	市内	就業
10	20代女性	市内	就業
11	40代男性	市内	起業（飲食業）
12	20代男性	市内	就業
13	20代男性	関東	就業
14	60代男性	市内	起業（ギャラリー）
15	30代女性	九州	未定
16	30代男性	市内	未定
17	30代男性	市内	起業（宿泊業）
18	30代女性	市内	起業（宿泊業）

※アミのせは市内で起業した人

出していることである。国においては、地域おこし協力隊の起業に向けた取組を支援するため、起業支援補助金制度を整備、予算化したのを受け、竹田市でも交付要綱等の整備と予算化を行った。地域おこし協力隊の斬新な発想とパワーを活かし、地域課題に即した「竹田ならではの生業」として、商工団体や各関係機関が連携をして支援していく仕組みを整えていくことが今後も重要になってくる。

住民はやはり隊員の定住を望んでいる

２００９年度に始まった「地域おこし協力隊」制度であるが、２０１６年度に３０００人という目標のもと着実に数を伸ばし、実際に２０１７年度３９７８人に達した。竹田市においても全国最多規模の隊員が活動している。ただ、全国で地域おこし協力隊が実際に増えると、成功例もあるが、失敗例も出てくる。何をもって成功か失敗なのかの定義も曖昧な状態ではあるが、定住率は一つの指標になる。

総務省は任期終了後の協力隊員の定住率を出しており、同一市町村内に定住した割合は47％である。ちなみに、竹田市の２０１７年度の定住率は65％であった。ただ、これはあくまで3年間の任期を終えた隊員が対象であり、任期途中で辞めた隊員は集計の対象になっていない。

協力隊は定住だけが全てではないという意見もあり、その意見を全面的に否定するつもりはないが、地域住民は「派手な企画とか目に見える実績よりもともかく定住してもらいたい」というのが本音であろう。

何十年もかけて今の状態になった過疎の地域が、たった3年間でどうにかなると思うのは無理がある。しかし、協力隊の3年間の成功・失敗は、地域と協力隊の信頼関係を築けたかどうかであり、地域活性化の本番は任期終了後であろう。受入自治体として、協力隊の定住のために地域との架け橋になり、支えていくことが今後の制度成功の鍵になると考える。

協力隊
OB

協力隊活動の「失敗」から見えてきた、人と人をつなぐ役割

●大分県日田市　河井《かわい》昌猛《まさたか》

1973年大阪生まれ。専門学校卒業後、ワーキングホリデービザにてカナダで働く。帰国後、現在まで転職すること7回。2011年に原因不明の病気をきっかけに生き方を模索し、2012年に日田市地域おこし協力隊として日田市中津江村に移住。現在は理事として「つえ絆くらぶ」の活動継続中。

2012年7月に日田市地域おこし協力隊（以下協力隊）中津江村担当として活動を開始し、任期終了後の2015年4月から同地で集落支援員として1年間活動した。集落支援員の応募を決めた理由は、協力隊の任期中に任期終了後の定住準備ができていなかったことが一番の理由である。

集落支援員（以下支援員）になってからもしっかりと目標を設定せず、協力隊時代からの活動を続けた結果、定住後の生活設計のめどが立たなかった。ただひたすら楽しく、精神的に安定した状態を維持することのみを意識した結果、現状に大きな変化がなかったことから、集落支援員の任期を延長せずに1年で辞めるこ

仲のよかったおばあちゃんの102歳の誕生日。左が筆者

とを決めた。

有償ボランティア組織運営で地域支援のむずかしさを痛感

振り返ってみると、協力隊と支援員としての活動時間の大半を、高齢者世帯の戸別訪問と集落活動支援に費やした。その他の主な活動は、NPO「つえ絆くらぶ（以下絆）」の活動支援である。着任当初は団体設立前で、「支え合い仕組みづくり検討会（以下検討会）」の名称で、上津江町と中津江村の住民が主体となって話し合いを始めたころだった。検討会メンバーは、地元住民や市役所職員など20名以上で地域をよく知る方々が中心だった。

毎月1回の定例会や勉強会をつづけた後の、2016年3月末に設立準備が整い、団体が立ち上がり、翌月から活動開始。内容は上津江、中津江の住民が会員になり、会員が相互に助け合う有償ボランティア活動である。有償ボランティアの活動名を「チョイてご」とした。「てご」とは方言でお手伝いの意味で、ちょっとした困りごとのお手伝いをさす。運営が始まってからは検討会メンバーのなかから十数名が中心となり、絆の運営を行った。私は絆の運営には協力隊の活動として参加し、チョイてごは活動時間外に地域住民として参加した。

活動開始から1年ほどで仕組みを大きく変更することになった。大きな変更点は、入会しなくても作業を依頼できるようにしたこと。変更の理由は、お試しで利用したい高齢者が利用しやすくするためである。それまで実際に高齢者に伝わっていた絆の仕組みは、「絆に作業を頼むと最初に5000円必要だ」というものだった。5000円の内訳は、入会金3000円と年会費2000円である。入会と同時に3000円の利用券を渡すので、実質の負担は2000円なのだが、高齢者の理解は「絆に作業を依頼するときは最初に5000円払い、会員にならなければならない」というものだったのである。絆に支払う金額自体に間違いはないが、内容がしっかり伝わっていなかった。この時点で初めて高齢者間での情報伝達の不正確さを知ることとなる。結果、1年目の入会者は作業を依頼する方々よりも、作業をする方々の入会が多くなった。熱く議論しつくった会員同士の相互に助け合う仕組みの部分は思うように機能しなかった。

翌年からは会員と非会員で作業料金に差をつけることで、非会員でも作業依頼できるように制度を変更した。変更後も1年目と同様に、作業時間の大半を草刈りなどの農作業関連作業に費やした。ちなみに、検討会では依頼の大半は家庭内での高所作業や掃除、重量物の移動などのちょっとした生活関連の困りごとを想定していた。絆設立までの検討会では、作業を提供する側のみで話し合いを行った結果、「料金や作業内容など作業を依頼する高齢者側の目線に合わせた仕組みではない」ということに気づかされた。絆の活動を開始して初めて、自分たちの考えだけでは一方通行になるということと、支援するむずかしさを痛感した。

NPO つえ絆くらぶ開所式

協力隊・支援員活動の失敗から学んだこと

絆設立後から徐々に高齢者支援を目的に活動に参加する方々が徐々に増えると、私自身は考えていたが、実際にはまったく違っていた。設立から1~2年が経過し、徐々に運営にかかわるメンバーが減っていった。3年を過ぎたころから毎月の定例会の参加は5、6人前後となり、2~3人ということも珍しくなかった。絆での活動を2~3年続けてからようやく、もしかしたら自分自身の役割を果たせていなかったのではないかと考えるようになった。

思い返せば検討会では、全体からあまり活発な意見が出なければ、大きな声で自分の考えをはっきりと伝えた。会の仕組みを決める時などは、全体の意見をうまくまとめることなく、自分の意見を押し通したこともあった。絆の設立後は、会の運営からチョイてごに至るまで率先して活動に参加した結果、1年目のチョイてご活動の大半を私が行っていた。テレビや新聞などには移住者で絆の中心人物として取材対応した結果、地域で話題となり私一人が目立つようになっていった。

絆と協力隊と支援員活動を通じて、多くの学びを得ることとなった。

そこで学んだことは——

・地元の人と自分では物差しが違う。

代々同じ地域で暮らしている方々と、平野部で人口密度の高い地域で暮らしてきた私では、気質や価値観、時間軸が違う。地域性などまったく理解せずに自分自身の物差しのみで物事を判断し接した結果、地域や年齢による考え方の大きな違いを実感することになった。合わせて、会議などの人数の多い場での話し合いは、声の大きな人の意見が通ることが多く、事前の確認や根回しが非常に重要である。個人間での意見を出し合ったときと、会議の場での意見が、同じ人でも違う場合も珍しくない。

・目立ちすぎない。

地元の多くの方々と団体運営を行う場合は、会全体で運営していることを全面的に押しだす必要がある。よそ者一人が目立つことで他のメンバーや地域の方々の存在が薄くなり、活動意欲の低下を招く可能性がある。

・第一印象の固定化に注意。

地域では直接対面して人間性を確認する前に、えてして、その人と関係のある人から情報を得ることのほうが多い。しかも得た情報を事実としてとらえがちである。本人の本質よりも一部の対面した人の印象が、うわさ話の広がる速さと同様に地域内に広がる。失敗話などは話題になりやすく、さらに早く広がる可能性が高い。

・役割分担を意識する。

絆のような活動は、運営にかかわる人々の適材適所を見極め、できる人ができるときに、負担なく継続して活動を行う必要がある。１００の仕事を一人、二人で行うのではなく、１００の仕事を50人から１００人で行うべきである。多くの方々に役割を持ってもらうことで、自主的に参加を促し、一人ひとりの負担を軽減することができる。参加人数が多ければ、たとえば途中で減っても役割の振り分けが容易である。

・誰がやるかが重要。

過疎化する地域では目に見えない強固な境界線がある。当然、よそ者にはその線が見えない。住民の減少はあっても、他地域からの流入など増加は見込めず、決まった方々のみと交流を続けた結果、つながりが非常に深くなる。自分の本音よりも今までの付き合いを優先することも多い。新たな活動を行う場合は実際に行う活動の中身よりも、「誰が指揮官になるのか」や、「誰が活動に参加するか」が成否を分ける要因になる可能性が高い。話を持っていく手順が重要である。

このような多くの学びを得て、2016年3月末で支援員の活動が終了し、新たな活動を開始することとなった。

熊本地震支援で農業ボランティアを組織

2016年4月に熊本地震が発生し、人とのご縁で、熊本県阿蘇郡西原村にて人生初の復興支援活動を開始することとなった。まったく知識はなかったが、災害復興支援のプロの元で災害時における外部支援者の役割について学ぶことができた。協力隊を経験したのちに大震災の復興に関わったことから、活動する地域で災害が発生した場合、協力隊は支援者として非常に重要な枠割を果たすと感じた。

被災地での人材不足もあり、日田市に被災地へ協力隊を派遣できないか相談したが、派遣できないという回答が返ってきた。相談内容は、災害支援者としてではなく、災害発生時に協力隊が重要な役割を担うので、被災地での研修を目的とした派遣ができないかという依頼だった。今回の場合、行政の職員と話し合うなかで、協力隊の活動地域が限定されており、活動地域で重要な役割があること、派遣する場合には派遣先行政とのやり取りが必要となり、事務処理や対応などで被災地の自治体に迷惑をかけること、派遣した被災地で事故にあった場合の責任の所在などが不明確であることなどの理由から、行政としての派遣が難しいことが十分理解できた。そこで、個人のＳＮＳを通じて協力隊に支援活動の依頼を行った。結果、多くの協力隊員に協力隊活動としてではなく、個人として支援活動に参加していただいた。西原村の方々と私個人にとって精神的な支えとなり、心から感謝している。

熊本地震支援活動に話を戻すと、西原村で活動を開始してから10日が経過したころに、農家から甘藷（サツマイモ）苗の植え付け依頼が多く入った。通常、社会福祉協議会が運営するボランティアセンター（以下ボラセン）では、営利活動への支援は不公平を生じるとの理由から、農業などの事業に対しての支援を行っていない。しかし、西原村では支援するかどうかについての話し合いがボラセン内で行われた。結果、ボラセンと関係のない独立した農業支援団体を立ち上げ、農家にボランティアを派遣する団体の設立を決めた。直後に私が団体運営を任されることとなった。

活動を通して農業地帯における災害時の農業ボランティア（農ボラ）派遣の必要性と、ボランティアがもたらす効果を実感した。効果としては、甘藷苗の植え付けが例年と大差なく作業を終えることができたこともあったが、その実績よりも、被災した農家を励ます精神的な支えとなったことが大きかった。

農家支援の活動をはじめて3ヵ月が経過した7月末、繁忙期のめどがたったことから農ボラ派遣活動を終了した。終了後に、過去に参加したボランティアやSNS、メディアを通じて農ボラを知った方々から再開を望む声が多く届いた。同時に、農家からは、交流することで元気がもらえ励みになる、例年作業を依頼する方々も被災し依頼できない、秋から甘藷の収穫時期で例年以上に人手が足りない、甘藷農家以外も人手不足、などの理由で多くの派遣依頼が入るようになった

元々、農ボラは資金0円で開始し、補助金を申請せずに行っていたことや、事務局運営をほぼ一人で行っていたことから、活動の継続は難しかった。ただ、農家の集落維持における役割は非常に大きいと感じていたので、復興を進めるために農ボラを再開する方法を探った。

協力隊時代の反省から、第一にできるだけ多くの地元農家を巻き込むことにした。農ボラを利用した農家に声をかけ、7名の農家から事務局として運営に協力する承諾を得たことから、新団体設立を決めた。団体名は「西原村百笑《ひゃくしょう》応援団（以下百笑）」とし、2016年9月20日から活動を開始した。

運営方法は、事務局がボランティアを農家に派遣する活動は以前と同様だが、大きく違う点は農ボラ派遣を希望する農家を会員制とし会費が発生する仕組みにしたことである。会員農家は農ボラ派遣

西原村百笑応援団農家向け設立説明会。説明者が筆者

人数に応じて月会費を支払うこととし、それで事務局運営費の一部を賄った。それまでの経験から事務局運営費はできるだけ補助金に頼らない方法を考え、会費収入以外に、寄付金、業務委託金など一定の収入のめどが立ってから補助金を申請し、運営を継続した。

もう一つの大きな違いは事務局員が増えたことである。百笑の活動開始と同時に、以前に農ボラ派遣を手伝ってくれたボランティアが事務局員となり、二人体制で運営が行えるようになった。メディアなどの取材や出演依頼を任せることができ、私が責任をもってより積極的に運営を行えるようになった。百笑設立から1年が経過した通常総会の場で、派遣依頼の減少と、利用農家の減少を理由に、2期目をめどに農ボラ派遣活動の終了を決めた。

西原村百笑応援団第2回ボランティア向け収穫感謝祭

通訳的役割を自覚し、水越地区の支援に

百笑の活動と並行する形で、熊本地震復興には行政と住民の間に入る役割が必要だと感じる方々に声をかけていただき、平成28年8月末に中間支援を目的とした団体「(一社)ふるさと発復興志民会議(以下ふるさと発)」の設立と運営に関わった。設立の翌月にはふるさと発のメンバーと新潟県を訪問

し、中越地震の復興過程の視察を行った。視察を通して多くの学びを得ることができた。

なかでも強く印象に残ったのは中間支援者の通訳的役割だった。通訳的役割というのは以下のとおりである。被災地において住民と行政とが話し合う場では、住民が感情的になりやすく、一方的に石を投げつづける構図になりやすい。当然、行政はできる範囲で誠意をもって対応するが、発災後の混乱から当たり障りのない範囲でしか回答できない。住民が求める回答ではない場合、結果的に住民の不満が膨れ上がる。対立を避けるために、間に入る支援者の力が必要になる。支援者の役割は最初に住民の声に耳を傾け気持ちをしっかり理解すること。次に、住民が何を要望しているのかを確認し、それを行政に届け現在の状況や今後の計画について確認する。確認後に双方の共通点を見出し、同じ方向を向いている部分を中心に今後についてわかりやすい言葉で伝えることである。

貴重な経験をさせていただいた新潟訪問から約1ヵ月後に、熊本県御船町水越地区の住民からの相談がきっかけで、通訳的役割を実践する場が訪れた。水越地区は典型的な中山間地で、地区内の中学校が2001年、小学校が2005年に閉校し、過疎高齢化が急速に進んだ。さらに熊本地震と、2ヵ月後の6月20日の豪雨災害で甚大な被害を受けたことで、潜在していた多くの課題が浮き彫りになった。さらにテレビや新聞であまり取り上げてもらえなかったことで、地域住民は復興が進むかどうか不安な気持ちを抱えていた。

そんななか、相談された内容は「巨石が道をふさいでいる。方法は問わないので撤去を希望する」だった。11月4日に水越を訪問し、「水越地域活性化協議会（以下水越活性化）」の事務局長に現地を案内していただいた。事務局長は70代一歩手前の年齢で、「私が若いほうなので事務局長を引き受けている」という説明があった。合わせて水越地区の状況を確認した。状況は下記の通り。

人口343人、164世帯、高齢化率58％（2017年4月1日時点住民基本台帳ベース）。2014年活性化協議会設立。平均年齢67歳のメンバーで、加工部会・イベント部会・農産部会・福祉部会の4部会を運営。地域高齢者への配食サービスからイベント交流事業など幅広く熱心に活動を行っている。活動開始から3年が経過し、メンバーの高齢化と人口減少により将来に対する不安が徐々に増してきている。ただ、住民主体で地域づくり活動を続けていることが、のちに大きなうねりをうむことになる。

事務局長の案内で落石場所の五ヶ瀬集落に向かった。五ヶ瀬集落の風景は昔話そのもので、もしいまから協力隊に応募するならこの地だと思うほどすばらしく印象的な景色だった。現場で巨石の落石状況を確認し、行政の対応について聞いた。落石箇所の先に民家はなく畑のみで受益者は2件と少ない。しかも、道は私道で行政支援が難しい。可能性として砂防ダム建設などで山林保全を行う場合に、重機搬入が必要になるのでその時に撤去が見込めるがいつになるかわからない。このような状況にも関わらず、直感で「撤去は可能だ、誰かがこの巨石を買ってくれる」と思った。

現地を訪れてから1ヵ月が経過したころ、巨石撤去のアイデアがまとまった。事務局長を通じて水越活性化の臨時役員会を招集してもらい、撤去方法についての説明をおこなった。できる限り費用負担なく撤去する方法として、ヤフーオークション（以下ヤフオク）へ出品を提案した。巨石の販売から撤去につなげることが目的である。高齢者が多く、ヤフオク自体知らない方が多かったために、私が何を提案しているのか、なかなか理解してもらうのが難しかったが、そこは「お金がかからないのでやりましょう」の一言で押し切った。

次に水越活性化の取組であることを前面に出したかったので、会議の参加者に出品する石の名称を考えてもらった。名称は御船風土記に残る水越地区の民話「風神《かざがみ》さん」にちなんで「風神石《かざがみいし》」とした。オークションに出品したことでヤフーニュースに取り上げていただいた。その後は新聞社やテレビ局と合わせて10社から取材の申し出があった。絆での反省から、テレビ局から私への取材はすべて断り、対応はすべて事務局長にお願いした。私が出しゃばらないことで、住民が水越活性化のために取り組んでいることをしっかりアピールできた。メディアでの反響が大きく話題となったことで、熊本県内の建設業者に落札していただき、オークションを終了することができた。

オークション落札以上に大きな成果が2点ある。一つ目はメディアを通じて全国に水越の現状を広報できたことで、被害を知った水越出身の方々や個人の支援者から多大なる寄付金が届い

風神石ヤフオク終了時の画面

たこと。もう一つは、山梨県のNPO法人が自らトラックで桜の苗木を運び、植樹をしていただいたことや、全国からの応援の声が届いたことで、住民が自分たちの住む地域に対して自信を持ったことである。

巨石が売れた以上に得たこと

あきらめていた巨石の撤去が可能となったことで、水越地区の住民から様々な相談が寄せられた。なかでも一番の不安は、豪雨被害によって土砂崩れが発生し、小さな河川が埋まっていることだった。豪雨でなくても河川が氾濫し、災害に巻き込まれる可能性が高い状況だった。

行政の通常の対応は完全復旧で時間と費用を要する。住民の希望も同様だが、いつ大雨が降るかわからない状況で悠長に待つことはできない。ていねいに話を聞くことで、「少しでも水が流れやすくすることで氾濫が一時的に防げる」「大がかりな作業でなくて構わないので、早急に対応してほしい」という声を通して、住民の切実な不安を理解することができた。

次に水越活性化事務局長と一緒に御船町役場建設課に嘆願に行き、住民の要望を伝えた。後日、建設課に仮復旧工事の時期を確認し、それを住民に伝えることで、行政と住民の通訳的役割を担うことができた。

落札から約3ヵ月が経過し、風神石落札者から撤去方法と時期についての連絡があり、打ち合わせを行った。落札者から風神石に通じる道にダンプと重機を通すために、道の草刈りと高所の枝打ちをしてもらいたいとの依頼が入った。水越地区では住民全体が協力し、震災復興を目指そうという動きが始まったこともあり、地区全体が協力し巨石撤去の準備にかかった。

2017年5月1日、いよいよ風神石撤去の日がやってきた。撤去方法はダイナマイトで爆破し、重機でダンプに積み込んで運搬するというもの。話題性もありテレビ局や新聞社など多くのメディアが取材に訪れ、以前と同様に事務局長が対応した。今回は風神石撤去を喜ぶ住民の声も全国に流れた。爆破された小さくなった風神石17個を落札者に提供していただき、売上金の全額を水越の復興に使うことを約束し、再度ヤフオクに出品した。今回も見事に落札していただき、30万円を超える売り上げにつながった。

2回目のヤフオク出品時に、「高額で買えない」「少額だが応援したい」という声が多く届いた。水越活性化で話し合った結果、石を小さくし巾着袋に入れ、お礼状と一緒にヤフオクで販売することを決めた。巾着袋は水越の方々の手づくりで、感謝の気持ちを込めた。震災、豪雨被害と災難続きではあったが、風神石がきっかけで水越に大きなうねりが

風神石撤去前。写真人物は依頼者２名

風神石ダイナマイト爆破後。関係者が爆破成功を祝う

生まれた。寄付金、風神石売上金を復興目的に使用させていただき、できることは自分たちで復旧する新たな取組が生まれた。復興の起爆剤として石が売れたことよりも、住民が自信を持てたことが何よりも大きかった。風神さんが「震災に負けるな」と良い風を吹かせてくれたと感じた。*1

協力隊での活動を通して、地域の目標に対して自分の考え方ややりたいことを押し進めるのではなく、目標に対して関係する方々と一緒に自分のできることを調和させる大切さを学んだ。さらに、震災復興支援活動を通じて、人が人を支える大切さや、精神面の安定が復興を進める重要事項だと改めて学ぶこととなった。

＊1　水越地域活性化協議会の活動を始め風神石撤去や復興への道のりは「ただいま！　水越」のＦａｃｅｂｏｏｋ参照。

現役

地域おこし芸人として、二足の草鞋で鹿屋を走り回る

●鹿児島県鹿屋市　半田《はんだ》あかり

1984年生まれ。大阪市出身。松竹芸能に所属しながら、2016年4月から地域おこし協力隊に抜擢され、鹿児島県鹿屋市に移住。「かのやオフィシャルリポーター」としてテレビ出演をはじめ、「カンパチ解体ショー」の実演など独自のスタイルで鹿屋市をPRする。

●芸人と地方公務員の二足の草鞋

松竹芸能所属の芸人、鹿屋《かのや》市の地域おこし協力隊、二足の草鞋を履き、地域を明るく元気に盛り上げている。どちらの草鞋を履いても、私の仕事は、たくさんの方に笑顔になってもらうことに変わりはない。

少し前までは大阪の道頓堀、角座という劇場で観光客ばかりを相手に漫才をしたり、イベントの司会、ロケなどでいろんな方とお会いしたりして、現場の「魅力」や、そこにいる人たちの「笑顔」を私なりに、引き出してきた。芸人としては今年で8年目になる。そのキャリアを持って、次に「地域おこし協力隊」の選択肢を選んだのだ。

私のいる鹿屋市は、鹿児島県を縦に二つに割ると右半分側の大隅半島の中央部に位置する。こちらの半島には観光客が喜びそうな「天文館」や「砂蒸し風呂」などのスポットはなく、別名「じゃないほうの半島」と呼ばれていた。大隅半島の人たちも自虐ネタのように「じゃないほうの半島」と大きく書かれたポスターをつくってしまったほどである。

しかし、本当に何もないのか？　そんなことはな

テレビの仕事で取材。鹿屋市では、ほとんどの方に知ってもらっていたので取材もスムーズ

い。大隅半島という所は、農畜産が盛んで、日本のニュージーランドと言ってもいいくらいのハイポテンシャルな半島なのだ。しかし左半分の薩摩半島には、観光客もたくさん訪れ、新スポット紹介など、メディアやテレビのロケもあちこちで盛んだが、かたや「じゃない方の半島」では、主に新スポット紹介は町のフリーペーパーや新聞。テレビを見るよりも畑作業中にラジオを聞いている人のほうが多かったり、メディア関係とは少し距離があるようだった。

●芸人だからできること

「同じ鹿児島県なのに、なんで右と左でこんなにもメディアの取り扱われ方が違うのですか?」地域の方々に聞いてみると「こっち(大隅)が大したことがないから、テレビ取材が来ない」「どうせ大隅半島なんてメディアに取り上げられても、映えない」「別に注目されなくても、いい」といった、少し拗ねたような、ネガティブな返事が多く返ってきた。

そんなことないのに……。まず地元の皆さんの気持ちから少し前向きになってもらおう! 私は、まず「そんなことないよ」ということを、地元の皆さんに知ってもらうため、実際にテレビ取材に来てもらうことにした。自分たちが慣れ親しんだものでも、テレビを通して見るとイメージが変わったりする。テレビ取材というのは、モノを良く見せるプロだ。自分たちが大切にしながらやってきたことを偽りなく、さらに良く見せてもらえたなら、それだけで自信はつく。普段はそんなにテレビを見ない人でも、本人や身内が出るのなら見たくなるものだ。それを経験してもらえれば、個人に自信がつき、取材が増えれば、鹿屋市の自信につながるはずだ。

着任後、まもなくして私はテレビ番組のレギュラー枠をもらえることになった。およそ10分ほどのコーナーの内容は、鹿屋のイベントや最新スポットを紹介していくというもので、私が企画から担当させてもらえることになった。

スタートして最初のほうは、取材に行っても恥ずかしがって拒否していた地元の方もいたが、放送を見たり、聞いたりしているうちに「最近テレビに鹿屋がよく取り上げられるようになったね」という声が、鹿児島のテレビ局から聞けるようになった。およそ2年経とうとしている今では、鹿屋の人たちも「まさか鹿屋がこんなにたびたび、テレビにでるなんて！」「最近、鹿屋は元気だから、テレビも取材に来てくれるんだ！」「こっちのお店も取り上げてよ！」など、うれしそうな声が聞けるようにまでなった。

およそ2年の間で「鹿屋」の認知度アップとともに、地元の方々に自信をつけてもらえることができたのではないだろうか。

●「解体ショー芸人」として育ててもらう

着任してすぐ、テレビの仕事以外でも挑戦していたことがある。それは鹿屋の特産「かのやカンパチ」を使った「解体ショー」の練習だ。こちらの地域では事あるごとに「解体ショー」をよく見る。私はイベント司会をすることもよくあるのだが、実際に解体してくれる板前さんの誰しもがおしゃべり上手というわけでもない。板前さんのトークをフォローをする日々が続き、そこで思ったのが「私が解体できたらコストも安く済み、トークで盛り上げることもできる！」ということだった。

解体練習中。いつもは市場で練習するが、この日は特別に漁協の調理室を使わせてもらった

漁協に相談し、練習先は鮮魚市場にお願いした。毎朝4時から8時まで市場で魚を捌き、そこから役所へ。週6日、数ヵ月通い続けた。そして私は立派な

鹿屋市のイベントで司会兼解体ショーを担当

「解体ショー芸人」に〝地元の皆さんに育ててもらった〟のだ。今でも解体ショーのイベント本番中に「捌き方、俺が教えたんだ！」とうれしそうな声が聞こえる日もある。

育ててもらうことで、地域の皆さんは私に愛着を持ち、娘や孫のようにかわいがってくださる。そして今後もいろんな知識や経験を学ぶための手助けをしてもらえるようになるのだ。地域の方が味方についてくれるということは、何よりも心強い「応援団」が自分につくということだと気付かせてもらった。

これを機に、漁協の皆さんと私との距離は確実に縮まり、よりよい方向に進んでいくのが実感できた。それは、私を含む「皆」の力が集結されたお陰だと、漁師の皆さんは感謝してくれている。その「皆」の一部に私も入れてもらえていることが、とてもうれしい。

漁師さんたちは「今までは、お客さんと直接触れ合うことも少なかったけど、今は自分たちで積極的に動き、良い方向に俺たちは変わってきている」という。地域の人たちが、私というよそ者の力も取り入れて、自ら動き始めてくれているのが凄いことだと思う。

お互いを信頼し合わなければイベントも成功しないだろう。今後も地域のイベントだけでなく県内外でのイベントにも参加し、漁師の皆さんと足並み揃えて鹿屋市のPRを頑張りたい。

●何のために？　誰のために

私は「芸人」というスキルを使って「地域おこし」に来た。地域の皆さんは、私が鹿屋に来て最初は「？」がたくさんあったようだった。「なぜ鹿屋に芸人が？」「何をしに？」「関西であまり活躍できなかったから？」失礼な話だが、そんな声もあった。

だが、この2年間で私の行動を見てくれた人は、最近では「鹿屋のために、いつも本当にありがとう」と声を掛けてくれる。芸人という職業は、自分のスキルを最大限に発揮し、成功すれば報酬として、笑顔だったり勇気だったり感動だったり、カタチや文字で表せないプライスレスな財産がたくさんもらえるのが醍醐味だ。カタチにできないモノばかりだからこそ、例えば一言「ありがとう」と、心からの言葉と笑顔をいただいた時、その言葉が、通常よりも大きな大きな価値となる。その価値を見出せたときに、人生はより豊かになるのではないかと思う。芸人とはそんな職業だ。

鹿屋市のゆるキャラショーの本番。司会、演出、台本も担当した

良くも悪くも、地域おこし協力隊というのは誰がなっても目立つし、注目される。私の周りでは、こんな反応があった。「半田さんと一緒に地域を盛り上げよう！」「地域おこしは半田さんに全部、任せていればいいよ」「半田なんかに大切なうちの地域を引っかきまわされて、たまるか！」など、いろんな人がいろいろな反応をする。それこそ「よそ者」の仕事だ。その時に、地域のみなさんが改めて自分たちの育ってきた地域を見直したり、これからを考えるきっかけにしていただきたい。

芸人としても協力隊としても、今後も地域おこしのために常に考えていかないといけないことは、地元の人たちの「地域の笑顔」を引き出す方法だ。時と場合によっては、嫌われ役も思い切って、買って出てみるのもいい。その先に、地域の皆さんのたくさんのプライスレスな笑顔と「ありがとう」の報酬が待っているかもしれない。「地域おこし協力隊」というポジションは芸人やタレントでなくても、自分のスキルを全力で生かし、そのお礼に、目に見えない最高の報酬を得ることができる。最高のチャンスの場だと、私は考えている。

協力隊
ＯＧ

島人たちとの出会いが私の生き方を変えた。そして島も変わった

●沖縄県うるま市　酒井《さかい》恵美子《えみこ》

タレントマネージャーとして大阪・東京・名古屋で活躍後、滋賀県草津市のコミュニティ放送局えふえむ草津の代表取締役に就任。2014年5月より、沖縄県うるま市地域おこし協力隊として活動。2017年5月より、（一社）うるま市観光物産協会事務局長に就任、現在に至る。

地域おこし協力隊になったきっかけ

私が地域おこし協力隊になろうと思ったきっかけは、沖縄で暮らしたい、と思ったことがもちろん一番大きいのだが、その前段階でのある人との出会いに最も大きい影響を受けたといっても過言ではないだろう。その人物とは、元滋賀県副知事、総務省から滋賀県に出向してきていた澤田史朗さんである。

滋賀県草津市で、コミュニティＦＭの代表取締役をやっていた私。ラジオ局をやることになったのは、滋賀県草津市がコミュニティＦＭを立ち上げる創業者を公募しており、無謀にも応募して選ばれてしまったから。応募したのは自分の住んでる街に貢献したかったから。地域と関わりあって地域住民とともに住んでいる街を良くしたい。その思いからだった。

ところが、代表取締役という立場は、地域住民と関わる時間はあまりなく、ラジオ局の運営・経営に

深く関わらなくてはならず、地域の住民と一緒になって動くことなど、組織が許してはくれなかった。

「経営だけに特化したラジオ局なんて私がやりたかったこととは違う」

もちろん、株式会社なわけだから利益追求はしていかなくてはならない。しかし、コミュニティラジオ局は、もっと住民に寄り添わなくてはならないのじゃないか。私は、悩みに悩み、とうとう創業3年目で単年黒字を出した後、私の全精力をかけてつくったラジオ局を役員に譲り辞めた。

そして、フリーで司会や企画の仕事を始め、滋賀県産業審議会委員にも選んでいただき、今後10年間の滋賀県産業振興の計画も立てさせていただいた。

そんな時、フッと湧いてきたのは、地域づくり、街づくりにもっと携わりたいという思い。スキューバダイビングで何度となく訪れていた沖縄に行きたいという思いもふつふつと湧いてきた。でも、沖縄は、私からすれば未知の土地。歴史や文化も大きく違う。そんなところに単独乗り込み、果たして、受け入れてもらえるのか、生活できるのか。いろんなことが目まぐるしく頭の中を駆け巡る。

その時、思い出したのが、ご講演で滋賀に来られた元滋賀県副知事澤田さんの言葉。総務省は地域おこし協力隊という制度をつくり、他府県から移住させ、地域おこしを行っている。「遅咲きのヒマワリ～ボクの人生」という地域おこし協力隊を主人公にしたドラマも放映されるという話を聞いたのも澤田さんからだった。

「そうだ、その制度を使えば、地域に貢献できるかもしれない」

沖縄で募集をやっているのかわからない状態で、地域おこし協力隊募集のホームページを開けてみる。「沖縄、沖縄……」目に飛び込んできたのは、私の知っている沖縄の市町村の名前ではなく、聞いたことのない、「うるま市」という「珊瑚の島」という美称を持つ市の名前。それがうるま市との出会いだった。

うるまでの生活

それから、書類審査、二次の面談を経て、私は、うるま市で初めての「地域おこし協力隊」になった。念願であった地域おこしがこれからできる。と思う一方、やはり沖縄での生活は他府県から来た私にとっては非常にエキセントリックであった。

それは、部屋を借りるところから始まる。役所の担当者が新築の部屋を借りてくれたのだが、部屋の間取り図が何かおかしい。と思って、じっくり見てみると、お風呂場に浴槽がない。

浴槽がないように思うのだがと聞いてみたら、返ってきた言葉が、「浴槽使いますか?」だった。実は沖縄では、今も浴槽のない住まいが主流。最近では、移住者のためにわざわざ浴槽を取り付けている所もあるそうだ。どうしても必要ならばホームセンターに販売していますよ。と担当者は言う。まさか! と思ってホームセンターに行くと本当に浴槽が販売されていた。

私が沖縄に来て一番やりたかったことは、スキューバダイビングなのだが、驚くことに、周りを海に囲まれた沖縄の人は海の遊びをやらない。極端に海を怖がり、太陽を浴びることを恐れる。海に入るのは水着ではなく、上は長そで、下にはスパッツを履き、帽子で顔を隠して完全防備で恐る恐る海に入る。海で泳ぐなんてありえないという。スキューバダイビングなんて地元の人にとったらとんでもないスポーツであった。

また、沖縄は今でこそ新暦の暦を使っているが、今でも地元の行事はすべて旧暦で動く。沖縄で暮らしてから、沖縄のお正月は3回あることを知る。

新暦のお正月・旧暦のお正月、そして、あの世のお正月である。違う点を挙げればきりがないのだが、沖縄の「ぜんざい」は温かくなく氷で冷たいし、「味噌汁」は他府県と比べると3倍以上も量があるおかずの主役の一品だし、「ちゃんぽん」は麺じゃなくごはん。天ぷらは、衣がサクサクした天ぷらではなく、もちっとしていてサクサクじゃない。言葉は島ごとに違う。地名の漢字は読めない。苗字が同じ人が大勢いるので、職場でもみんな苗字ではなく名前で呼び合うなどなど、初めて出会う風習や文化がそこにはあった。

しかし、それらの出来事が、すべて私には新鮮で面白く楽しくもあった。

イチハナリアートプロジェクトに携わる

うるま市に来てからの所属は、商工観光課（現在は、観光振興課と商工労政課に別れた）そこから、一般社団法人うるま市観光物産協会への出向となった。島しょ地域の活性化、観光の情報発信が主な業務である。うるま市には「海中道路」という道路でつながっている島が四つ（伊計島・宮城島・平安座島・浜比嘉島）、有人の離島（津堅島）が一つある。うるま市は人口が12万人以上いるのだが、島が道路でつながってから皮肉なことに、人口流失が進み、島にはおじい、おばぁ、ばかり。小学校・中学校も統廃合された。一般社団法人うるま市観光物産協会は、市と共催し、島を活性化させるために、アートのイベント「イチハナリアートプロジェクト」を企画し運営していた。

その、アートイベントのお手伝いが当面の仕事になった。これが、私が島しょ地域と深く関わるきっかけになった。

このアートイベントは、廃校になった伊計島の旧小中学校を活用し、校舎と、島の集落を使い、島の住民にも協力していただき、空き家になった沖縄独特の古民家にアートを展示し、アートだけでなく、島を散策しながらアートや風景を楽しんでいただくというものである。今まで開催された写真を見せていただく。そこには、沖縄の原風景にマッチしたアートが島の風景に溶け込んでいた。

このアートイベントを全国の人に伝えていきたい。強くそう思い、それまで担当がいなかった広報に力を入れようと決めた。現在、私がFacebookで発信している「今朝のうるま」を思いついたのもこのころである。

「イチハナリアート」の広報活動は、このアートのキャラクター伊計島在住の「東江ツル」さん85歳を連れて、ゲリラで沖縄じゅうのTV局・ラジオ局・新聞社を回ることから始まった。誰が見てもこんな沖縄のおばぁいるなぁと感じるフォルム。独特の雰囲気。マス

観光協会内「美ら島海道案内所」前に設置したツルおばぁの人形。左が筆者

イチハナリアート作品

コミ受けするのは一目見てわかった。案の定、取材が相次ぎ、出演したラジオ、TVは数えられないほど。私は、おばぁの介護と称し、おばぁがPRするところを代弁して話す。結果、トランスオーシャン航空の機内誌や、NHK、民放、ラジオの生放送や新聞等多くの出演依頼が舞い込んでくることとなった。

「島人名鑑」をつくるきっかけ

イチハナリアートがきっかけで、島を回ることとなりうるまの人たちと話す機会が得られ、いろんな活動をしてる人がいることを知った。

闘牛の郷うるま市の日本で唯一の闘牛実況アナウンサー伊波大志さんは試合の実況と解説を同時にこなし、試合の見所を闘牛初体験の観客にもわかりやすく伝える。

また、久高幸枝さんは、試合前の闘牛の練習や試合会場に足を運び、闘う闘牛たちや闘牛の日常を写真に撮り、闘牛文化を知らない人々に写真で伝え、自らを「闘牛女子」と呼んでいる。二人とも、うるま市在住で闘牛を飼い育てる「牛飼い（うしからやー）」である。

神の島と呼ばれる浜比嘉島でたった一人で塩をつくる塩職人の髙江洲優さん。

闘牛大会

うるま市内の中高生は、世界遺産勝連城跡の10代目城主、阿麻和利《あまわり》の物語を現代版組踊り「肝高阿麻和利《きむたかのあまわり》」を演じる。この年齢にして、うるまの宝をしっかり受け継ぎ後世に伝えようとしている、その姿に感動を覚えた。

平安座島《へんざじま》で出会ったのは、日本で唯一の琉球王国時代から伝わるマーラン船を製作する船大工。現在でも人々の夢とロマンを運んでいる。

また、日本に3例しかない「イザリ織」と呼ばれる地面に座って織る技法を使う「伊波メンサー織」は、織物の歴史を探る上でも非常に貴重なもの。素朴さの中にも深い味わいがある伝統的な織物だ。

もずくの生産量が日本一のうるま市では、モズク漁師が海底を走り回り、育っているモズクを掃除機のようなホースで吸い取って収穫していく。モズクにも旬があり、3月~7月にかけてが収穫の時期ということもはじめて知った。

「琉球の魂、ここに、集う」をキャッチフレーズに、沖縄県唯一のドーム型闘牛場に特設ステージを設置して年に1回開催されている「龍神の宴」は、うるま市を中心に活躍するアーティストや芸能団体による沖縄の伝統芸能である舞踊などの創作パフォーマンス。毎年12月に行われるこの公演を楽しみにしている地元の方や観光客も数多い。

龍神の宴

旧盆に繰り広げられる、生で見る沖縄伝統文化のエイサーにかける青年たちとの出会いも素晴らしかった。自分たちを育んできた地元で、責任感を持って伝統エイサーを継承し続けている若者たちはうるまの誇りである。

うるまには、かなり独特で個性的で面白い、そんな人たちが数多くいる。そんな素敵なうるま市の島人を沖縄県内や全国の人にも知っていただこうと思った。

発信するメディアとして選んだのは、地元のコミュニティラジオ局、ＦＭうるま。ラジオ放送は流したらそれまでなので、誌面でも残すことを考えた。ラジオと誌面で発信するに当たり、ラジオ番組のパートナーと冊子のデザインを後から入ってきた地域おこし協力隊の日比康人さんにお願いした。

番組は2年間、ＦＭうるまの協力を得て延べ１００名以上ものうるま市内や周辺で活躍している皆さんに出演していただいた。ここで、いろんな方に出会えたことが、今の私の財産にもなっている。

冊子「島人名鑑」は、一般用につくったものではなく、一般に出回っているものは少数である。制作した目的は、マスコミにうるまを知っていただくきっかけにしてほしかったから。この冊子を持って、東京、大阪のマスコミ、また、総務省や内閣府にも出向き、今のうるま市のこと、現在のうるま市地域おこし協力隊の活動などを伝えにうか

地域活性化センターへ「島人名鑑」を売り込みに

がった。移住・交流センターにも小冊子「島人名鑑」を置かせていただいた。地域活性化センターにもうかがった。前例がない行脚に、市の担当者を困らせたことは言うまでもない。

総務省でははじめにご紹介した澤田さんにもお会いし、ご報告できたことが一番うれしかった。そこでサプライズが……以前に住んでいた滋賀県草津市の橋川渉市長と、草津の街づくりを一緒にやってきた現在は衆議院議員の武村展英さんが、ちょうど澤田さんに会いに来られていてばったり遭遇。偶然とはいえ、以前住んでいた街のお世話になったお二人に近況を伝えることができたという神様の粋な計らいは大変うれしかった。

もう一人の地域おこし協力隊日比康人さんとうるま市観光物産協会内に「美ら島海道案内所」を開いたのも大きな出来事だった。

それまでは、島への案内所はなかった。海中道路という道路の両サイドが海という素晴らしい景色は、うるまに来た時から私の心を離さなかった。海で遊ぶ人もまばらだった海中道路周辺も、レンタサイクルやSUP・カヤックの案内をうるま市観光物産協会と共に案内所で行い始めてから、海を楽しむ観光客が激増。うるまにはじめて来た頃とは比べようもないくらい観光客が訪れる場所になった。うるまの素敵な場所をもっともっと県外の方にも知ってほしい。その思いで活動してきた3年間だった。

地域おこし協力隊から観光物産協会事務局長へ

うるま市地域おこし協力隊の3年間は、利害関係なしで地域のことだけを考えて動ける貴重な時間であったし、何よりも楽しかった。その活動の中で、地元の人々と出会い、時に協力しあいながら、時にはぶつかり合いながら、過ごした3年間であった。

楽しく自由にやってきた地域おこし協力隊の卒業後の進路は、うるま市に残り、沖縄の古民家をお借りし、島しょ地域の島にうるま市の特産品などを販売するお店をつくり起業しようと思っていた。そう思ったキッカケは、島で農作業をするおじい、おばぁから、島にも休憩できるところがほしいという言葉からだ。また、観光で島を訪れる観光客からも休憩する場所やお土産を購入する場所が島にはないと聞いたから。そんな、みんながくつろげ集まれる場所をつくりたい。その思いは、どんどんと膨らんでいった。

そんな時に観光物産協会の事務局長が退社。事務局長へのお声掛けがあったのはそんな時である。独立して起業を考えていた私は、事業の計画を進めていたのとあまりの大役にいったんはお断りをした。しかし、他に適任者がいないとのことで、改めてお声掛けがあり、考えに考えぬいた結果、お受けすることを決意。このことがきっかけで、沖縄で本当の意味での仲間と認めていただけたのかなという思いにもなった。うるま市観光物産協会のメンバーや、地元の皆さんからも温かく迎え入れていただき、私のうるま市での第二章が始まった。

喜ばしいことに事務局長になってから、うるま市に来た時からずっと関わってきた「イチハナリアートプロジェクト＋3」が、ツーリズムＥＸＰＯ2017ツーリズム・アワード地域部門賞（第3回ジャパン・ツーリズム・アワード国内・訪日領域　地域部門賞）を獲ることができた。これは、島しょ地域の住民の皆様の協力なしにはできなかったこと。島のみんなの力で勝ち取った賞だ。これには、地域の皆さんも、協会の会員さんも島《しま》袋《ぶく》俊夫市長も大変喜んでくれた。また、うるま市にある世界遺産勝連城が続日本１００名城に選ばれた。

そして、２０１７年10月には、全国のご当地バーガーが腕を競う「とっとりバーガーフェスタ」に、沖縄代表としてうるま市の「ＢＯＮＥＳ（ボーンズ）」の、「阿麻和利」バーガー（勝連城の城主だった阿麻和利の名をそのままつけた）が全国第2位を勝ち取った。うるま市、うるま市商工会、うるま市観光物産協会はタッグを組み、沖縄バーガーフェスタの企画運営を行っている宜野座村観光協会も当日応援団として加わり全面的に「ＢＯＮＥＳ（ボーンズ）」をフォロー。その結果、特別賞の「ＢＥＳＴ ＬＯＣＡＬＩＳＭ ＢＵＲＧＥＲ」（一番地域性に優れたバーガー）も獲得した（２０１８年は二代目阿麻和利で全国第2位ベストクオリティバーガー賞受賞）。

とっとりバーガーフェスタ

今後も、当協会だけでなく、地域と連携を行い、うるまの宝をみんなで守りながら生み出していきたい。私のうるまでの第二章はまだ始まったばかり、これからも、地域の皆さんとともに面白く楽しいうるま市をもっともっと活気がある街にしていきたい。

分析と解説

第Ⅱ部

地域おこし協力隊と地域は何をして、何を目指すべきか

第1章

協力隊と導入地域の実像

――「活性化感全国調査」の分析

●平井太郎（弘前大学）

1 活性化感全国調査とは？

協力隊制度が始まって10年。隊員の定住率が6割に上る点が注目され、全国に協力隊の輪が広がりつつある。しかし協力隊のミッションの第一は「地域協力活動」。つまり問われるべきは、隊員が定住したかという以上に、地域が元気になったのかではないか？――この疑問を明らかにすべく始めたのが、今回紹介する全国調査だ(1)。

調査は2017年9月から10月にかけて行った。2017年6月末までに退任した全国の協力隊について、隊員を採用した911道府県・市町村に調査を依頼し、821道府県・市町村（90・1％）から1969名の協力隊退任者の情報を得ることができた。

この調査の主眼は、何といっても「協力隊を通じて地域が元気になったのか」という問いに直球勝負をかけたところにある。すなわち「協力隊が行った業務について着任前を100としたとき退任後どの程度だと評価できるか」という質問項目を設けたのだ。この項目を見て「そんな主観的な評価で大丈夫なのか？」と感じる人も多いだろう。だが、私たちがふだん耳にする「景気がいい、悪い」に関する調査も、実は同じような「前を100としたとき、今はどうですか?」という聞き方をしている（内閣府景気ウォッチャー調査や日銀短観調査など）。実際今回の調査でも、趣旨をお話しすれば、ほとんどの回答者は四苦八苦しながらも実感をそのまま回答してくれていた。今回はこの質問への回答を「地域の活性化感」と名づけて中心的に取り上げたい。

もう一つこの調査には「関連」に迫ろうとした点に特徴がある。これまでも協力隊に関しては、総務省による定住動向調査（おおむね2年に1回）や移住・定住促進機構による現状と課題調査（おおむね毎年）がある。これら調査は「どういう隊員が増えたか、減ったか」という「傾向」を探るうえで貴重なデータだ。だが「どういう隊員が地域を元気にするのか」とか「どういう地域が元気になっているのか」といった「関連」を探りづらい。これに対して今回の調査は、図1のように、「地域の受入態勢」と「隊員の属性」といった「入口」部分と「地域の活性化感」と「隊員の退任時の現住地・現職」といった「出口」部分の「関連」に焦点を当てている。そうすることで、「どうすれば協力隊を通じて地域が元気になる

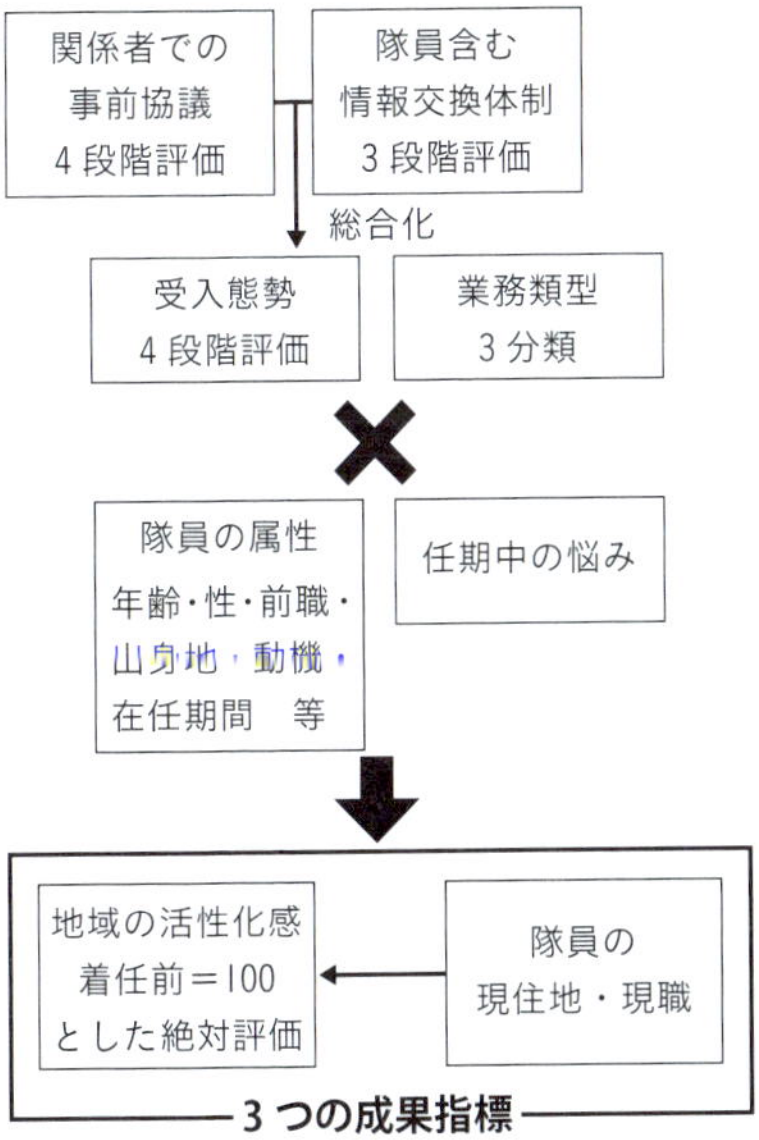

図1　調査設計

のか？」という難問に対するヒントを少しでも紹介したい。

なお今回の調査は、元隊員本人ではなく、担当した自治体職員に回答してもらっている。そのため追い切れない事実や本音がどうしても出てくる。ただ今回の調査では、ひとまずできるだけ多くの元隊員の情報を網羅的に集め大きな傾向と関連を探ることを優先した。9割の自治体に協力いただけたことでその目的は達せられた。あらためて関係者のみなさんに心から御礼を申し上げたい。

2 どうすれば地域は元気になるのか？

(1) 地域は元気になったのか？

そこでまず地域の活性化感の動向を確認したい（図2）。わかりやすくするために、着任前を100としたときの退任後を①「100未満」（全体で1割弱）、②同「100」（同3割強）、③同「100-125（100超125未満）」（同3割弱）、④同「125以上」（同2割弱）、「無回答」（同1割強）の四つに分けて、それぞれ1、2、3、4点と得点化し、採用年次ごとに平均を求めた。

グラフからまずわかるのは、2011年度採用者が突出して評価が高い一方、2015年度以降の採用者の評価が今一つになっていることだ。2011年度採用者については、退任後も「地域サポート人アドバイザー[2]」などとして活躍している人が多いことからも肯かれる。他方、2015年度以降の採用者については、今回の調査時点ではその多くの在任期間が3年に満たない点と関係している。というのも在任期間が短いと、どうしても赴任した地域への定住率が低くなる。そして、定住したかどうかが地域の活性化感にもっとも直結する――身も蓋もないが、今回の調査から明らかになったのは、こうした地域側の切実な考え方である（図3）。

図2に戻ると、退任後を100以下と評価された隊員が2014年度採用者までは1割弱にとどまり、むしろおおむね6割は100超と肯定的に評価されている。この点から協力隊を通じて地域は着実に元気になってきたと言ってもいい。一貫して3割前後を占める100のままという評価についても、そのままであれば人が減り、地域の活気も失われてきている状況を踏まえれば、「積極的な現状維持」とし

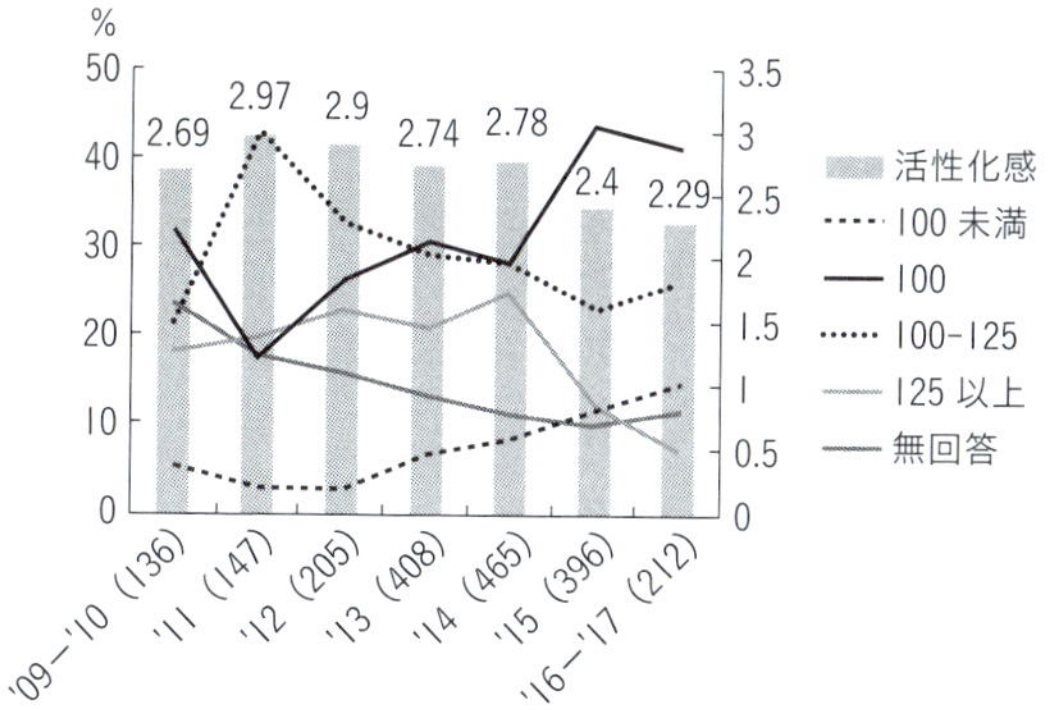

図2　採用年次別の活性化感（平均得点とカテゴリー別割合）の推移

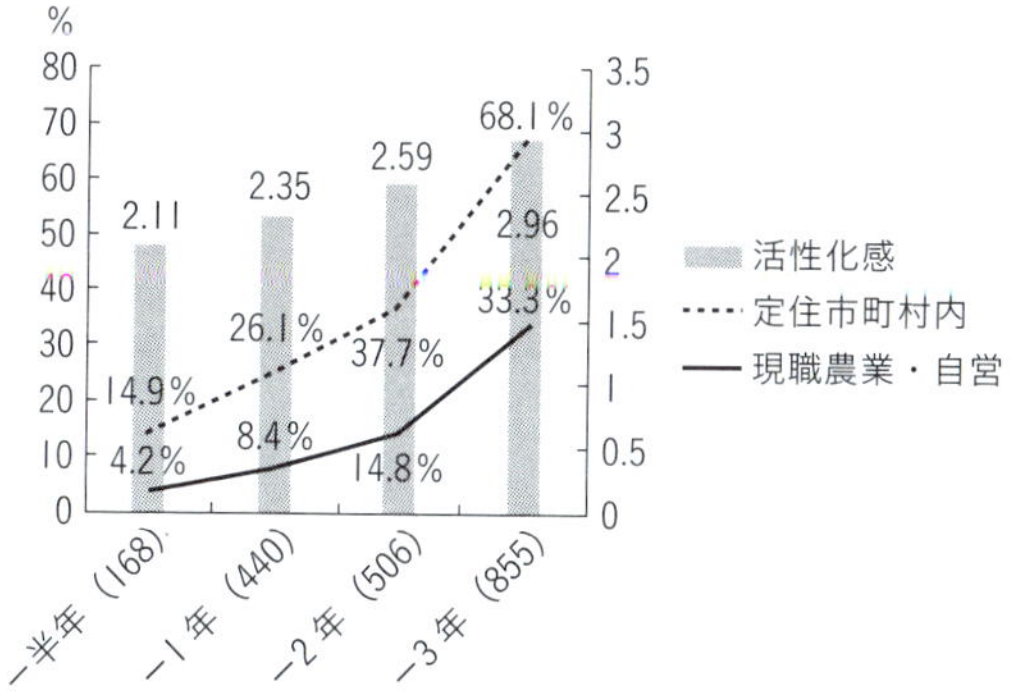

図3　在任期間別の活性化感、隊員の定住率・起業率

て高く評価されるべきだ。

(2) どんな隊員が地域を元気にするのか？

それでは次に「どんな隊員が地域を元気にするのか？」という問いに迫りたい。どういう志望動機の隊員が増えているのか？ や女性が増えているのか？ といった隊員の属性についての経年変化については、総務省や移住・定住促進機構の調査を参照いただきたい。[3] 一つだけ言うならば今回の調査からは、統計学的にはこの10年で隊員の属性について決定的な変化は見られない。つまり、①10・20代が3割、30代が4割、②男性が6割、③地域貢献3割、田舎ぐらしと業務の魅力が2割、キャリア活用と地域とのつながりが1割強、定住が1割弱、④大都市圏出身者（Iターン）5割、任地の県出身者（Uターン）2割、どちらでもない出身者（Jターン）3割といった傾向に大きな変化はない。

そのうえで今回注目したのは、こうした隊員の属性ごとの活性化感や定住率などとの関連だ。まず図4を見てほしい。このグラフからわかるのは「若ければいいわけではない」という教訓だ。どうしても少子高齢化や若者流出が深刻な地域では、「とにかく若い人が来てくれればそれでいい」という空気がある。実際、学生によるフィールドワークやインターンシップで元気が出てくる地域もあるし、退任後も活躍している20代の協力隊も少なくない。ただ全体としてみると、30代で採用された隊員が、活性化感でも定住率でももっとも高い数字をたたき出しており、40代以上も底堅いのに対し、10・20代の数字の低さは、定住率や現職が農業か自営業かの割合では特に、統計学的に言ってもはっきりしている。

次に「やはり女性が来ると元気になる」という、これもよく耳にする声も検証しておこう。たしかに図5にあるように、女性の方が活性化感で0・1ポイント、定住率で5ポイントほど高くなってはいるものの、大きく言ってしまえば誤差の範囲だった。

同じように常識が裏切られるのが、「やはり都会の新鮮な風を吹き込んでもらうとよい」という、これもよく耳にする地域の声だ。図6にあるように、活性化感でも定住率でも、大都市圏出身者（Iターン）と任地の県の出身者（Uターン）とではほとんど変わらない。

これらに比べてはっ

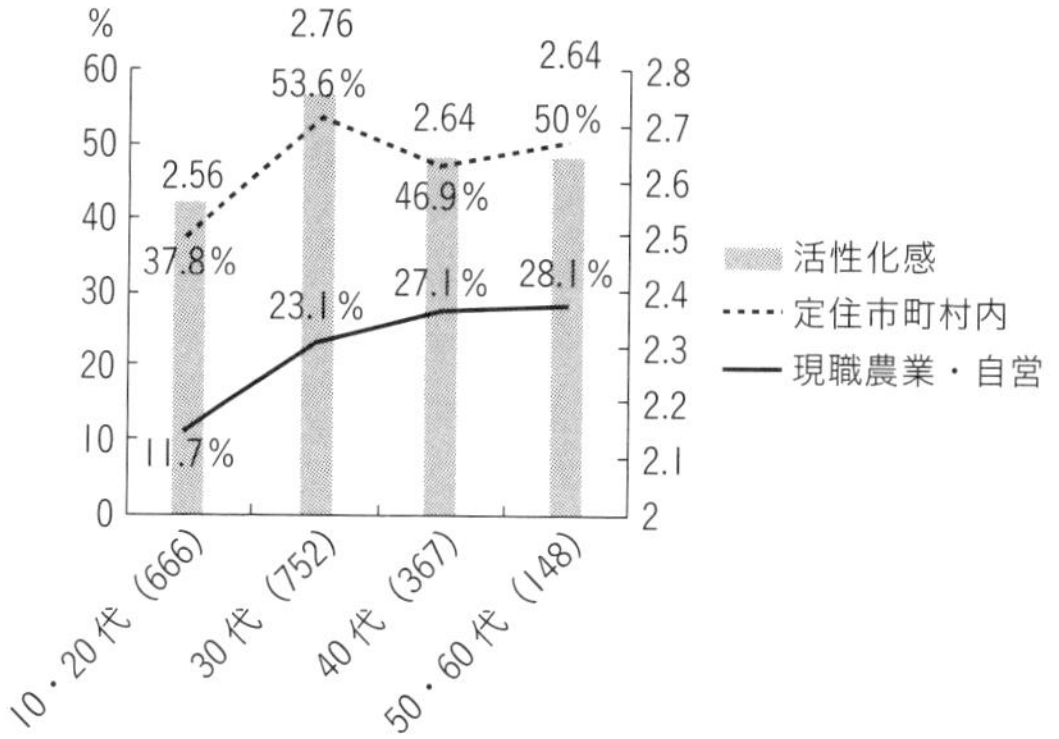

図4　隊員の年齢別の活性化感、隊員の定住率・起業率

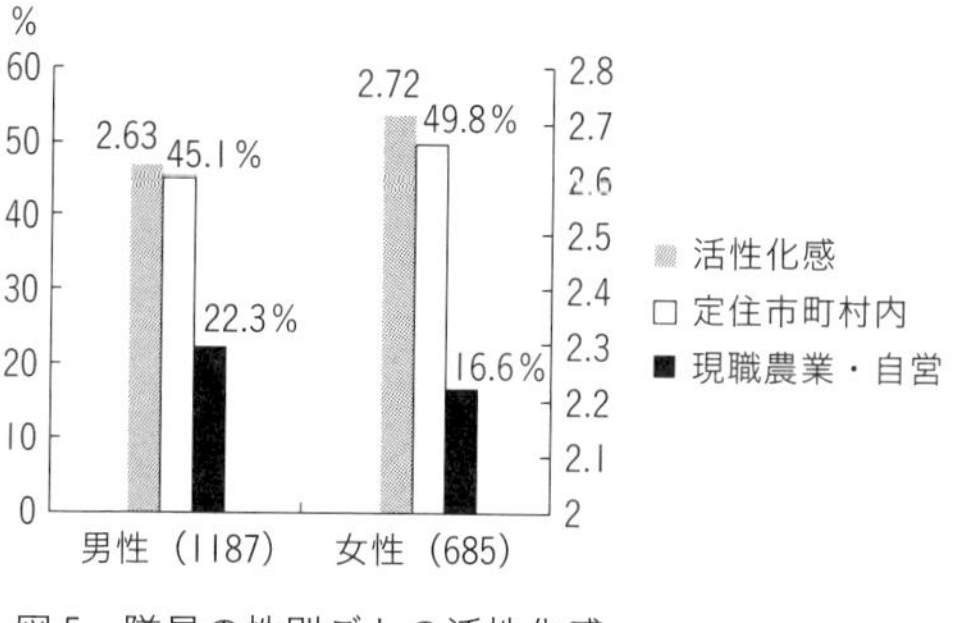

図5　隊員の性別ごとの活性化感、隊員の定住率・起業率

きりした差が出ているのが隊員の志望動機である。定住率でみると、たんに「地域貢献がしたい」という隊員に比べ、「定住したい」「田舎ぐらしをしたい」という隊員は、やはり定住率の高さがはっきりと出ている。他方、活性化感については誤差の範囲を超えているかどうか微妙なところだが、採用時の年齢と同じように、たんに「地域貢献がしたい」に比べると、「キャリアを活用したい」「地域とのつながりがあった」という隊員の評価は高いこともわかる。

総じて言えば、「若いから」「女性だから」「大都市出身者だから」「とりあえず地域貢献したいと言っているから」と、安易に隊員を受け入れてしまいがちな地域に対し、今回の調査結果は警鐘を鳴らしている。大切なのは、しっかりと隊員志望者一人ひとりの思いや人となりを受けとめるという、ごくごく当たり前の姿勢だ。たしかに図7の活性化感からうかがえるように、地域としては志望者の「キャリア」を重視しがちだ。だが、同じ図7では「地域とのつながり」をもつ志望者も高く評価されている。つまりたんに「キャリアを生かしたい」というだけでない、地域に対する「関わり」の経験や意識もバランスよく注目し見極めてゆく必要がある。

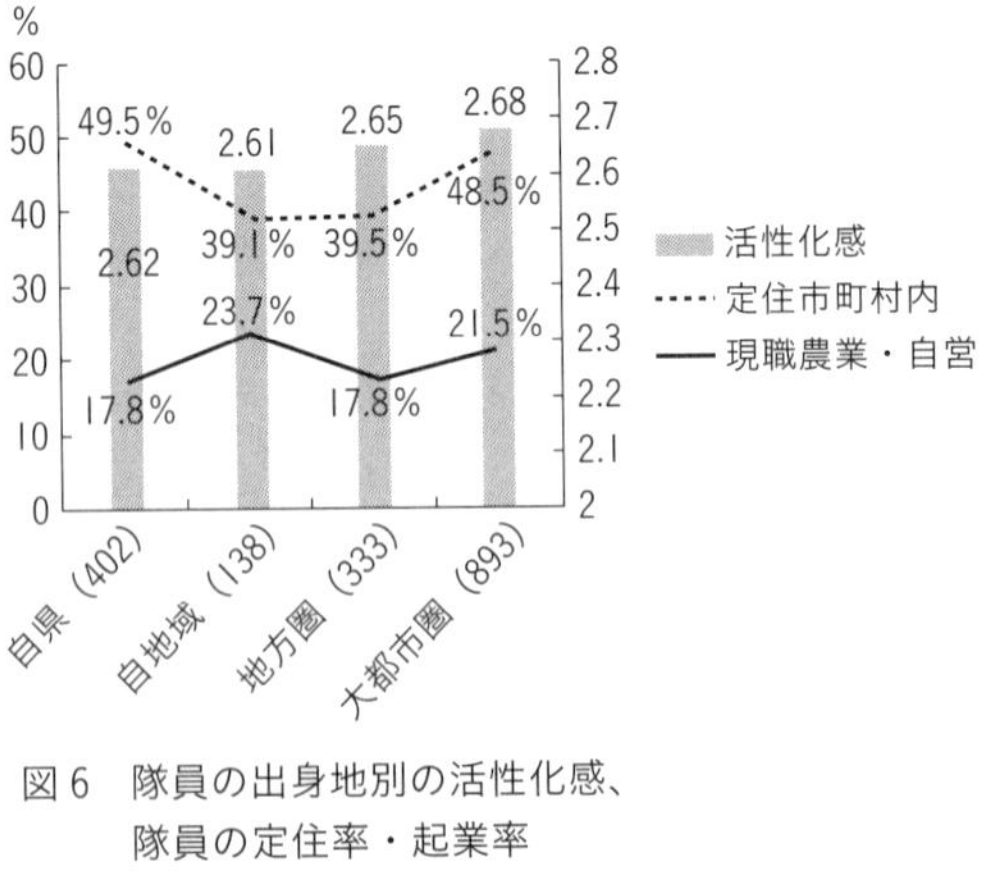

図6　隊員の出身地別の活性化感、隊員の定住率・起業率

（3）鍵を握る地域の柔軟さ

そうした見極めの重要さをうかがわせるデータは他にもある。たとえば図8は隊員の業務類型ごとの活性化感などを見たものである。今回の調査では、観光協会や農業生産法人など特定の組織に貼り付く業務（「組織」）と集落などの特定の地域を支援する業務（「地域」）、そして、その他の市町村全域を対象とする業務（「全域」）の三つの類型で、隊員の業務を大括りに捉えてみた。そうすると図8にあるように、定住率などでは決定的な差は見られないものの、活性化感では組織貼り付きタイプと全域タイプと違いがはっきり現れた。

このデータが示しているのは、協力隊を受け入れる際、ついついやってしまいがちな「既存組織の人員の補充」というやり方が危険だということだ。個々の隊員の頑張りによって定住や起業は図れたとしても、人員の穴埋めを求めるだけでは、当然ながら地域の元気にはつながりにくい。にもかかわらず今回の調査からは、この10年間に組織貼り付け型の隊員が徐々に増え3割近くに上るようになっている事実が明らか

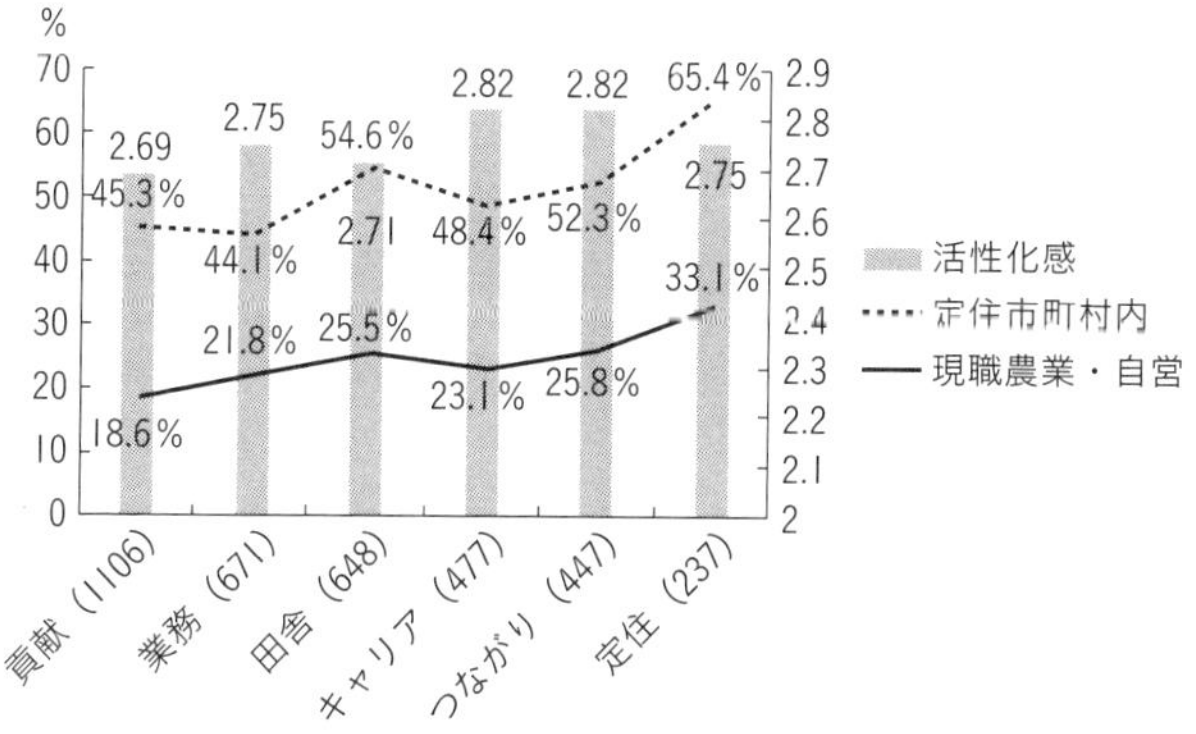

図7　隊員の志望動機別の活性化感、隊員の定住率・起業率

になっている。しかし人手不足の穴埋めは、「積極的な現状維持」とも呼びにくい点はあらためて注意したい。

なぜ組織貼り付け型が問題かというと図9を見ていただきたい。これを見ると、同じ年齢の隊員でも、特に40代の隊員では、組織貼り付け型になると活性化感も定住率もはっきりと下がっている。同じ傾向は、任地の県出身者（Uターン）や「キャリアを生かしたい」とか「定住したい」と考えていた人たちでも見出せた。つまり、組織貼り付け型は、本来隊員が持っている潜在力を引き出せず、殺してしまう場合さえある点が問題なのだ。

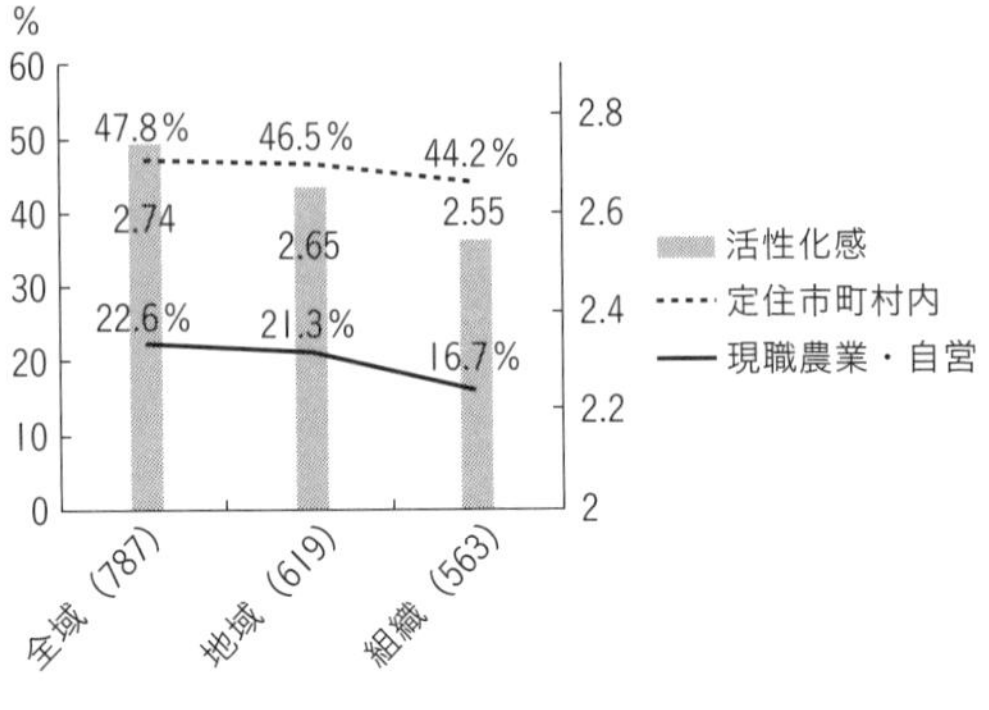

図8　隊員の業務類型別の活性化感、隊員の定住率・起業率

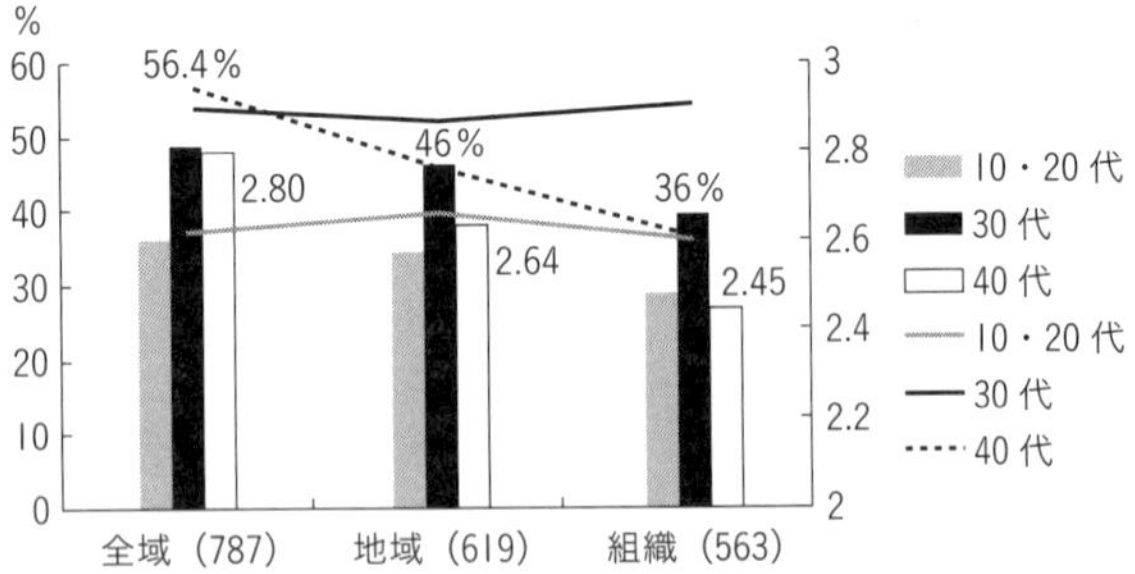

図9　業務類型×隊員の年齢層別の活性化感（棒グラフ）と定住率（折れ線グラフ）

では、どうしたら隊員の潜在力を引き出すことができるだろうか。図10を見ていただきたい。今回の調査では、隊員を受け入れる前に関係者で事前の協議をどれだけしたかと、隊員受入後に隊員を交えた情報交換態勢をいつ作ったかをそれぞれ聞いてみた。常識的には、「十分な事前協議」×「情報交換は初めから」の組合せが活性化感も定住率も最も高めるように考えられる。ところがデータに当たってみると図10のように、そうした「完璧な受入態勢」よりも、事前に関係者間できっちり協議しておけば、情報交換態勢がない方がむしろ、活性化感が明確に高い。他方、事前協議が「あまり／まったくできていない」場合でも、隊員を交えた情報交換を整えれば活性化感ははっきりと、定住率もわずかに高まっている。つまり、「完璧な受入態勢」以上に大切なことは、きっちり事前に準備をしておいたら、後は隊員の自由度に任せたり、事前協議が不十分だったら、しっかり隊員の声に耳を傾けたりする、ある種の「度量の広さ」なのだ。こうした隊員を地域づくりの仲間として受け入れる姿勢が、隊員の潜在力を引き出す鍵となる。

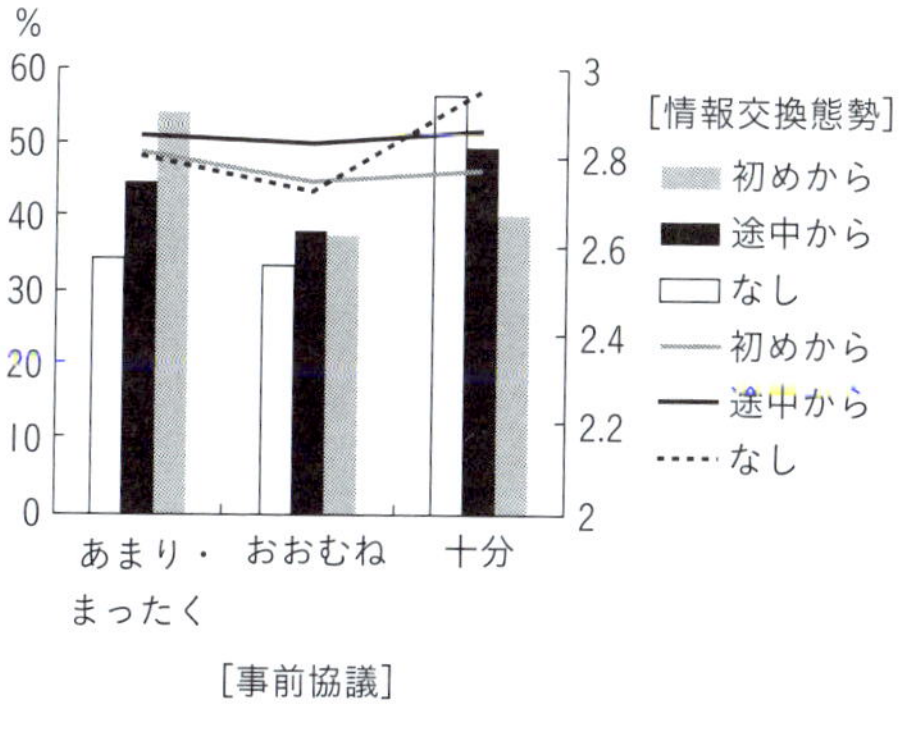

図10　事前協議×情報交換態勢別の活性化感（棒グラフ）と定住率（折れ線グラフ）

（4）これまでにない仕事と家族のかたち

ここまで地域の活性化感、地域と隊員とのマッチングを明らかにしてきたが、最後に、元隊員が切り拓いてきたこれまでにない仕事と家族のかたちに注目したい。これまで定住率とともに注意が向けられてきたのは、いわゆる「起業」だった。ここでも隊員の現職が農業か自営業である割合を便宜上「起業率」として紹介してきた。任地の市町村に定住した隊員の15・4％が農業、また22・1％が自営業という数字は、多くの地方でどちらも数％程度の就業者しかいないことを考え合わせると、いかに大きなものかがわかる。元隊員を通じて、明らかにこれまでとは異なる仕事のかたちが見えてきている。

そうした新しさは他にもある。農作物を栽培・販売しながらデザイナーとして稼いだり、地域のNPO法人から給与を得たりするよう

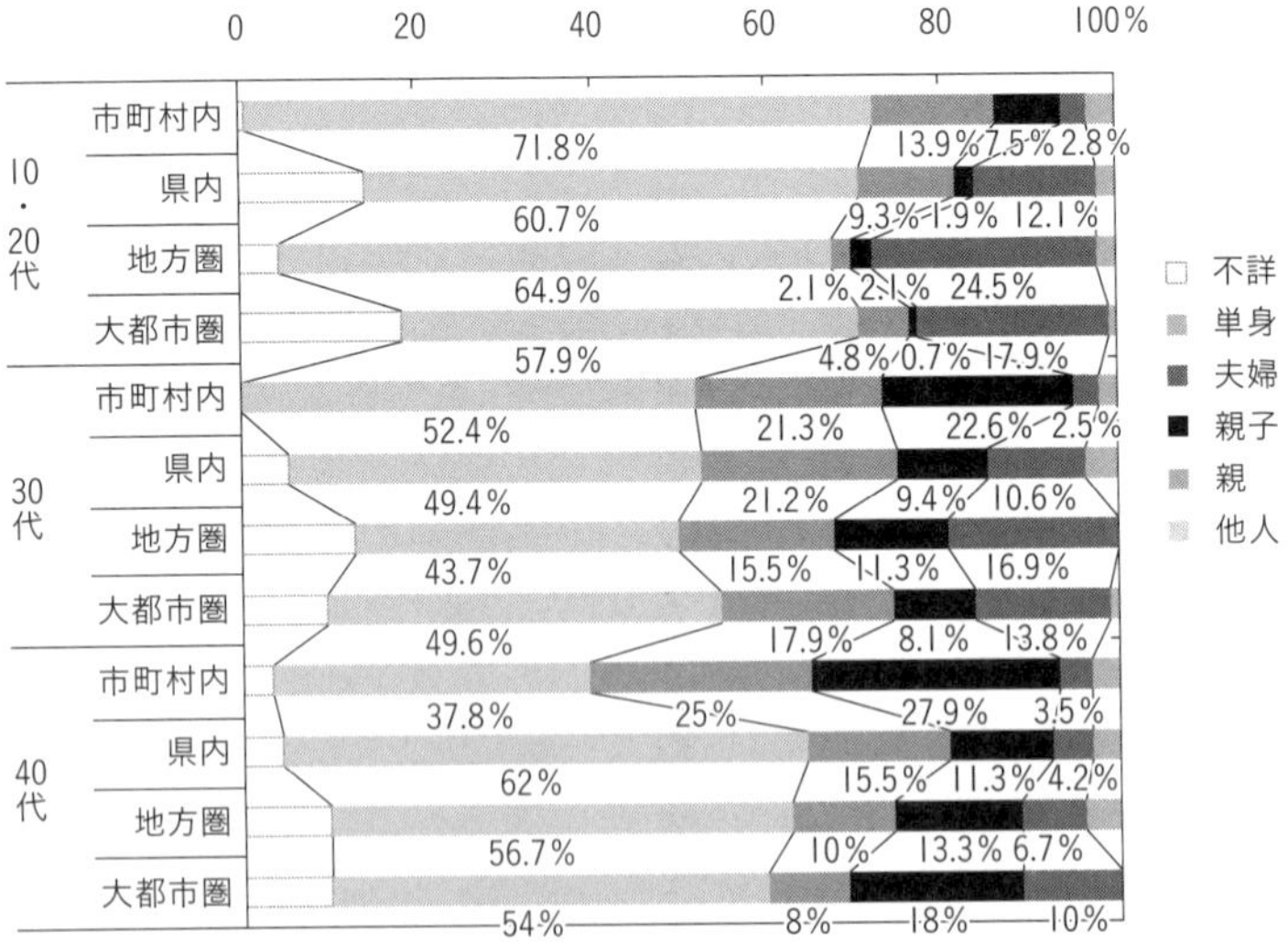

図11　年齢層別・現住地別の家族構成

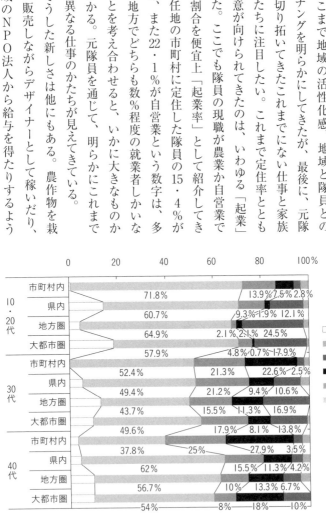

に、いくつかの収入源を得ている元隊員も少なくない。そうした働き方は「半農半X」や「多業」などと呼ばれ有望視されはじめている。今回の調査でも、協力隊の現職についてはあえて複数回答可としたところ、全国で62の「多業」例が発見された。これは、任地の市町村に定住した隊員の6・0％にとどまり、決して多数派とは言えない。そもそもこうした「多業」は現実的ではないのか、あるいは、先駆的であるがゆえにモデルの波及に時間がかかるものなのか。「地域には仕事がない」という枕詞を打破するうえでも、「多業」のかたちを一つでも多く具体的に育て、情報を共有しゆく必要がある。

さらに元隊員たちは、これまでにない家族のかたちも実現しつつある。図11を見てほしい。全体として単身率が高くなっているものの、同時に注目したいのは、「夫婦／親子」の割合がどの年齢層でも市町村内に定住した元隊員ではっきりと多くなっている点だ。つまり、少子高齢化とそれにともなう人口減少に苦しむ地域にとって、そこに定住した元隊員は次世代につなぐ暮らしぶりを切り拓きつつある。

3　これからの10年にむけて

(1)　地域を未来につなぐパートナーとして

今回の調査から見えてきたもっとも重要なことは、地域側の度量の大きさと柔軟さ次第で、同じ属性の隊員でも活性化感や定住率などが左右されていたという事実だ。つまり、今回の調査からわかった過去の実績も、まだまだのびしろがあることになる。

たしかに自治体の現場は、解決すべき課題が山積する一方、その解決に求められる人材の不足感が質量ともに高まっている。だが、だからと言って、隊員をたんなる人員の穴埋めとして期待するのはもったいない。さらに、他の自治体がこうしているからとか、マニュアル通りに進めればよいとか考えがちだが、そうした考え方にこそ落とし穴がある。

協力隊とのマッチング、より正確に言えば、協力隊とのチームの作り方は、地域の数、隊員の数だけ正解がある。何が正解なのか模索しつづけることこそが、地域と行政と隊員とのチームを作ることであり、地域を未来につなぐ第一歩になる。

(2)「東京」の向こう側へ

もう一つ、現在、隊員数の増加にともない、募集してもなかなか応募者が集まらないという悩みをしばしば耳にする。だからと言って、これまで行ってきた「大都市圏の若い世代」とは異なる層に、隊員候補者を求めようとするのは早計である。

今回の調査でも女性隊員が全体として4割にとどまることが確認された。この数字から「隊員には女性は向かない」と結論づける人はいないだろう。むしろ考えるべきは、なぜ女性が応募しづらいのか？　という問題だ。たとえば今回の調査でも、隊員の現職として農業や自営業、さらに多業といった働き方に注目していたが、データからはこれらの働き方自体、男性の比率が顕著に高くなっていた。その意味では、これらの働き方そのもののあり方を見直すことをはじめ、女性にとって納得できる働き方とは何かを、現場を巻き込んで模索する必要こそある。

さらに図12を見てほしい。左端の出身地＝自県の例を見るとUターンが2割といっても、県外から戻ってきているわけではないことがわかる。つまりこれだけ地方から大都市への流入が問題にされながら、協力隊はそうした人びとがUターンを考える際の手がかりには十分になり切れていないのだ。

また図13では、協力隊がどこからどこへやってきたのかを地図上に落としてみた。すると、東京都以

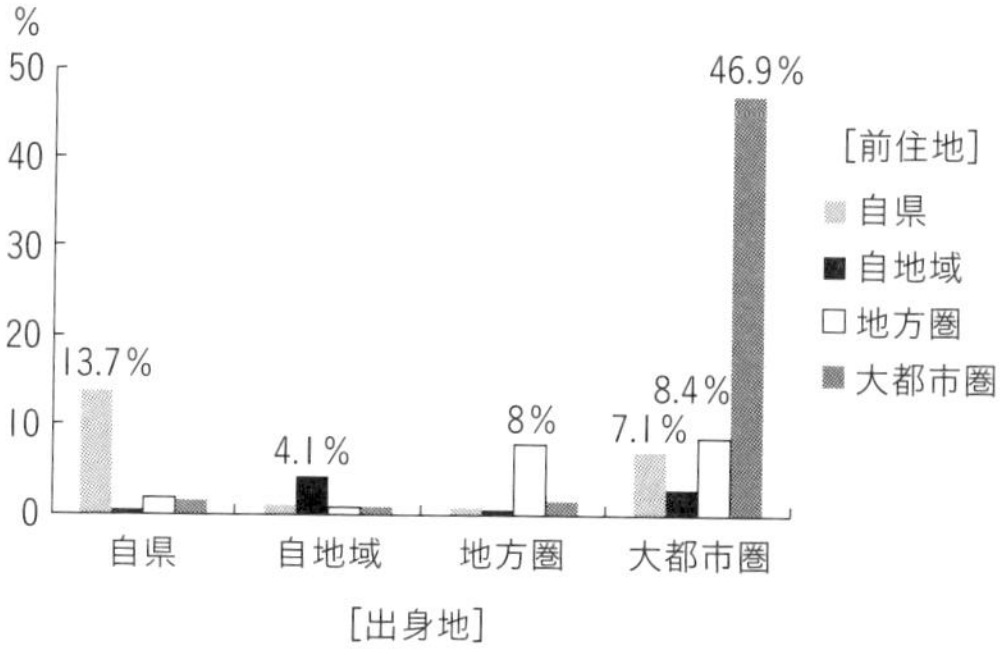

図12　出身地の前住地別割合（数値は無回答を除いた全体に対する割合）

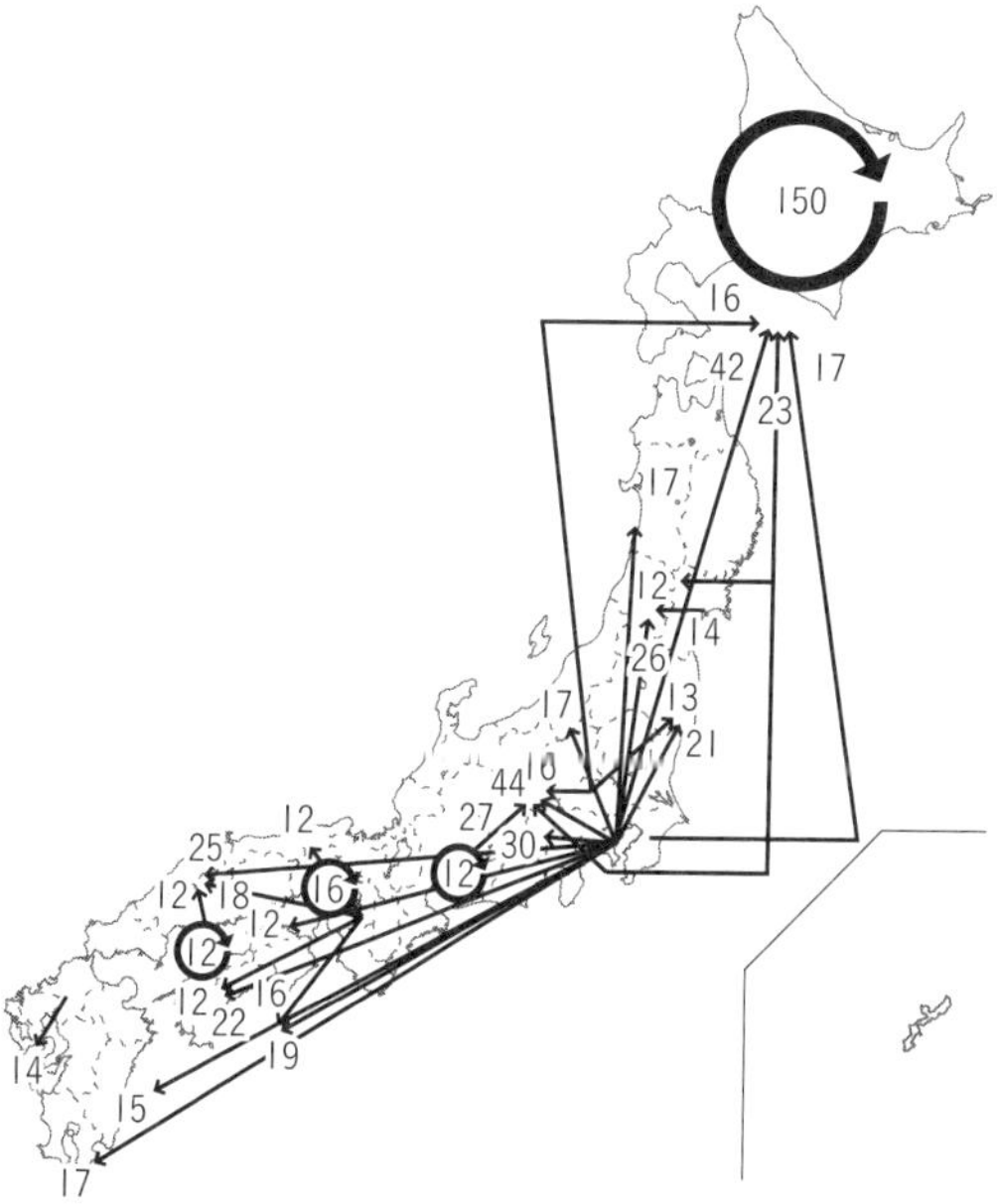

図13　前住地別の赴任地の人数（12人以上）

外の大都市圏や札幌以外の地方拠点都市が、隊員をあまり送り出せていないことなどがはっきりする。つまり、あえて言うならば、これまで10年の協力隊は、「東京生まれの東京育ちの若い男性」によって担われてきた。逆に言えば隊員候補者は、まだまだこうした「東京」の向こう側にまだまだ眠っている。たとえば東京以外の大都市圏の、地方出身の、女性たち。こうした眠れる層にむけた、きめ細かな情報発信こそ、これまでの10年の成果をさらに発展させる次の一手に他ならない。

注

（1）科研費（JSPS17K04418）、弘前大学若手・新任研究者支援事業などの助成を受けた。調査の詳細については、平井・曽我（2018）をご覧ください。

（2）地域サポート人全国ネットワーク協議会が、地域おこし協力隊や集落支援員退任者から認定している称号で、協力隊や支援員の全国研修会の講師や市町村のアドバイザーとして活躍している。

（3）今回は要因ごとの差をみるのにSteel-Dwassの多重比較という統計学的手法を用いた。統計学的に95%の確率で有意に差があるということを、本文中で「決定的」「はっきり」などとわかりやすく書いている。なお今回のデータではおおむね、得点で0・2、比率で10ポイント差があると、統計学的に有意に差があると言えるので、本文で書かれていないデータについても目を配っていただきたい。

文献

平井太郎・曽我亨（2018）「地域おこし協力隊の入口・出口戦略　全国版」『人文社会科学論叢』5：275-310

第2章

協力隊と地域活動の実践的論理

——「第Ｉ部　事例編」からの結像

●図司直也（法政大学）

1　本章のねらい

２００９年度に導入が開始された地域おこし協力隊も、10年目を目前に控えた２０１７年度には、隊員が５０００人近くまで増え、さらに国は２０２４年度に８０００人の目標を打ち出すなど、協力隊制度への期待は一層高まりを見せている。

筆者は、このようなサポート人材関連の施策を国が新たに導入したことを受けて、２０１４年３月に『地域サポート人材による農山村再生』と題したブックレットを発刊した。そこでは、協力隊制度の焦点を①地域協力活動への従事、②地域への定住と捉えた上で、協力隊への応募を志した多感な若者にとって、３年間の協力隊活動の中で、肝心な地域協力活動への関わりはどうなっているのか、さらに協力隊としての「移住」が、その後にどの程度の「定住」につながるか、そのプロセスを丁寧に追う必要性を提起していた。

そこで前著から5年を経た今、改めて地域サポート人材が生み出す田園回帰の実相、そして、協力隊制度の意義について、今回は現役、ＯＢ・ＯＧ隊員と行政の皆さんによる第Ｉ部　事例編の手記をもとに考察してみたい。なお、本章の内容は第Ⅰ部の個々の報告に基づいており、検討の材料には限りがある。その点で、十分な考察に至っていない箇所があることをご容赦いただきたい。

2　協力隊を志す若者たちの原動力

農山漁村に向かう若者の動向を示すデータとして、2014年6月に内閣府が行った「農山漁村に関する世論調査」がよく用いられる。その中で「農山漁村地域に定住して過ごしたいこと」（複数回答可）を尋ねた設問に対して、1位に「地域の人たちとの交流・ふれあい」（53・0％）、3位には「地域貢献活動」（37・0％）が並び、地域の住民や社会に交わりたい意識の高さが表れている。また、「農林漁業（主な所得源として）」（29・8％）、「地域での起業」（14・6％）、「飲食店・ペンションなどの自営業」（13・3％）と仕事面は必ずしも上位ではないものの、20～40歳代は起業・仕事おこしに一定の高い割合を見せている。それでは、このような意識は、第Ⅰ部の協力隊への動機の中でどのように語られているのだろうか。

共通点の一つは、都会にずっと暮らしてきた若者たちに生じた「都会暮らしへの疑問」である。東京で健康・美容業界の仕事をしてきた三瓶さん（雲南市隊員ＯＧ）は、仕事を通して農への関心が広がり、都会暮らしへの疑問と田舎暮らしへの憧れを抱きながら、東日本大震災をきっかけに、移住し農ある暮らしを決意する。また、木村さん（飯島町隊員ＯＧ）も、都会に疑問を感じながら、本当の豊かさとは何だろうという問いを抱いていた。

もう一つ共通する点は、学生時代や社会人経験を通して、自分がやりたかったことを問い直し、人生のステップアップとして地方や田舎に赴こうとする志であろう。酒井さん（うるま市隊員ＯＧ）は、コミュニティＦＭの代表取締役まで務めながらも、改めて地域づくりの現場に立ちたい想いに、沖縄行きの願望が加わって協力隊に応募する。重信さん（今治市隊員ＯＢ）も、メーカーの仕事に就きながらも、自分の性分に合う仕事を問い直す中で、モノづくりのはじめから携わりたいと心が動き、地方への移住を意識する中で協力隊募集を目にしている。光野さん（島原市隊員）は、学生時代に出会った農家さんとの接点から、「農業の持続可能な新しい形をつくりたい」と、都と農をつなぐ会社を起業する。

このように、都会での暮らしや仕事を振り返り、農山漁村に身を置いて新たな人生のチャレンジを志す若者が協力隊制度と出会っている様子が改めて確認できる。

3　隊員はどのように地域おこしに向き合ったのか

第Ｉ部に登場する協力隊ＯＢ・ＯＧは、早い人で２０１１年前後に着任している。制度立ち上げ当時は、ある一定の範域を担当し、そこでの地域課題や期待された役割に沿う、いわばエリア担当、ミッションフリー型の活動が中心であった。この頃は、協力隊という新たに地域に登場した主体に対して隊員本人も受入地域も行政も経験が乏しく、「活動をめぐるミスマッチ」の課題が続出していた。その渦中で時には精神的にハードな状況に置かれながらも、隊員は試行錯誤しながら局面を乗り越えていく。そこで培われた以下の４点の打開策は、後輩隊員にとっても大事になるノウハウと言えよう。

打開策①：まずは地域のあり様を受け止めてみることから

藤井さん（美作市隊員ＯＢ）は、地域の人から「やってみたら」と言われたこと、例えば、地域の草刈り、空き家の調査や改修、地域にあった木工や織物、草木染めの体験、森の間伐作業を数々トライすることから始めていった。やがて、地域でできることが徐々に増えてくると、それらを組み合わせて体験イベントや交流会を実施したり、空き家を使ってシェアハウスを開設したりと、自分から動きを創り出せるように転じたという。

打開策②：隊員だけで空回りしない。地域の人たちに委ねていく姿勢も必要

河井さん（日田市隊員ＯＢ）は、住民相互が助け合う有償ボランティア活動の中で、自分の考えを無理に押し通したり、徐々に活動の大半を自分が担うようになり、結果として活動で自分一人が目立ってしまった点を反省し、地域住民を支援する立場の難しさを指摘している。また、藤井さんも、自分で全てやろうとしていたことを反省し、協力隊としての強みと地域住民の強みをコーディネートし、役割分担することが大事だということを学んだ、と述べている。

打開策③：自分の活動・成果、仕事ぶりを地域の人たちに正しく理解してもらう

河井さんも書いているが、とかく地域の中では口コミやうわさ話で伝わった第一印象が固定化されてしまい、情報が不十分な形で伝わりがちなところがある。それに対して重信さんは、島の人たちに会えば、自身の仕事の進捗、失敗や成功も含めたありのままの成果、さらには島暮らしの様子や子供の成長ぶりなどを具体的に話したり、ＳＮＳなどへの投稿頻度を上げて紹介することで、自分のなりわいづくりへの覚悟や意気込みを理解してくれる人が徐々に増えたと実感している。

打開策④：初心と仲間・ネットワークが支えに。活動の手応えを実感できるものさしを持っておく

自分を変えたい、世の中の役に立てる自分になりたいと田舎に飛び込んだ藤井さんは、その初心があった故に、地域住民としての幸せを協力隊としての現場で必死に考え、まず住む人から話を聞いて理解しようとする姿勢から、結果として自らの仕事を見出している。

また三瓶さんも、移住を決めた時の想いとともに、ダンスや演劇、有機農業、地元の若者集団など多方面に広がった応援者の存在に助けられ、まず地区内でできることを模索しながら、小さな活動を積み重ねられたと記している。また、本書の執筆者でもある稲垣文彦さんの話を研修会で学んで、担当地区で思い悩んだ自らの活動の意味を実感できた、と地域にどっぷり浸って活動するエリア型の隊員こそ、その手応えを客観的に振り返る機会が大事なことを示している。

近年は、活動テーマが設定された、いわばミッション型の隊員が増えてきた。第Ⅰ部の中でその隊員たちが共通して語っているのは、ミッションを入口としながらも、接する地域の人たちの姿を通して、自らの活動の手応えを見出している点であろう。

「地域おこし協力隊の制度は、協力隊自身がヒーローになるのではなく、まだ地域に関われず芽を出してない眠れる主人公を、地域の中から見つけていく制度なのかな」という赤松さん（富士吉田市隊員OB）のつぶやきは、ミッションの有無を問わず、まさに3年間活動に邁進した隊員ならではの表現ではないだろうか。同様の視点は、朝日町隊員OBの佐藤さんや香川県隊員OBの秋吉さんの手記の中にも見出すことができる。二人は、もともと地域振興に関わる研究や仕事に従事した経歴がある。それを活かして地域おこしの主体をつなぎコーディネートを担える隊員が登場してきた点も注目される。

4 任期後の展開

冒頭で挙げた協力隊制度の二つの焦点のうち、もう一つの焦点である「地域への定住」について、2017年度に国が行った任期終了隊員向けの調査では、約6割の隊員が同じ地域に定住、同一市町村内に定住した者の約3割が起業に至っているというデータが示されている。

第I部でも、地域に定住したケースが中心であり、隊員の活動地域に根差して起業したメンバーからは、木村さんや重信さんの声が示すように、自らの経験を踏まえて都市との懸け橋の役割を担い、自ら根付いた地域を元気にしていきたい意欲がにじんでいる。

さらに、先のコーディネート役を担った隊員から、行政や住民の間に入って活動した協力隊の強みを活かして中間支援分野での起業に至るケースも出てきている。その活動スタイルは、隊員として活動した地域に拠点を置き広域で活動する形や、拠点を他に移して展開する形など多様である。

活動した富士吉田市で仲間とゲストハウスを作り上げた赤松さんは「本音を言えば、あそこの地域にも関わりたいし、あそこの地域の人と何か事業をしてみたいなど、地域間を横断したり、行き交うことでモチベーションが上がったり、より自分が本拠地を置く場所に愛着が湧いたりすることもあるかもしれません。一つに絞って、一つに縛られるのではなく、時代に合わせ人も流れていくことが必要なのではないでしょうか」と語っている。

隊員の約4分の3を20～30代が占めるなかで、この語りは多くの隊員の心のうちを体現しているかもしれない。任期を終えた隊員にとって、活動地域で築いた縁を大事にしながら、その経験を活かせるチャンスを大事にしたい、という思いから、人生の数ある選択肢のなかで今は「同じ地域に定住する／他の地域に移る」という展開を選び取っている、と理解した方が彼らの目線に近いのかもしれない。

5　隊員を受け入れる地方自治体のスタンス

今回は紙幅の関係もあり、第Ⅰ部では隊員を受け入れた地域側の動きは詳述されていない。その中で、藤井さんの文章には、梶並地区活性化推進委員会という地域組織が登場する。藤井さん自身も「地域の中での地域全体の人間関係の構造をとらえ、自由に活動ができたのは、活性化委員会の存在なしにはありえなかった」とその支えを高く評価している。そこには、隊員を世話し見守った富阪会長とともに、地域住民も「協力隊に求めるスキルや、協力隊の導入目的がだんだんと明確になってきている。地域の目指すもののうえに、協力隊に何をさせたらよいかという意識に変わってきた」ように、隊員とともに主体性を高める姿を見逃してはならない。

このように地域側にも変化や成長がもたらされるように、制度運用する行政側にはどのような姿勢が求められているのだろうか。第Ⅰ部の鶴岡市、川上村、竹田市の実践から、制度運用の段階を追ってまとめてみたい。

①導入前：制度導入の目的を明確に

実は、3市村における協力隊導入の目的は微妙に異なる。鶴岡市では、過疎対策の一環として、集落ビジョンを策定した上で、協力隊が地域の一員として様々な活動に従事し、外部人材の力を地域おこしの推進力につなぐエリア担当を意識している。一方で、行政主導で地域づくりを進めてきた川上村では、時代の変化に合わせて村民参加の形に変えていくことを目指すなかで、隊員には、ミッションフリー型の活動を求め、村民を巻き込んで一緒に課題解決に取り組むことで、地域に生じる変化が期待されている。さらに、竹田市では、移住者が地域でどのような役割を担い、地域コミュニティの再生にどう関わるかという農村回帰の本質を常に念頭に置き、市の様々な施策とリンクさせながら、隊員に具体的なジャンルを示すミッション型での導入を進めている。

②導入開始後：行政内部のサポート体制づくりと担当者・隊員に伝えるべき内容

行政内のサポート体制は3地域それぞれだが、そこに共通するのは、担当職員と隊員とがお互いの理解を深めようとする姿勢だろう。川上村では、村長自ら役場担当者に向けて、「隊員は自らの選択で川上村に来たかもしれない。しかし、彼らの人生の大切な時間を預けてくれたのだから、村はそれに誠心誠意応えなければならない。地縁も血縁もない川上村では担当者が親代わりになる気持ちでサポートをしてもらいたい」と伝えている。それ故に、担当者から隊員に対して、地域で分担する暮らしの役割や公務員としての心構え、議会、予算などの行政の仕組みを伝え、また隊員の事故対応や対人関係などでも親身になったサポートが施されている。

また、鶴岡市でも、隊員3年間の活動プロセスが「協力隊員を使い捨てにしないように」という言葉とともに関係者で予め共有されている。地域をよく見つめネットワークづくりと様々な素材を徹底的に収集する1年目、とにかくチャレンジする2年目、定住や定着にむけ起業など自身のプランを磨き上げる3年目、というプロセスとともに、地域のことと自分自身のことにどれくらい時間を割くのか、そのイメージも示される。

③任期後の隊員のあり方

3地域に共通するのは、「3年間の任期を終えた後からがスタート」と協力隊制度をあくまで定住に向けた一つの手段と捉えるまなざしだろう。

協力隊は定住だけが全てではないという意見もあるが、地域住民の本音として「派手な企画とか目に見える実績よりもともかく定住してもらいたい」(竹田市)という声もある。とはいえ、「何十年もかけて今の状態になった過疎の地域が、たった3年間でどうにかなると思うのは無理がある。しかし、協力隊の3年間の成功・失敗は、地域と協力隊の信頼関係を築けたかどうかであり、地域活性化の本番は任期終了後であろう」と、隊員との関わり方を長い時間軸で見据える。

そこでは、「隊員は、応募する時と任期が終了した時の二度地域を選ぶ」(鶴岡市)という点が意識されている。そして、任期終了後に隊員から地域が選ばれるためには、絶えず魅力的な地域であろうとする地域みがきと、世話人をはじめとする人とのつながりの2点が求められ、地域の将来に向けた想いを隊員、地域、行政で共有しながら、二度選ばれる地域を目指す意気込みが語られている。

活動後も地域に根差す隊員には、栗山・川上村長からも、「村が目指す取組と隊員が取り組んでいる事業は、同じ未来像のなかにある」という熱い想いが投げかけられている。さらに、「隊員の活動が地域に新しい風を吹き込んだ。弱い風ではない。地域に確かな変化をもたらしている。この確かな変化を後押しし、大きな動きにつなげていくのは私たち行政の役割と考える」という語りからも、協力隊制度の成果は、行政の力量次第という姿勢が強調されていよう。

6 当事者が語る協力隊制度の意義——10年間の蓄積が示すもの

本章をまとめるに際し、筆者は第I部の手記を繰り返し目通しさせていただいたが、協力隊、行政それぞれの立場から現場で活動された皆さんの生の言葉はどれも印象深い。

協力隊は、初めて出会う地域に赴き、「課題が課題のままになっている」のは、それに向き合い抜く当事者の不在が大きく影響しているから（秋吉さん）」という現状に気づき、そこで自ら「当事者」として現場に立ち、制度の肩書きにある「地域おこし」が何なのか、住民と真摯に向き合い、試行錯誤しながら考える姿が伝わってくる。

隊員たちが共通して実感しているのは、主役は地域、隊員は黒子だという姿勢である。「まず地元の皆さんの気持ちから少し前向きになってもらおう（鹿屋市隊員・半田さん）」「地域おこしとは、シンプルに『人がその地で継続して住み続けることができる』その可能性を地域の方に感じていただけたら、それで十分ではないかと思った（重信さん）」「住民が『この地域の一員でよかった』と思えるために必要な手法を、住民を巻き込みながら一緒に考え、実践し、成果を出すことができた（河内さん）」というように、その姿勢は隊員それぞれの実践に裏打ちされ様々な形で表現されている。

一方で、隊員たちは、自らの地域での立ち位置にも悩ましさを感じ取っている。それは、「顔の見える移住者」であり、また「制度に支えられて地域に入った立場」であり、「地域の方にとっての関心は、移住者がしっかり継続してこの地で住み続けるか否かなのである（重信さん）」という点にどうしても向けられてしまう現実である。

冒頭に記したように、制度の焦点のひとつが「地域への定住」であり、制度を運用する行政側の本音もそこにあることは、担当者も率直に語っている。このような地域側の想いは、若い世代の隊員たちにしっかり届いており、それ故に活動した地域との縁を大事にしてくれている。その上で、彼らは自身の成長も見据えながら、「土の人」として根付いたり、「風の人」として新たな場所を選ぶ判断を下している。

赤松さんは、「……時代に合わせ人も流れていくことが必要なのではないでしょうか。人口減少が進むなかで人材を取り合うことではなく、人材を共有しながら、それぞれに輝ける場所や機会をつくっていくことを地域おこし協力隊の制度を通して各地域が実践していくことを期待しています」と手記を結んでいる。このような発想に立つ若い世代がこの制度を担ってくれているからこそ、受入地域側も彼らの人生をしっかり支えようと一緒に地域おこしを頑張れるのだろう。

鶴岡市担当者の前田さんは、この制度は「ズバリ自治体のオーダーメイドで事業の組み立てが可能」であり、あえて粗く組まれたフレームからいかに柔軟に制度を運用できるかがポイントだと指摘する。協力隊制度が、国が大きな枠組みを描き、その運用に地域が策をめぐらせる立て付けだとすれば、それはまさに地方分権の体現する先駆的なモデルとも言えよう。

しかし現実には、隊員、受入地域、行政というステークホルダー3者に対するフォローの体制づくりは道半ばの段階にある。その中で、現場で課題に直面した隊員OB自らが協力しながら、香川、広島、島根、岡山など県やブロックを単位として、隊員や行政担当者をつなぐネットワークづくりの動きを生み出している点はもっと注目されてよい。

隊員の活動範域がどうしても市町村に留まるなかで、その枠を超えた広域での仲間づくりは何より彼らの支えになっている。その動きは、地域おこしに関わる同志が切磋琢磨していく機会でもあり、受入地域の実践者同士でももっと共有されてよいものだろう。そうして、隊員との関わりを任期後も太く保つ度量のある「開かれた地域」が増えることが、本制度の大きな成果ともなるはずだ。今日、Iターン者の増えた地域に、地元出身者が次第にUターンしているように、協力隊制度は移住・定住の次元に留まらず、地元出身者の次世代育成にも大事な要素を含んでいる。

協力隊制度10年に寄せて、本書には隊員からも様々な想いが記されている。「地域おこし協力隊はとても素晴らしい制度だと思います。日々悩みながら歩みを進めている当事者の仲間が全国にいると思うと、本当にうれしく誇らしく感じる（秋吉さん）」「制度10年間の蓄積は大きい。受入地域と同様、多くの隊員がこの10年の間に地域で様々な挑戦をしてきた。地域に蓄積された経験と、協力隊卒業生の経験を次に引き継ぐことで、地域づくりにおける担い手育成につなげていけたらと思う（藤井さん）」

協力隊制度を通して地域おこしの多様な担い方、そして隊員OBが起点となって地域間のネットワークで人材をつなぐ「人材循環」も見えてきた10年。隊員OBの更なる活躍とともに、彼らが活動した地域のその後の歩みにもしっかり注目していきたい。

第3章

住民自治と協力隊

――「地域戦略としての協力隊思考」のすすめ

●田口太郎（徳島大学）

地域おこし協力隊は、〝都市部の若者が過疎化に苦しむ農山漁村に移住し、地域の新しい価値を創造していきながら自らのライフスタイルも確立していく〟というような非常に前向きな動きとして捉えられがちであるが、地域づくりの実際は必ずしも〝前向きな〟取組だけが重要というわけではない。地域には協力隊が考えるような新しい動きに積極的に関わろうとする住民もいれば、ひっそりと静かに暮す住民もいる。そして、地域の課題はこうした様々な住民全体が直面している課題であり、一部の前向きな動きだけを捉えて「地域づくり」とするのではなくて、俯瞰的に地域全体を見渡していく必要がある。本項では、地域の基盤ともなる自治の視点から協力隊の存在の意味を考えてみたい。

1　地域の衰退とはなにか？

(1) 人口ではなく、担い手の減少が地域を衰退させる

地域おこし協力隊という制度が立案された背景を考える際に、地方における人口減少の問題は外すことができない。用語「過疎」自体からも人口減少に対する危機感が伺え、「人口」がどれほど我々の地

域に対する目線を支配していたのかがわかる。協力隊はいわゆる都市地域から過疎地域として位置づけられた農山漁村などへの移住を前提にしていることから、人口減少に悩む地域へ「人口」をもたらす政策のようにも見えるのである。しかし、実際の地域の衰退と人口減少の関係には若干のズレがあると言わざるを得ない。というのも、人口減少が進みつつも地域が力強く活動している地域もあれば、人口減少がさほど進んでいないにもかかわらず、地域の衰退感が深刻化している地域も存在する。特に大都市や郊外などの都市型社会ではコミュニティ意識の衰退が激しく、人口や高齢化率などの統計的な地域情報の中ではさほど難しいとされていないながらも、自治会などの地域自治組織が機能不全に陥っているという例は枚挙にいとまがない。

つまり、地域の衰退は人口をはじめとした量的な指標で測ることが難しいのである。地域や社会は空間的な広がりとそれに結びついた人々の集合と捉えるならば、人々はそれぞれが個性や感情を持っている。前向きな個人の集合体であれば地域も前向きになるし、後ろ向きな住民の多いコミュニティは必然的に後ろ向きの傾向を持つのである。人口減少しつつもたくましく活動しているような地域に赴くと、人々の目はキラキラと輝いており、それ自体も地域のイメージを大きく高めていることがよく分かる。では、衰退している地域はなぜ〝衰退感〟が出てしまうのか。ということを十分理解しておかなければ協力隊を導入したとしても、地域の根本的な課題解決には至らないのである。

「地域の衰退」という言葉は各地で聞くが、「衰退」に対する明確な定義はなく、定義で言えば大野晃が「限界集落」で定義している「65歳以上の高齢者が集落人口の半数を超え、冠婚葬祭をはじめ田役、道役などの社会的共同生活の維持が困難な状況」に近づいている、ということと考えるのが自然かもしれない。一方で、用語「限界集落」については、大野が量的な指標と質的な指標をあわせて定義しているにもかかわらず、「高齢化率50％超」という量的な部分のみの独り歩きがたびたび批判されてきた。実際に高齢化率が50％を超えていても元気で活動的な集落は多くある。では、「地域の衰退」とはなにか、についての論考はあまり見られないが、地域を歩いてみると、多くの人々が地域の将来への不安を抱えていることも事実であり、その大きな要因は若手の減少であると言える。若手が減少することで、地域を維持していく上で必要な様々な人手が確保できなくなってきているのである。

図1を見ていただきたい。これは人口減少と地域の維持に必要な労力の変化を模式的に表した図である。人口は二次曲線的に減少しているが、実際に地域を維持していく上で必要な労力は人口と比例して下がっていくか、というとそうではない。かつては「祭りで山車の上で太鼓を叩けるのは名誉なこと」と言われたように、全員が〝担う〟ことができなかった。それだけ若手の数が多く、必要な人手を実際の人口が上回っていたと言える。しかし、若手の流出などにより人口減少が進むと必要な人手の数を人口が下回り始める。そこを地域に残った若手それぞれの負担を増すことによって維持しているのが現状と言える。若手の負担は増加し、消防団などでは一度入団したらなかなか退団できない状況となりつつあることから、担うこと自体への躊躇が生まれ始めている。そのため多くの人々が地域の中で役割を果たすことに及び腰となり、これまで〝当たり前〟とされてきたような様々な役割を追うことに対して消極的な若者が増えていった。さらに情報化が農山漁村においても進むことで、農山漁村でも生活の都市

化が進んでいる。道路インフラが良くなったことから買い物は地域の商店ではなく都市部のスーパーやモールへ出かける人も多くなり、これまでのような助け合いをせずとも当面の暮らしに不自由することはなくなりつつある。こうした社会変化も若者を地域コミュニティから遠ざけた要因となっている。

ただでさえ少ない若手がさらに少なくなってしまっているなかで、このように①若者の負担の増加、②若者の生活の都市化、が進むことで若者のコミュニティ離れが進み、これが「地域の衰退」の大きな要因となっていると言える。

「地域おこし協力隊」を考える際にはこのような背景を持った地域であることをよく踏まえて考える必要がある。

（2）地域づくりの文脈の中での協力隊

地域には長い地域づくりの文脈がある。というのも、地域はこれまでの過疎化をただ傍観してきたのか、というとそうではない。多くの地域では生活環境の改善や様々なイベントなど地域を盛り上げるような取組をこれまで長年にわたり、実施してきた。しかし、こうした取組にもかかわらず、若者の流出は続き、八方塞がりとなっている。また、今日のような危機的状況も災害などの〝きっかけ〟があって進展した地域もあるが、多くの地域では〝気づけば手遅れ

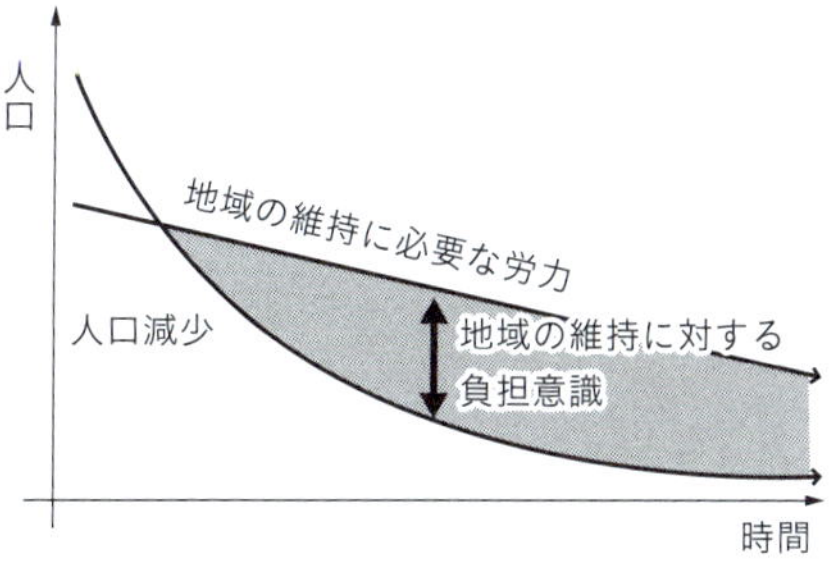

図1　人口と地域の維持に必要な労力の関係

だった〟という状況である。過疎化が深刻化した現在の状況では、安易な取組の企画自体も発言しにくいような状況とも言えるが、とはいってもこのままこの状況を見守っていても地域の状況は悪化するのみである。

このような慢性的、安定的な衰退局面にある地域では、地域づくりを新たに始めようにも、住民自身の主体性のみに依存するのは難しい。慢性的な衰退局面を打開する〝場面転換〟のような機会を外部から意図的につくり出すことも必要だろう。この局面打開の方法は様々ある。厳しい将来予測を住民に示すことで危機感を醸成したり、地元大学との連携事業などによって外部との交流機会を設けるなどもその一つである。地域おこし協力隊はこの中でも強いインパクトがある働きかけとも言えるだろう。これまで転出ばかりが続き、転入と言えば婚姻による転入くらいであった地域に、まったく地域と関わりのなかったような若者が移住してくる。地元に対してネガティブな発想や諦め感を持っていた人からすれば大きな衝撃だろう。しかし、協力隊として地域に着任する人にとっては全国津々浦々の無数にある募集の中からその地域を〝選択〟しており、彼／彼女らからすれば、その地域が№1であった、ということである。このような考えと地域との接続は地域にとっては大きな転機となるだろう。つまり、協力隊を単純な任期3年の人材投入として位置づけるのではなく、大きな地域づくりの文脈の中でのカンフル剤として、理解することが重要だろう。

地域をプロセスで見る場合、小田切と稲垣が示している地域の衰退のプロセスと再生のプロセスがわかりやすい。図2を見ていただきたい。曲線で描いているのは地域の盛衰のプロセスを模式的に示した

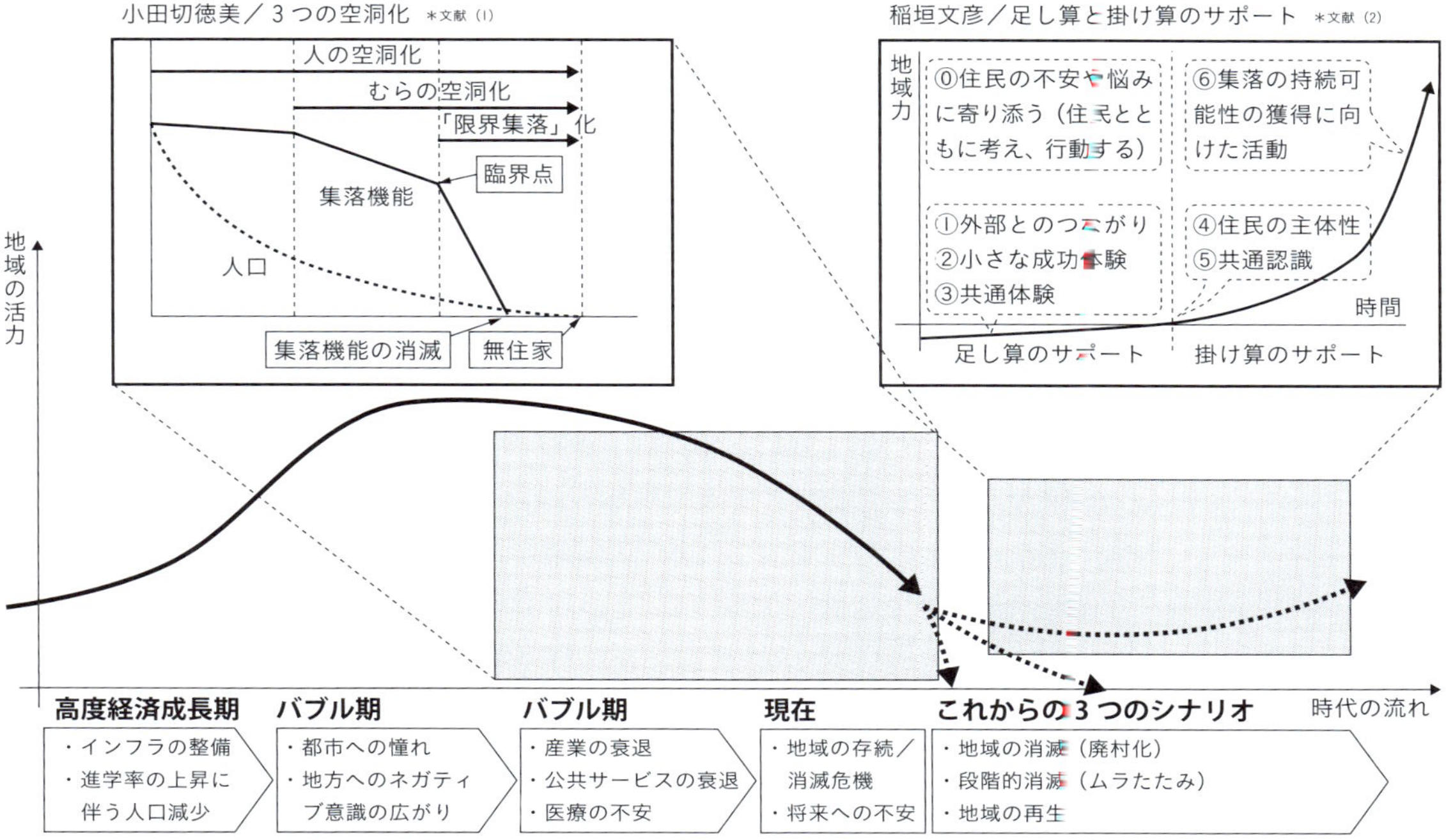

小田切徳美／3つの空洞化 ＊文献（1）
人の空洞化
むらの空洞化
「限界集落」化
臨界点
集落機能
人口
集落機能の消滅
無住家
稲垣文彦／足し算と掛け算のサポート ＊文献（2）
地域力
⓪住民の不安や悩みに寄り添う（住民とともに考え、行動する）
⑥集落の持続可能性の獲得に向けた活動
①外部とのつながり
②小さな成功体験
③共通体験
④住民の主体性
⑤共通認識
時間
足し算のサポート
掛け算のサポート
地域の活力
時代の流れ
高度経済成長期
・インフラの整備
・進学率の上昇に伴う人口減少
バブル期
・都市への憧れ
・地方へのネガティブ意識の広がり
バブル期
・産業の衰退
・公共サービスの衰退
・医療の不安
現在
・地域の存続／消滅危機
・将来への不安
これからの3つのシナリオ
・地域の消滅（廃村化）
・段階的消滅（ムラたたみ）
・地域の再生

図2　集落の盛衰モデル

ものである。戦後から高度経済成長期の地域は「国土の均衡ある発展」を目指した国家政策の下で生活基盤整備が進み暮らし向きは良くなる一方であった。しかし、気づけば若者を中心に転出が始まり、いつしか人口減少局面に突入していく。世の中がバブル景気に沸き立つ頃には、地方ではテーマパークが各地でつくられるも経営が安定せず、地域にはネガティブな空気が広がっていく。そして、昨今では行財政の悪化や市町村合併もあり公共サービスも効率化され、農山漁村の生活基盤は脆弱化の一途をたどっている。用語「限界集落」は一般にも広く知れ渡る言葉となり、集落消滅の危機感が具体性を帯び始め、地域の中には地域の将来への不安感が広がっている。このような地域の衰退のプロセスは小田切による「三つの空洞化」として示されている。一方で、衰退局面にあった集落が再生してくプロセスとその支援スタンスについては、稲垣による「足し算の支援／掛け算の支援」によって示されている。ならばこの二つのプロセスのどこに協力隊が位置づけられるのかというと、右肩下がりのプロセスと、改善のプロセスを〝接続〟する役割が協力隊を始めとした外部人材の役割だろう。逆に言えば、こうした地域づくりの文脈に協力隊の取組が組み込まれているかは注意深く見守る必要があるだろう。

2　住民自治の再生と地域おこし協力隊

(1) 小さな成功体験から主体的な活動を生み出す

地域おこし協力隊はこれまでのような外部の専門家などによる支援ではなく、住民の中に「住む」ことによって入り込み、住民と同じ目線にたった活動を展開することが大きな特徴である。故に外部専門家が関わり合いを持つ傾向が強い〝キーパーソン〟のみならず、声なき住民とのふれあいがあることが大きなポイントである。地域づくりはとかく「活性化」を始めとした価値創造的な取組に注目が集まる傾向があるが、実際の現場では地域の新しい可能性を模索していくような「攻め」の取組の他に、地域の小さな存在を下支えしていくような「守り」の取組も重要であり、その両輪が回って初めて地域の一体的な元気づくりが可能である。

地域が持続性を確保するには地域の中で住民を中心とした住民自治が機能していることが重要であるが、「自治とは」を考えると、地域の生活基盤としての「守り」が機能しており、その上に「攻め」の取組が位置づけられ、機能している必要がある。その「守り」の部分の現状は外部から不定期にやってくる専門家では十分に把握することが難しい。諦め感の温床もこのあたりにあるのではないか、と筆者は考えている。ならば、現場に入り込む地域おこし協力隊に期待することは、地域の中に入り込みつつ、積極的には声をあげないような人々とのコミュニケーションを通じて、その自信と誇りを醸成していくことではないか。これまで声を発してこなかった住民たちは地域づくりに対して何も意思を持っていないのではなく、発する機会やその自信を失っている。そこに協力隊のような〝今までとは違う〟人材が入ることで、前向きな思いを表出する機会が作られ、協力隊がそれを後押しすることで「小さな成功体験」が生まれる。この成功体験から始まる住民主体の活動はこれまでのリーダーを中心とした地域づくりとは異なる、新しい動きである。こうした動きが広がることで地域に新しい活動主体が芽生える。こうして地域内に複数の活動主体が生まれ、それぞれが相互補完し始めることで、地域の中の多様な主体による総合的な自治が生まれ、これこそが新しい時代の住民自治の姿だろう。これまでのリーダーを中心としたまちづくりから、多様な担い手による総合的で自律的な地域づくりが実現するのである。

（2）地域づくり戦略の一つとしての協力隊

このような〝きっかけ〟を作り出すことが期待されるのが協力隊であるが、これはいわゆる「地域づくり」の動きを初動させようという段階の話である。しかし、地域によってはすでに地域の中で様々な取組がスタートしており、そこに関わるケースもある。ただ、重要なのは初動させるような地域とすでにある動きを加速させようとする地域、同じ協力隊で良いのだろうか？　ということである。すでに一定程度動きが出てきているような取組への従事を想定している場合とこれから新たに動きを立ち上げようというときとでは、協力隊に求められる役割も異なってくるし、さらには協力隊に求められる能力やキャラクターも異なってくるのである。つまり、単純に外部から「地域に関心の高い人」を協力隊として導入するのではなく、地域の実情を評価した上で、適切な人材を募集・配置する必要がある。また、導入した協力隊独自の取組も長い地域づくりの文脈に位置づけることで、協力隊との協働の動きは地域づくりの文脈の中に埋め込まれ、地域として持続的に続けられることも期待できる。そのため、地域の状況を見極めた上で、協力隊の導入を見送る、ということも必ずしもネガティブな判断ではなく、地域が外部人材に対してどのような認識を持っているのか、あるいは協力隊との協働の可能性も含めて事前に十分に検討した上で、どのような人材をどのように導入するのが妥当であるかも考える必要がある。

また、地域おこし協力隊の大きな特徴として「外部人材」という点がある。つまり、これまで地域にいたような人材ではなく、まったく縁もゆかりもないような「外部」が地域に入り込むことによる地域の平穏な時間の流れへの波紋である。故に、文脈に則っているとは言え、既存の活動で外部人材である必要がないような部分へ導入してしまうと、協力隊自身のモチベーションが低下するのみならず、地元からも「なぜ外部人材を雇用するのか」といった不満も起こりやすい。故に、地域づくりの状況をみたうえで、どのような外部人材が適当であるか、という試算を持って導入する必要がある。

地域おこし協力隊は地域づくりの有効な手段であることには変わりないが、どのように導入するかによって大きくその成果が左右されるため、十分な事前検討が必要である。

3　地域の自律的まちづくりにおける地域おこし協力隊の役割

戦後の我が国は住民自治という視点から言えば縮退を続けてきたと言える。戦後民主化が進む中で行政はそのサービスを拡大し、住民は陳情型の行政対応となってきた。しかし、低成長時代に入り、人口減少に伴い財政収支も悪化していくと行政サービスの維持が困難になってきた。「自治」は本来的には行政が担う「団体自治」と住民が担う「住民自治」の両輪が機能して初めて成立するが、現代では住民自治の力は極めて弱くなってきている。しかし、他方の団体自治がそれをカバーできているかというとそうではない。さらに市民の中でも価値観の多様化が広がり、行政による画一的な公共サービスの限界が

「新しい公共」としての住民発意のまちづくりが始まる要因となっている。新しい公共は地縁コミュニティというよりも多様化した価値観に紐づくテーマコミュニティが中心であるとも言えるが、農山漁村では集落における生活基盤として地縁コミュニティが機能してきた経緯もあり、単純に都市型まちづくりを当てはめらるものではない。とは言え、古典的・土着的な地縁コミュニティに依存した自治には限界も見えていることから、農山漁村においても新しい自治の形を再設計していくことが求められている。

(1) 外部人材との協働を契機とした住民自治の再設計

地域おこし協力隊に先行した政策の一つに新潟県中越地域に配置された「地域復興支援員」がある。2004年10月23日に発災した新潟県中越地震で被災した中山間地域の集落復興を後押しする人的支援として設置されたものであるが、動きは地域住民との協働による住民自治の再設計と言える。本格的に設置されたのは中越地震から概ね3年が経過した2008年4月。復興支援員たちは担当地域の住民とのコミュニケーションの中から「小さな成功体験」を積み上げながら活動の実績を積み上げていった。しかし当初は任期が5年とされていたため、その任期終了が近づく中で、地域住民たちは復興支援員との活動の中で見出した取組を持続化するべく、その地域に見合った形での自治組織を公民館活動の拡充やNPO法人などの形で立ち上げている(図3)。衰退局面にあり、地震によって更に過疎化が進んだ地域が外部からやってきた支援者とともに小さな活動を始め、それがやがて自治の仕組みへと昇華しているのである。このように、協力隊の任期3年の間にどのような成果をだすか、という狭い評価軸にな

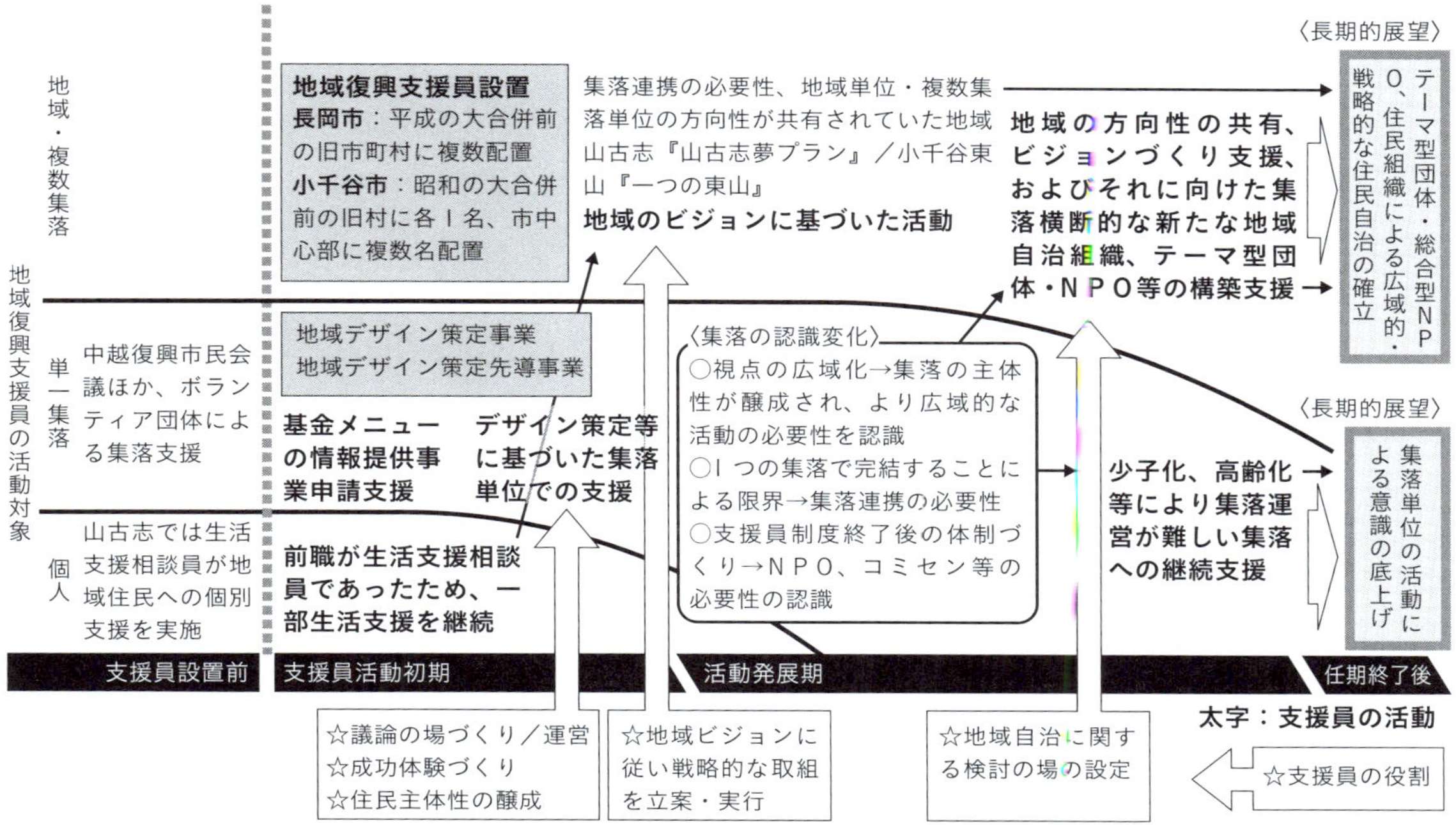

図3　新潟県中越地域「地域復興支援員」の活動変化　＊文献（3）

りがちな中で、地域における住民自治の仕組みを再設計する、という視点はより長期的な視野が必要であり、このような見方をすることで長い地域づくりの文脈の中に協力隊の活動が効果的に組み込まれる、ということだろう。

また、協力隊の場合は任期が3年となっていることもあり、任期中常に住民から「任期終了後の定住」の是非を問われ続けている。しかし、協力隊と住民が良好な関係を築くことが前提であり、良好な関係が築けていれば、任期終了後にたとえ地域に定住できなかったとしても様々な形での地域との関わりは続くケースが多い。これもこれまで「住民」を前提としてきた自治の担い手の枠組みの再構築とも言える。昨今話題になっている「関係人口」のより地域側からの目線に立てば、都市部からアクセスしてくる「関係人口」よりも、一旦地域と深い関係づくりを経た上で、関係の枠組みにとどまるような「関係人口」のほうがより信頼関係も築きやすい。このような関係づくりを通じて地域側の視点も少しずつ外部に対して開いていき、さらには外部との付き合い方、距離の起き方なども体験的に理解することだろう。

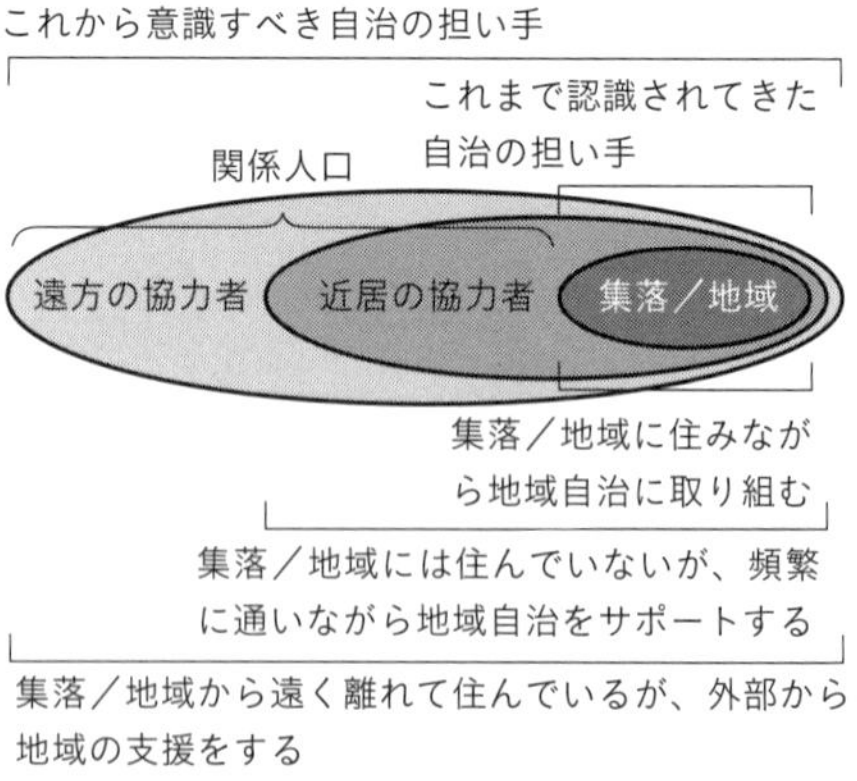

図4　地域における自治の担い手の再定義

人口減少がさらに進むなかで、もはや「住民」だけで地域を持続的に運営していくことは非現実的である。一方でインフラが整備されたこともあり、過疎化が進んだ地域といえども都市部とのアクセスもかつてと比較して格段によくなっている。このような状況を肯定的に捉えることで「自治の担い手」を広義的に位置づけ、住民ではない関係者をも含めた住民自治の新しい姿が見えてくるだろう（図４）。

（２）「地域戦略としての協力隊」思考の必要

このように、単純な「移住」や「３年間の地域づくり」という発想ではなく、これまでの住民中心の地域自治の状況から多様な主体による〝地域を核とした〟新しいネットワーク型の住民自治の姿を協力隊の取組を通じて見出してくような戦略が必要だろう。また、このような長期的な戦略の中では協力隊のみならず、集落支援員など他の人的な支援施策との連携も視野に入れ、地域の自治力向上に向けた取組を検討する必要があり、ここは行政に特に大きな役割を発揮することが期待される。

参考文献

（1）小田切徳美『農山村再生』岩波ブックレット、２００９・10

（2）稲垣文彦ほか『震災復興が語る農山村再生』コモンズ、２０１４・10

（3）田口太郎「復興まちづくりにおける『地域復興支援員』の役割」『中越地震から３８００日』第２部３章、ぎょうせい、２０１５・３

第4章

協力隊の地域活動の広がりと可能性

――災害支援活動・2018年7月豪雨災害の記録

●稲垣文彦（中越防災安全推進機構）

1 はじめに

地域おこし協力隊（以下、協力隊）の活動は多様である。その多様性は近年多発する災害対応にも見られる。2014年の神城断層地震の小谷村に端を発し、2016年の熊本地震の西原村等や2017年の平成29年7月九州北部豪雨の日田市で顕著となった。2018年7月6日、平成30年7月豪雨が起きた。ここでも各地で協力隊による活動があった。そこで本章では協力隊がどんな想いで、どんな活動を行ったのか、笠岡市北川地区の事例を紹介したい。

笠岡市北川地区では小田川の越水、尾坂川の決壊により甚大な被害が起きた。そこでは協力隊等が立ち上がり、直後の助け合いに始まり、その後、市民で災害ボランティアセンター（以下、ボラセン）を立ち上げ、その運営をすることで活動を行った。また、この活動では、日頃からの様々なつながりが活かされた。その活動と連携のプロセスをまとめた（図1）。ここからは、4名の協力隊の語りをもとにそれぞれの想いも含め時系列で紹介していく。

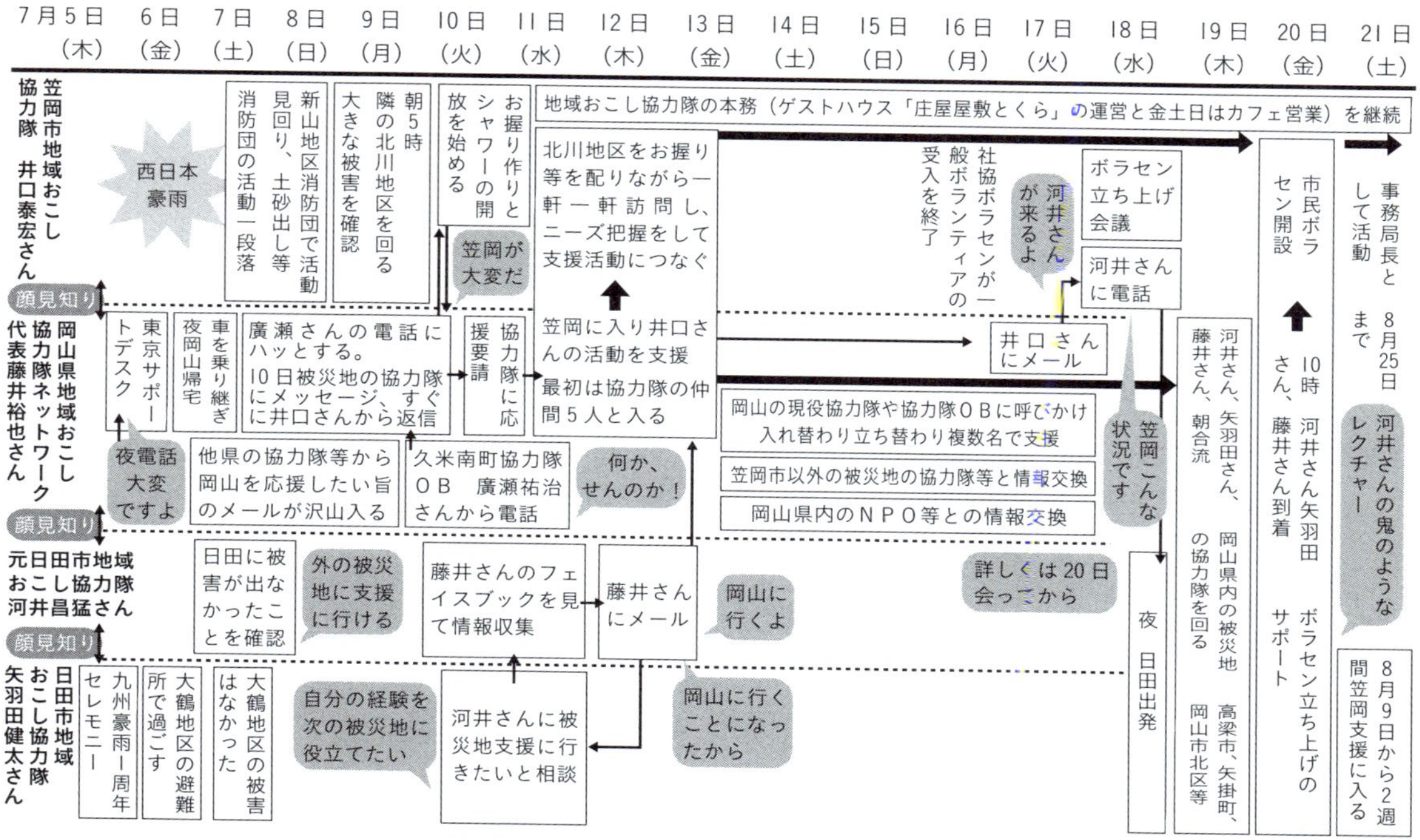

笠岡市北川地区における地域おこし協力隊の地域支援活動と連携のプロセス

4名のプロフィール

●**井口泰宏さん（28）** 笠岡市地域おこし協力隊
諫早市出身。2016年4月に着任。現役隊員として新山地区自治会が所有するゲストハウス「庄屋屋敷とくら」及び併設併設するカフェの運営を担当。井口さんと藤井さんは（一社）岡山県地域おこし協力隊ネットワークが開催する研修会等で一緒に活動、以前から顔見知り。

●**藤井裕也さん（31）** （一社）岡山県地域おこし協力隊ネットワーク代表理事
※詳しいプロフィールは89ページを参照。
藤井さんと河井さんは共に地域おこし協力隊アドバイザーで協力隊等の全国研修で一緒に活動、以前から顔見知り。

●**河井昌猛さん（45）** 日田市地域おこし協力隊ＯＢ
※詳しいプロフィールは198ページを参照。
河井さんと矢羽田さんは平成29年7月九州北部豪雨で一緒に災害対応、以前から顔見知り。

●**矢羽田健太さん（24）** 日田市地域おこし協力隊
日田市出身。2017年4月に着任。着任3ヵ月で担当の大鶴地区が平成29年7月九州北部豪雨で甚大な被害を受ける。その後、当初のミッションを復興支援に変更し、現役隊員として避難所運営、災害ボランティアセンター運営、みなし仮設の見守り、住民の話し合い促進等の活動を継続中。

2 災害直後のそれぞれの想い

●「ご飯がない人がきっといるから、お握りを作ろう」井口泰宏さん

7、8日は住んでいる新山地区で山崩れが起きたので消防団員として土砂出しをやっていました。孤立している人がいないか見回りもしました。2日間で地区の被害が確認でき復旧作業は業者がやることに。そこで9日の朝5時に隣の北川地区を見に行きました。着いた瞬間、すごい景色だなと思いました。車は転んでいるし、ひどいなと。東日本大震災のボランティアの時の光景と重なりました。近くでこんな被害が起きていることが衝撃的で、何かできないかと思いました。すぐにカフェのスタッフに何ができるかわからないけど何かしたいと伝えて、そしたらみんな賛同

してくれて。僕らがやっていることは宿泊と飲食なんで、ご飯がない人がきっといるから、お握りを作ろうとなって。10日からお握りをつくって配ることを始めました。それからずっと北川地区に入って、お握りや水、氷を一軒一軒歩いて配りながら困っている状況を把握しました。そこでボイラーが壊れてお湯が出ないことを知り、シャワーを開放しました。そんな矢先、藤井さんからメッセージが入って、すぐに返信しました。そしたら11日に来てくれたんです。藤井さんの動きは、本当にうれしかったし、すごくタイミングが良かったんです。人手が欲しい1週間だったんで。神様かと思うくらいの救いの手でした。これって何なんでしょうね。その後も数回あるんです。僕らでできないことを藤井さんが拾ってくれる。広いネットワークでカバーしてくれたんです。本務と活動の両立は大変でした。宿泊はボランティアが多かったし、金土日はカフェがあるし。でもボランティアが遠くから来ていて、そんな皆さんに宿泊が提供できたのはうれしいことでした。

でも、その後、大きな問題が。16日、社会福祉協議会が開設するボラセンの一般ボランティアの受入終了が決まったんです。

●「4日間、悶々としてたことがスパッと見えた」藤井裕也さん

6日は東京。夜、美作から「大変です」と電話があって。戻ったのが7日夜。7、8日に、他県の協力隊とかから「何かやることがあれば手伝うよ」という話がドバっときて。でも状況がわからないんです。SNSで情報が飛び交っているんですけど。正直迷っていました。動きたい気持ちはあるけれど、

動き方がわからない、自分の役割が見えない、でも応援したいとメッセージはいっぱい来る、一ボランティアの立ち位置でもないだろう。10日、久米南町の協力隊ＯＢの廣瀬祐治君から「何かせんのか」と電話があって。廣瀬君は普段はクールで、僕から見て活動に縁遠い感じのタイプなので、ハッとしました。それまでフェイスブックでは黙っていました。状況がわからないなかで下手なことを言うと大変になると思ったので。そんな中、廣瀬君は僕のことを思ってたみたいで、藤井は何かやりたいと思っているはずだと。僕は、何かやろうと思っている、ただやり方がわからないからどうしようか考えていると言って電話を切りました。そこで何かをやりたいと考えていることを隊員に発信しないことには始まらんと思い、被災地の隊員にメッセージを送りました。一瞬で返信があったのが井口君「笠岡が大変です」。その時に、そうか被災地の隊員とつながっているわけだから、彼らの所にみんなで行って、彼らの情報をもとに動くのが、自分のできる支援の中で最も確実だと悟りました。4日間、悶々としてたことがスパッと見えた瞬間でした。すぐに井口君にみんなで行くからというメールをして、それから隊員やＯＢに声をかけ、11日に協力隊の仲間5人と行きました。その中には廣瀬君もいました。井口君はまだ全戸を回れていなくて、まずは回りたいということで、藤井さんたち独自で地域を回ってほしいと言われました。それって協力隊の得意なやつねっ、と答えて、それから地域を歩いて回って、井口君の知り合いだけど、おばちゃんどう、手伝うよとか声をかけながら。そして作業を始めていくわけです。初日はアドリブでした。アドリブでできたのは、協力隊時代の経験と井口君との信頼関係があったからだと思います。それから継続的にいきました。12日、河井さんからメッセージがあって。たぶん僕のフェイスブックを見ていたんでしょうね。

「今は緊張しているけど、後からバテますから気をつけて。応援に行こうと思います」

●「話を聞くという立ち位置でサポートしたい」河井昌猛さん

藤井君のフェイスブックを見ていました。藤井君は現場に入って、その状況を発信していて、活動しようとしていることが分かったんでサポートできないかと思いました。藤井君自ら泥出し作業していて、僕の経験から、このままのペースでやっていたらもたないし、彼にしかできない支援の形があるから早く行こうと思いました。藤井君は岡山のネットワークの核として各地の隊員とのつながりがあって、隊員は活動地域の細かい情報を持っていて、そこから集めた情報を発信していて、仲間を集めボランティアに行っている。そこに自分の経験を伝えられればと思いました。現場で活動している隊員に経験を話すことで、難しく考えなくてもいいことを伝えたい。あと困っていることや大変なことを聞くことで肩肘はらずに活動できるのではないかと。話を聞くという立ち位置でサポートしたいと思いました。着任間もない隊員は、活動の途上で災害になって、どうしたらいいか悩んでいるんではないか、協力隊としてのミッションと被災をして困っている人たちを助けたいと思う気持ちの板挟みの中で、苦しみがあるんじゃないかと。そんな矢先、矢羽田君の相談を受けました。

「自分の経験を伝えることで役に立てるんであれば被災地に行きたい」

●「僕の経験が役に立つんではないかと思いました」矢羽田健太さん

7月5日は九州北部豪雨からちょうど1年の日でセレモニーをしたんです。これまで復興支援をやってきましたが、1年間ずっとまた水害が起きて元通りになるんじゃないかと不安でした。やってきたことが無駄になるんじゃないかと。そしたら6日、本当に大雨が降ってきて住民と避難所で一晩過ごすことになりました。また一からかと絶望したんですけど、大きな被害が出なかったんで安堵しました。でも各地で災害が起きていて、もともと精神的に低迷していて、リフレッシュのため2週間休みにしていたので、自分のやってきたことを確認したいし、困っている人たちの力になりたいと思いました。一ボランティアとしてでもいいけど、立ちあがる団体もあるだろうからそういう人たちを後押しするほうがいいと思って。それが協力隊かもしれないし、というか、勝手に協力隊が活動をやっているだろうと思ったんです。僕と同じ境遇の人がいて、僕自身、復興支援をやっている隊員がいないかと調べたんですけど、全然いなくて苦しんだので。じゃここは唯一経験のある僕が支援すべきだと思って。これだけ広範囲だから絶対に一人はいると。災害でいろんなプレッシャーがかかって、挫折して辞めようと思っている人に僕の経験が役に立つんではないかと思いました。

3　日頃からの協力隊のつながりが活きた！

●「何故だか分からないけど自信が出て来ました。河井さんたちのお陰で」井口泰宏さん

一般ボランティアの受入終了が決まって。ニーズは沢山あるのに、あれってなって。被災した人も見

捨てられたって感じになって。17日、みんながどうするってなって。18日に市民でボラセンを立ち上げる会議があるからと連絡が入って。会議には30人位の市民が集まりました。正直不安でした。急だったし、そもそもボラセンってどうやって運営するのって思っていて。みんなも同じだったと思います。やるっと決まって、事務局長をしてくれと言われたんです。自信がないですと答えました。でも役割がどうってことではなくて、自分としてはあの状況で手を引くのはあり得ないと思って。僕に何ができるかといえば、やれる人を集めてやるだけ。目の前で困っている人を助けることだけですよね。ノウハウがあるとかないとか言っていられないし、やりながら考えていくしかないと。20日は神のようなタイミングで。実は18日に藤井さんに連絡先を聞いて河井さんに電話をしています。藤井さんからメールがきたんです。「河井さんたちが来るから現状を話してくれない。絶対に参考になるから」。で河井さんに電話をかけました。このままではまずいと思ったので現状を話しました。そしたら電話では詳しい話は出来ないので直接会って話しましょうとなって。20日、ボラセン初日、何からやるって感じで。黒板に必要なものとか、どんなふうに呼びかけるとかを書き出して考えていたんですけど全然わからなくて、それが9時半位。10時に河井さんたちが来て、こういう状態なんです、やばいですよねと伝えたら、そこから河井さんの鬼のようなレクチャーが始まったんです（笑）。言われること全てが必要なことでした。これ足りていないよねというのを一杯言ってくれて。それでみんなが落ち着いたというか、あっ、やれるなって思ったんです。その場にいたみんなが言っています。何故だかわからないけど自信が出て来ました。河井さんたちのお陰で。みんな想いがあるのでやることがわかれば早いんです。ある人はモノを集めて、ある人は人を集めてという感じで。

●「タイミングが一つひとつ合っているんですよね」藤井裕也さん

20日は抜群のタイミング。振り返るとタイミングが全て合っているんですよね。何でかは僕にも良く分からないですけど、ただ、お互いパッと電話をかけられる関係だった。そういうことなんかなと思います。僕、今考えていることがあって、全国の隊員から何か手伝うぞということが来て、支援しようとする時に、一番必要な人に届けるには、ピンポイントにズバッと判断しなければならないじゃないですか。それが本当に難しいと思ったんです。それには、受ける人がどんなふうに考えているのか、やっぱりコミュニケーションですよね。僕も外からやりたいという声が負担になっていて、でも届けたいという思いはあるわけで。だから受け手にとって負担感なくスーッと支援に入るというか、そんなイメージを持っていました。それこそ20日は支援するよという感じではなかったです。どっちかと言うと日田の協力隊で経験者が来るから、活かせることもあるかもしれないから、どこに行けばいいかという話をしにいった感じです。これが支援するよと入ってたら、ちょっと違っていたかな。

●「一気に皆さんの想いが同じ方向に進みだした瞬間っていう感じでした」河井昌猛さん

笠岡に来た時、真剣に会議をしてたんで、すぐに入るのは申し訳ないから待ってたんです。集まっていた人たちは僕らが何者か分からない状況だったので。話が一通り終わってから入って、黒板を見たらボラセン立ち上げるんだなというのが想像できて。それから自分が経験したことを話しますねということで、黒板をもとに一通り説明して。その時、説明を聞いている皆さんの姿勢が全く違うわけですよ。自分たちでやるぞという気持ちがすごくあって。不安だったところに経験者が来たことで、一気に皆さんの想いが同じ方向に進み出した瞬間っていう感じでした。この時点で大丈夫だなっていう感触を持ちました。技術でもノウハウでもなく、一番大切なこと、困っている人たちを助けたいという共通認識ができていたんで。要するにないのは経験だけだったんです。これは偶然ではないと思います。一人ひとりが地道に歩いて、ニーズを聞いて、必要性を感じて、自分たちで声をかけて集まったという結果があるから。そういう想いを持った皆さんが動いた結果が20日につながったのであって。そのままやっても多少時間がかかったかもしれないけれど、うまくいっただろうと思います。僕は、それを短時間でうまくいくためのちょっとした話をしただけなんです。

●「1年間の成長を確認することができました」矢羽田健太さん

ボラセンを立ち上げているその場で、2週間の休暇を取っているので笠岡に行きますと言っちゃったんです。8月9日に来たんですけど、みんなかなり疲れているように見えました。そこで、僕が代わりをやって、その間にリフレッシュをしてもらいました。笠岡の人たちを見ていると過去の自分を見ているような気がして。自分で言うのもあれですけど、この1年間で成長したと思うし、価値観も変わったと思う、そんな自分を笠岡で確認できました。

4　災害における地域支援活動を振り返って

●「結局は日常が大切」　井口康宏さん

藤井さんと河井さんの存在って聞かれても、ちょっと答えづらいですが。二人はスーパースターではないんです。自分から前に出ないというか。地域で主体になる人を見て、その人が前に出やすいようにする。人とか地域性を見て、いろんなことを考えて動いてくれる。いやらしさがないんです。ちゃんと戦略性はあるんでしょうけど、それもありながら、でも人との関係を大切にしながら動いてくれるので僕も動きやすかったです。

災害を経験して、結局は日常が大切だと感じました。こうやって動けているのも僕らが日常を大切にしていると言うと大袈裟かもしれませんが、日常の暮らしをどれだけ人とつながりながら生活しているか、災害時はその基本的なところが出て来るんです。やっぱり日常の暮らし方を問い直されるというか、そこがしっかりしてれば、経験がなかったとしても動けると思いました。日常をどう豊かにするかを人生のテーマとして考えていきたいです。

うれしかったのは新山地区の自治会長さんが「おまえ北川地区に行って、手伝いをしているらしいな。ありがとう」って言ってくれたんです。その時すごくうれしかったです。ケンさんって呼んでいるんですけど、ケンさんには特に報告とかしていなかったんです。殊更に言うことでもないかなと思って。ゲストハウスやカフェの運営もちゃんとしようと決めていたんで。でもありがとうって言われたから、ああ良かった、やって良かったと思いました。

●「やっぱり日頃の付き合いが大事」藤井裕也さん

災害を通して学んだものは、やっぱり日頃の付き合いが大事ということです。何かそういう関係をもっと強くしていくことかが大切ではないかと思います。岡山のまちづくりのレジェンドがいて、その人が「まちづくりは人口密度だ」という話をしてくれたことがあって、その時はあんまりよくわからなかったんですけど、今それがつながって。人と人との関係性とか、コミュニケーションの質みたいなところをもっと深めるということが大切なんだと。災害を経験して、自分のまちづくりに血が通ったというか、そんな気がしています。

5 おわりに

この活動について協力隊を所管する笠岡市役所政策部定住促進センター所長補佐の小林健一郎さんに話を伺った。「あの災害は笠岡の一大事ですよね。笠岡全体で被災地を支えようという想いが行政にありました。その中の協力隊としては、職員より自由に動けますよね。隊員から支援したいと言われ、すぐにOKを出しました。でも最初は心配でした。事務局長という立場があるんで。あと本務もあるんで、自由が利くならいいんですけど、宿泊があれば開けなければならないし、週末はカフェがあるので、大丈夫かなと思いましたけど。でも災害が起きてすぐに対応してくれて、プレッシャーもあったと思いますけど、割と楽しみながらやってくれたと思います。結果的に地域も助かったし、役所も助かったし、井口さんにとっても良い経験になったと思います。災害時、隊員を職員として扱っているところは職員として扱うでしょうし、3年後の起業を目的にというところは難しいでしょうし、でも、うちはそういうこともしてもらいたいけど、地域の為にというところにウェイトを置いているので。災害は、地域課題の最たるものです。困っている人がいて、何もしないわけにはいかないというところで動いてもらったというところです。うちは地域貢献の部分がないと協力隊ではないという考えがあるので、このような動きになったのは自然な形ですね」

ここまで笠岡市北川地区の事例を紹介してきた。ここから協力隊にはそれぞれの想い、そこには苦悩や葛藤、そして喜びがあったこと、協力隊の経験を活かして活動をしていたこと、加えて日頃からの顔の見えるつながりの中で助け合っていたことが確認できた。そして何よりも着任地域における日頃からのつながりの重要性が確認できた。言い換えるならば、災害を通して、協力隊制度の運用には欠かせない地域・協力隊・行政の三者の関係の重要性が再確認されたと言えよう。

末筆ではありますが、平成30年7月豪雨並びに度重なる災害でお亡くなりになられた皆さまのご冥福をお祈り申し上げるとともに被災にあった皆さまにお見舞いを申し上げます。

第5章

体験的協力隊活動論

――地域の若者との「遊び」の重要性

●野口拓郎（弘前大学）

1　30年後の地域は誰が担っている？

「同世代の若者を本当に見かけない……。これが過疎地の現実なのか……」

地域おこし協力隊着任1年後の私（26歳）の嘆きであった。私が生まれ育った茨城県つくば市は、この人口減少社会において未だに人口増を遂げている自治体で、過疎とは無縁の日々を幼少期から過ごしていた。大学生活も都内で過ごしていたため、常に若者があふれる環境に身を置いていた。

そんな私にとって、広島県三次市川西地区での地域おこし協力隊（以下、協力隊）の活動は全てが新鮮であった。大学院卒業後、新卒で協力隊にエントリーし、地域へ飛び込んだ。

日本の中でも特に過疎化が進んでいる中国山地に位置する三次市。私が着任した川西地区は人口1100の高齢化率50％弱と、例外に漏れず過疎化が進む地域であった。ガソリンスタンドは着任直前に撤退し、支所も農協も、日用品店も地域から撤退していた。

「過疎化により地域の未来は絶望的。地域の担い手はおらず、したがって外部人材に頼らざるを得ない」

大変失礼ながらも、これが学生時代に思い描いていた過疎地のイメージであり、例外なく川西地区も同様だと考えていた。しかし、そのイメージは現実とは大きくかけ離れていた。完全なる私の誤解であり、偏見であった。私の親世代（50代）や、その上の世代が戦略的に過疎に立ち向かっていたのである。

全戸を対象にしたアンケート調査で地域の課題やニーズを把握し、それをもとに地域おこしのビジョンを策定していた。そのビジョンの実現に向けたミッション（やるべきこと）を着々と住民主体で実践していたのである。私はこのビジョン実現に貢献すべく、協力隊として受け入れられた。地域住民による地域おこしを担う住民自治組織が、私の受け皿となった。

その住民自治組織は講師を招いての勉強会や、先進地視察を頻繁に行っており、そこで得られた知見を活かし、様々な地域課題に着手していた。50代～70代の方々が地域おこしの現役世代でもあるので、当然地域事情も知り尽くしている。その方々と私には知識と経験などに大きな差があった。「この地域に協力隊は必要なのだろうか……」と、自信を無くしてしまった時もあったが、まずは懸命に食らいつくことを目標に、着任1年目は頑張った記憶が強い。このポジティブな現実を知り、私は「この地域も〝しばらく〟は大丈夫だろう」と感じた。そう、〝しばらく〟は……。

人間は誰もが歳を重ね、どんなに健康な人でも老衰によって死を迎える。私の祖父母も死を迎え、両親についても会うたびに老いを感じる。私自身も30代半ばに突入し、体力の低下を徐々に感じてきている。

繰り返しになるが、川西地区の地域おこし現役世代は50代以上であった。20〜30年後は多くの人々が引退し、死を迎える。その背景を理解していただければ、私の着任1年後の嘆きは深刻に受け取っていただけるだろう。小学校のPTAや消防団には40代の方々はおられたが、30代はとても少なく、20代は皆無の状態であった。仮に私がこの地域に定住したとし、還暦を迎えた時の地域のイメージが当時全く浮かばなかった。お世話になっている地域の方々がいない世界。強烈な孤独感を覚えた。

2　地域の若者との出会い

私は今現在、青森県内の大学で教員をしているが、大学生にとっての若者の定義は「24歳まで」と感じている。ストレートで進学していれば大学院卒業は24歳であるし、25歳になれば「アラサー」に組み込まれるためだ。25歳を迎えた卒業生のSNSでは、アラサー突入を嘆く書き込みが目立つ。

しかし、過疎地については事情が異なる。三次市含め、全国の過疎地域では「65歳以下は若い」という認識が強い。若者の定義は極めてあいまいなのである。今回に限っては若者の定義を「20代〜30代前半」にしたいと思う。

地域の空き家（一軒家）で生活し、地域に密着した形で協力隊活動を展開したが、最初の1年間は本当に地域の若者と出会う機会が無かった。様々な地域の行事に参加したり、お宅訪問をしてみたり、そのような地道な活動を通して、多くの50代以上の方々とは親しくなることができた。しかし、若者とは全く出会えなかった。活動開始から1年が経ち、私は50代以上の方々に対し、このような質問をぶつけるようになった。

「息子さん・娘さん、お孫さんはおりますか？　いる場合、どこに住んでいるんですか？」と。そしたら、意外な答えが数多く返ってきたのだ。

「おるよ。実家に住んどるよ」

「広島市に住んどるけど、休日はよく実家に戻ってきよる」

実家に住んでいる若者も多少なりとも存在し、広島市および近隣自治体には大勢の若者が住んでいたのだ。驚きと共に、大きな希望を見出すことができた。人口１００万都市の広島市と、三次市川西地区はおよそ70㎞、車で1時間半の距離にある。日帰りでも往復可能な距離であるため、仕事が休みの日は実家に戻ることも理解できる。実際に、私も学生時代は実家から電車で2時間の大学に通っていたので、若者にとってその程度の距離は大したものではない。若者と出会うこと、連携することは不可能ではないと思えた。そこである疑問が湧いた。

「なぜ私は着任後1年間、若者と出会う機会がなかったのだろうか？」

地域に住み、地域で活動をしても若者と出会えなかった要因を色々と考察した結果、二つの要因が見えてきた。

3　若者と出会えなかった要因

地域内に住んでいる若者と、三次市外に住んでいる若者の重大な共通点は、市街地の企業等で日中働いていることである。当然と言えば当然の共通点だが、〝日中〟に若者が働いていること、それこそが私と若者が出会えなかった要因の一つ目である。

私の勤務時間は基本的に8時半～17時半。その時間内は基本的に地域内を回り、様々な場所で住民の方々と共に何かしらの活動をしていた。当時の私は日中限定で地域活動をしていたので、日中に市街地で働いている若者には会えるわけがなかった。

1年目の私は、サラリーマン感覚でオンとオフを完全に分けてしまっていた。若者と出会えるチャンスである平日の夜、そして土日をオフの時間として過ごしてしまっていたのだ。広島市に遊びに行ったり、三次市内のカフェや図書館で本を読んだり、親しくしていた近隣自治体の協力隊に会いに行ったり……。

農業者の若者とは出会う機会があると期待はしていたのだが、農地面積が極めて狭いという中国山地の特徴から、川西地区も農業法人が地域内の田畑を集約管理しており、その法人の従業員は定年帰農がメインであったため、定年を迎えた65歳以上が主力となっていた。したがって、農業の現場に赴いても若者と出会うことは無かった。

そして、もう一つの要因は、地域と若者の関係の希薄化である。日本の大学進学率が50％を上回り、農山村においてもその率は高まっている。今の川西地区の若者も大半は大卒者であり、青森県内の農山村を見渡しても、大卒の若者はとても多く感じる。都会に限らず、全国津々浦々で高学歴化は進んでおり、多くの若者は地元を離れ都市部の大学に進学する。

三次市内に高校は3校あるが、どの学校も部活動が盛んであり、そのうちの三次高校は進学校のため受験勉強に力を入れている。すなわち、三次市内の高校生は部活と勉強に忙しく、地域と関わる時間を作るのは大変難しい状況にある。高校大学への進学と共に地域とのつながりが希薄になっていく流れは、地方においては特に顕著といえよう。

地方の若者の多くは〝同世代の友達〟に強い価値観を見出している。若者の行動を観察していると、あらゆるイベント等の参加動機において、「友達が参加するなら参加する」「あのコが行くなら私も行く」というのが多かった。したがって、進学や就職で同世代の友人知人が散り散りになってしまった川西の若者にとって、親世代・祖父母世代が多数派となっている地元はアウェイなのである。このアウェイ感を払拭しない限り、地域おこし活動に若者を巻き込むことは難しいと感じた。

4 現役世代とのつながりは無駄じゃなかった

私は結果として50名以上の川西出身の若者と交流し、共に地域おこし活動をおこなった。こればかりは自信を持って言えるのだが、一気に若者との交流機会が増えた大きな要因として、50代以上の現役世代とのつながりが考えられる。

「なんでウチの家族のことそんなに詳しいの？（笑）」と、若者から何度か言われた記憶がある。地道に地域で活動をしてきた結果、若者の親や祖父母、親戚とつながることができたのだ。そのおかげで、初対面の若者とも会話が弾んだし、警戒心を和らげることもできた。最初から若者世代をターゲットに関係構築を図っていたら、きっと関係は広がっていかず、深みも出なかったはずだ。

現役世代との交流はとても楽しく学びが本当に多かったが、「この先に何があるんだろう？　任期後は大丈夫であろうか？」という漠然とした不安が常につきまとっていた。しかし、その交流がベースとなり、若者との関係構築がうまくいった途端、全てが順調に動き出した。そこが私の協力隊時代のターニングポイントだったと今改めて思う。

5　遊びを地域おこし活動に変換させた若者

ようやく親しくなれた若者と川西の地で何かしらの地域おこし活動をしたかった私は、市外に出た若者が大勢帰省するお盆の時期に、若者を集めて川西でやってみたいことの話し合いをしてみた。山積する地域課題に対し、川西の若者と共に着手できるぞと意気込んでいた私だが、その目論見は大きく崩れ去った。

「泥んこバレー」「流しそうめん」といった意見が多く出た。私からすればどれも遊びである。空き家の利活用とか、鳥獣害対策とか、全国の協力隊が担っているような活動が意見として出てくることを期待していた私は、急に不安が募ってしまった。だが、話し合いが進むにつれてその不安はすぐに消え去ってしまった。

「ウチのおばあちゃん老人会の代表じゃけえ、おばあちゃんに頼んでみる」「○○ちゃんのお母さんじゃったら協力してくれると思うわ」といった意見が次々と出てきたのだ。若者の地域を巻き込む力を垣間見た瞬間であった。私は若者と何かする際は、同世代だけで楽しむものだと勝手に思い込んでいたが、若者は他世代を自然と巻き込める力を備えていたのだ。すでにこの時点で前述したアウェイ感は払拭されていた。地元で楽しいイベントを企画するというワクワク感の方がすでに高まっていた。

流しそうめんイベント参加者一同での記念写真。若者を中心に、保育園児から80代の方々まで全ての世代がイベントを楽しんだ

流しそうめんイベントの様子。竹の提供や組み立て、食材の下準備等では若者の親世代以上の方々にも協力いただいた

若者が企画した数々の遊びにおいて、保育園児～80代までの全ての世代を巻き込み、特に20代においては50名近くを集めた流しそうめんのイベントは圧巻だった。

「この内容なら多くの人が参加して楽しんでくれる」「その内容だと多くの参加は厳しいかもしれない」という判断は、私のような移住したばかりのヨソ者にとっては至難の技であったが、若者はパッと判断し、見事に人を集めてしまったのだ。ここまで幅広い世代の地元住民や、都市部在住の出身者などを集めることは、私の力だけでは絶対に無理なことであった。

私の頭の中では、遊びと地域おこしは相反するものと捉えられており、真剣な顔をして地域課題に取り組むことが地域おこしと考えていた。しかし、その考えを貫いていたら多くの住民、そして若者と共に活動することはできなかっただろう。私は若者から重要な学びを得た気がする。

「若者と現役世代の交流」「都市農村交流」「子どもの自然体験」など、地域おこしにおいて重要な要素が若者の企画にはふんだんに盛り込まれており、〝遊び〟も立派な地域おこしであると思い知らされた。地域で活用できる資源や、幼少期に地域で遊んだ記憶、賛同してくれる友人知人などが頭の中に全て入っている若者は、地域おこしの要素を無意識に盛り込みながら、遊びを〝遊び〟へと変換させる力を秘めていたのだ。

6 親や祖父母の背中を見ていた若者

〝遊び〟に関わる若者は大きく二つのグループに分けることができた。一つは私と共に企画運営にも関わるコアメンバー。もう一つは、当日のイベント参加やSNS発信をチェックし、たまに書き込みや〝いいね〟を押してくれるグループ。

「関われる範囲で楽しく関わる。無理強いはしない」が暗黙の了解となっており、二つのグループは絶妙な距離感のまま活動は行われていった。コアメンバーの大半は広島市内や大阪などの在住者で、帰省したタイミングで様々なイベントを仕掛けた。打ち合わせなどはＬＩＮＥやフェイスブックなどのＳ

NSで済ませるなど、イマドキの若者のスタイルそのままであった。

「○○実行委員会といったものを立ち上げた方が良いかな」と、私は当初勝手に思っていたが、結果としてユルやかなつながりのまま活動したことが、多くの若者を巻き込めたことにつながったと思う。そもそも子どもたちの遊びに実行員会も役員も存在しない。遊びには当て職もないし、強制的な参加もない。当たり前のことであるが、当時の私はその当たり前に疑問を抱くこともなく、凝り固まった考えをしていた。私が思うままに指揮をしていたら活動は頓挫していたかもしれない（つくづく当時の私は頭が固かったと思う……）。

この二つのグループの様子を観察していて気付いたことがある。「仕事忙しいのに参加してくれてありがとう」「子育て大変なのに協力してくれてありがとう」「フェイスブック見てくれてありがとう」といった感謝の気持ちを、コアメンバーは後者の若者に対し常々口にしていたのだ。例え小さな協力であっても、感謝の気持ちをコアメンバーは忘れなかった。この姿勢こそが地域おこし活動の輪を広げているのだろうと感じながら、一方でこの素晴らしいリーダーシップはどこで育まれたのだろうと疑問に思った。

因果関係こそまだ明らかにできていないが、注目すべき共通点があった。コアメンバーの親や祖父母が、地域おこし現役世代の主力であることだ。父親が町内会長、母親が自治組織の役員、祖父母が老人会や郷土史会の代表といった感じだったのだ。私と一緒に汗を流してくれたコアメンバーの若者は、親や祖父母の背中を見てリーダーシップを育んだのではないだろうか。

コアメンバーと過ごす月日が経つにつれて、私が本来関心を抱いていた様々な地域課題についても耳を傾けてくれるようになったし、一緒に悩んでくれる者も出てきた。私はそれが本当にうれしかった。「20～30年後、この若者たちが地域を担っていくのかもしれない」という希望を持てた瞬間だった。

7 〝遊び〟から次のステップへ

私が協力隊の任期を終え、青森の地へ移ってからも、数名のコアメンバーが地元川西へのUターンを果たし、元々地域に残っていた若者と連携する形で様々な活動が展開されていった。私も青森にいながらコアメンバーとは今でも連絡交換をしている。

最近は「最近は野口くんがおった時よりかは、ペースダウンしてるかもしれん」という声を聞いた。しかし、私としてはあまり心配をしていない。

地域活動の仲間と結婚し家庭を築いた者もいれば、他の地域で武者修行するような形で自ら協力隊になった者、川西にて整骨院を開業し地域貢献をしている者、川西にて農業を営んでいる者、祖父の空き家にUターンしアーティスト活動を展開する者などなど。様々な形で各々が地域に関わりを持ち始めている。地域の現役世代に交じって活動する者も出始めている。

短い期間ではあったかもしれないが、自らが中心となって〝遊び〟という地域おこし活動をした経験が、若者の心の中に共通して存在していることだ。これが何よりも私の安心材料である。何かしらの大きな地域課題に直面しても、きっとその経験は大いに活かされるに違いないと。2018年夏、中四国地方を襲った集中豪雨の際、川西の若者のＳＮＳ上のやり取りを見てそれは確信に変わった。

8 全国の協力隊、そして若者へのエール

私は今現在、大学で地域課題解決論という授業を持っている。地域課題の解決に興味がある学生が多数受講をしているのだが、それでも〝地域おこし協力隊〟の存在を知っているものは半数にも満たなかった。本校の学生の出身地は青森県および近隣県が大多数を占めるという性質上、大半の学生の地元は過疎自治体にある。そのため、多くの学生の地元で協力隊が活動をしていることになる。しかし、地元で活動をしている協力隊と出会ったことがある学生はほぼ皆無の状況であった。

私の見えている範囲で一般論として語ってしまうのは乱暴かもしれないが、大学生を含む多くの若者は協力隊を知らない。地方の若者であっても知らない。この現状を踏まえ、全国の協力隊と若者に対し伝えたいことがある。

協力隊の方々には、ぜひとも地域の若者に目を向けて欲しいと思う。いずれ心強い味方になってくれるはずだ。もし若者と知り合えたら、〝遊び〟を出発点に何かを始めてみることをお勧めしたい。

この本を手にとってくれた若者に対しては、勇気を出して協力隊に歩み寄って欲しいと思う。地元のために何かしたいという気持ち、地元にＵターンしたいという気持ち、ヨソ者だけどその地域が好きだという気持ち、そのような気持ちを持った若者に対して、協力隊はきっと心強い味方になってくれるはずだ。

総括

第III部

制度10年
地域の変化と協力隊のあゆみ

第1章

協力隊の実態と制度の展望

●小田切徳美（明治大学）

1　田園回帰の重層性──三つの田園回帰

「田園回帰」傾向が、2005年に、『若者はなぜ、農山村に向かうのか』（『現代農業・増刊』）により指摘されてから久しい。

この間、各種のデータにより、この動きの深まりが指摘されているが、2018年に公表された総務省「『田園回帰』に関する研究会」報告書による分析は、国勢調査という全数調査によるものだけに、その信頼性は高い。そこでは、調査時点で過疎地域に居住し、5年前には大都市部（三大都市圏及び政令指定都市）にいた者を「移住者」と把握して、地区単位（2000年4月段階の市町村―平成の大合併の前のもの）にその人口や属性等が把握されている。

その結果、「移住者」が増えた地域は、2000年～2010年では108地区（過疎地域の地区の7・1％）であったものが、2010年～2015年には397地区（同26・1％）に増加している。この傾向は、特に人口規模の小さな地区で顕著であり（2010年～2015年）、人口2000人以下の地区では36・3％で増加が見られたのに対して、人口2万人を超える地区では20・0％に過ぎない。

また、それを地図上で見ると、上記のことと関連して、離島や県境地区、つまり遠隔地で移住者の増加が確認できる。まさに「田園回帰」である。とはいうものの、この現象には地理的な「まだら」傾向も顕著であり、従来からも指摘されている地域的偏在傾向を維持したままで田園回帰は現在も進展している。

しかし、この「田園回帰」は、必ずしも農山村移住という動向だけを指す狭い概念ではない。移住者のみならず、地域やさらに国土全体にもかかわる概念であろう。そこで、筆者を含めた共同研究（小田切・筒井編『田園回帰の過去・現在・未来』農文協、2016年）により作成したのが図1である。これは、「田園回帰」を三つの重層的な概念と認識し、さらに図式化したものである。その「三つの田園回帰」とは次の3点を指しており、①が先に見た移住であり、それは狭義の田園回帰と言えよう。そして、②と③はより広義の概念である。

①人口移動論的田園回帰
②地域づくり論的田園回帰

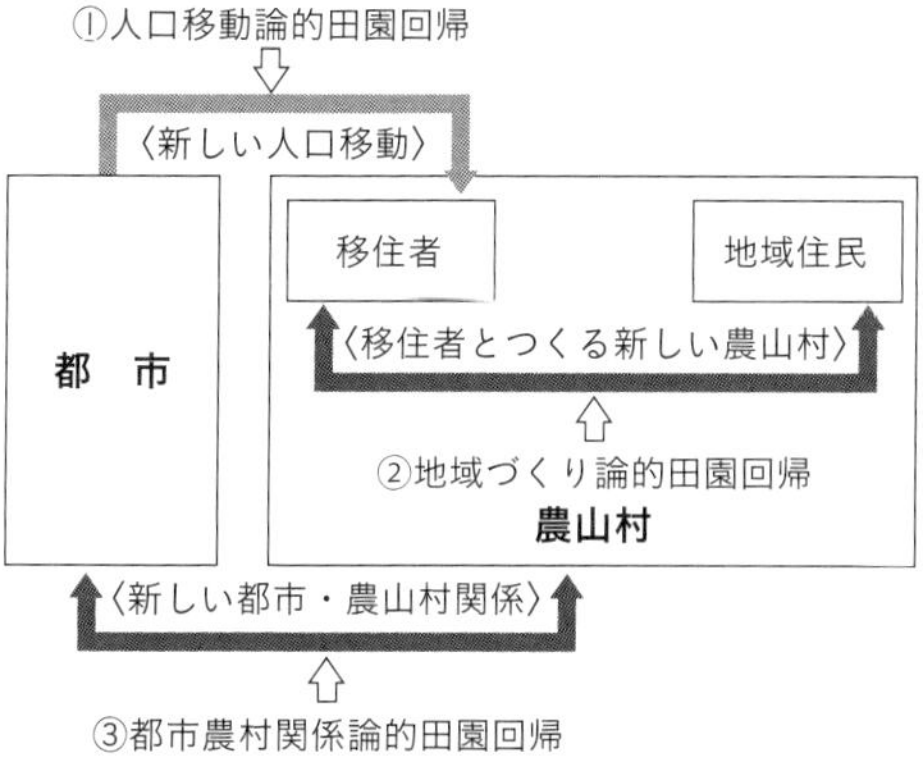

図1　三つの「田園回帰」（概念図）

③都市農村関係論的田園回帰

②の地域づくり論的田園回帰は、移住者が地域の人々とともに新しい農山村をつくりあげるという意味での「田園回帰」である。それは、従来から「地域づくりなくして移住者なし。移住者なくして地域づくりなし」という関係性が言われていたことと関連している。

例えば、移住先発地域の和歌山県那智勝浦町色川地区（約40年前より移住が始まり、現在では地区内の45％の人々が移住者となっている地域）では、自らも移住者である同地区の地域リーダー・原和男氏は、「人の思い・人のエネルギー・地域の雰囲気とでも言おうか。人が化学反応を起こすわけだ。山里の空間や地元の人が持っている魅力とそれに惹かれてやってきた人たちのさまざまな色のエネルギーがまた新たな魅力となって人を呼ぶ」（前掲『田園回帰の過去・現在・未来』の原論文）と指摘する。さらに「若者が本当にその地域を好きになったら、仕事は自分でも探したり、つくり出したりする。その地域にとって、まずは、地域を磨き、いかに魅力的にするかが重要だ」と主張する。

これは、田園回帰と地域づくりの関係を端的に表現しており、冒頭の国勢調査分析結果でも紹介した地方移住者数に大きな地域差があることの背景を示唆している。田園回帰の地域差は移住者に対する呼び込み施策の差違、とくに保育料や医療費、あるいは起業資金支援などの金銭的メリット措置の差異として、説明されることもある。ところが、そのような条件は多くが平準化していくものであり、説得的ではない。むしろ、先の原氏が指摘している「地域の雰囲気」の良さやそれを的確に移住候補者に届けることができたのか否かに起因していると考えられる。魅力的な地域に移住者が集まり、それが地域差として表れている可能性が強い。

つまり、地域づくりが農山村移住を促進し、農山村移住が地域づくりを支えるという「地域づくりと田園回帰の好循環構造」の構築が求められており、これこそが地域づくり論的田園回帰が意味することである。

そして、この移住者と地域づくりの相互規定関係により、磨かれた農山村は、さらに都市との共生に向けて動きだしている。これが、③の「都市農村関係論的田園回帰」である。これは「都市なくして農村なし。農村なくして都市なし」という関係性であり、相互の共生関係への接近である。

このような両者の共生関係の構築は、古くから論じられており、時には国レベルの政策のスローガンにもなっていた。しかし、最近では、現実に地域自身がその実現のために動き出している。とくに注目すべきは、都市と農村のつなぎ役として、移住者がその役割を果たすことが少なくない点である。都市生活も農村生活の両者を経験した彼らは、都市と農村のボーダーを意識することなく動き、両者をつなぐ人材として活躍し始めている。田園回帰とはこうしたより大きな動きも意味している。

このように、田園回帰は何重にも奥行きがある概念として理解すべきものであろう。表1にそれをまとめているが、「人」(①人口移動論的田園回帰)、「地

表1　三つの「田園回帰」

三つの田園回帰	視点	移住者の主な役割	「田園回帰」の定義
①人口移動論的田園回帰	人	移住者(そのもの)	狭義
②地域づくり論的田園回帰	地域	地域サポート人(協働者)	広義
③都市農村関係論的田園回帰	国土	ソーシャル・イノベーター	

域」（②地域づくり論的田園回帰）、「国土」（③都市農村関係論的田園回帰）を対象とする重層的な構造を持つ。そして、それぞれの担い手は、「移住者」（①）、地域の再生にかかわる「地域サポート人」（②）、都市と農村の関係を変える「ソーシャル・イノベーター」（③）である。

2 協力隊の実態と性格――多様性と段階性

（1）協力隊の多様性

以上で、論じたことは、実は地域おこし協力隊（協力隊）にも当てはまる。というよりも、協力隊の動きはこうした「三つの田園回帰」のむしろ中心にある。

つまり、協力隊は、それぞれの条件と意志により、「移住者」「地域サポート人」「ソーシャル・イノベーター」という三つの顔を持つ。この3者は、はっきりと分かれるものではなく、一人の協力隊が同時に複数の顔を持つものであるが、その比重によりその存在形態が異なる。その結果生じるのが、「多様な協力隊」としてしばしば論じられる特徴である。

表2は、ＪＯＩＮ（移住・交流推進機構）による協力隊アンケート結果により、応募理由を見たものであるが、複数回答でも単一回答（最大の理由）でも、選ばれた選択肢の分散傾向は大きい。特に、単一回答結果では、最大項目でも15％のシェアであり、①「自分の能力や経験を活かせると思ったから」、②「活動の内容がおもしろそうだったから」、③「現在の任地での定住を考えており、活動を通じて、定住のための準備できると思ったから」、④「地域の活性化の役に立ちたかったから」、⑤「一度、地域

（田舎）に住んでみたかったから」が10％台で並んでいる。先の「三つの顔」に当てはめれば、③⑤は典型的な「移住者」志向であり、④は「地域サポート人」志向、①には「ソーシャル・イノベーター」志向も含まれるものであろう。

このように、協力隊がそれを選んだ多様な動機は、そのまま田園回帰の多様性を反映したものと言えよう。

表2 「地域おこし協力隊」の応募理由（アンケート結果、2017年12月）

（単位：％）

順位	応募理由	最大理由（単一回答）	全理由（複数回答）
1	自分の能力や経験を活かせると思ったから	15	56
2	活動の内容がおもしろそうだったから	13	47
3	現在の任地での定住を考えており、活動を通じて、定住のための準備ができると思ったから	12	31
4	地域の活性化の役に立ちたかったから	11	48
5	一度、地域（田舎）に住んでみたかったから	10	38
6	現在の任地への何らかのつながりがあったから	8	31
7	現在の任地に誘ってくれる仲間や組織などがいたから	7	20
8	農林水産業に従事したかったから	5	12
9	地域資源を活かして起業したかったから（農林水産業以外）	4	17
10	地元（同一県内を含む）で働きたかったから	4	13
11	都会の生活に疲れたから、都会の生活はもういいかなと思ったから	3	21
12	他の就職先が見つからなかったから	1	3
―	その他	8	8
回答者数（単一回答1726人、複数回答1800人）		100	100

1. 資料＝移住・交流推進機構（JOIN）「地域おこし協力隊・隊員アンケート調査」（2017年12月実施）による。
2. アンケートの設問は「あなたが『地域おこし協力隊』に応募した理由は何ですか」である。順位は最大理由によった。

(2) 協力隊の段階性——諸事例

こうした多様性は、時間軸上で「多段階性」となるケースも見られる。つまり、協力隊自身が、「移住者」→「地域サポート人」→「ソーシャル・イノベーター」と成長し、その関心も「自身」→「地域」→「国土」とひろがる様子が一部の協力隊には現れている。

●**藤井裕也氏のケース(岡山県美作市)**

本書・第I部の事例紹介では、岡山県で活躍する藤井氏のケースが典型であろう。その活動のプロセスを表3に示した。まずは「自分を変えたい、世の中の役に立てる自分になりたい、自分の人生は自分で決めたい、という強い思いであり、その選択肢が田舎に飛び込むということであったので、明確な目標など私のなかには当初なかったと思う」(引用は本書・藤井レポート、以下同様)と論じられているように、藤井氏は移住自体を目的として、岡山県美作市の協力隊となっている。

しかし、1年間の草刈りなどを中心とする活動を経て、2年目から、市内の別の地域で本格的な地域づくり活動にかかわる、そこでは、「協力隊が地域で活動するうえで必要な受入組織ができていた」ために、あたかもそこに引き寄せられるように、活動している。ここで、氏は地域課題の解決を目指して「地域の草刈り、耕作放棄地の再生活動、空き家の調査や改修、地域にあった木工や織物、草木染めの体験、森の間伐作業などを通じて、地域でできることが徐々に増えていった。それらを組み合わせて体験イベントを実施したり、空き家を使ってシェアハウスを開設したり、地域の交流会を開いたりと様々なトライを繰り返した」と語っている。

そして、このように「協力隊としてトライ&エラーが続いたが、その中で空き家を活用してシェアハウスを開設し、多くの単身者を受け入れた経験が任期後の仕事につながっていくことになった」としているように、藤井氏を中心に、有名な「人おこし事業」（田舎での体験活動を通じたひきこもり・ニートの自立支援。地域おこしの活動をプログラムにし、地域の課題解決と若者の自立支援を促す事業）が始まる。それは、農山村の環境や困りごとと都市を含めたひきこもり等の若者をつなぎ、両者の問題を解決・改善しようとする新しい発想によるものである。まさに藤井氏が「イノベーター」としての役割を積極的に果たしている

表3　藤井裕也氏の活動とその役割

主な出来事		役割：移住者	役割：地域サポーター	役割：ソーシャルイノベーター
2011年	地域おこし協力隊として美作市に移住	○		
同年	市内上山地区での棚田の再生活動（草刈り中心）	○		
2012年	市内梶並地区での活動開始（特産品づくり、お試し住宅の運営等）		○	
同年	「山村シェアハウス」のビジネスプランが受賞（人おこし事業）		○	
2014年	協力隊任期終了、「人おこし事業」は継続			○
2015年	ＮＰＯ法人山村エンタープライズの設立（人おこし事業等の運営）			○
2016年	岡山県内の協力隊卒業生ネットワーク組織の設立・運営			○
同年	協力隊サポートデスク・相談員に就任			○

資料＝本書第Ⅰ部の藤井氏稿より作成

ことがわかる。

●多田朋孔氏のケース（新潟県十日町市）

本書には掲載されていないが、やはり著名な新潟県十日町市の多田朋孔氏の事例も紹介しよう。多田氏の多彩な活動は、氏自身による著作（多田朋孔・NPO法人地域おこし『奇跡の集落―廃村寸前「限界集落」からの再生―』農文協、2018年―同書には協力隊としての氏の活動実態やその運用・活動ノウハウにかかわる豊富な記述があり、本書の読者にはぜひお読みいただきたい）をはじめ既に数多くの文献等に取り上げられている。その活動のプロセスは概ね以下の通りである。

氏の移住先である同市池谷集落は1960年には37世帯を擁する中規模な集落であったが、人口流出が進み、2004年の中越地震時には8世帯、人口22名、高齢化率62％の小規模高齢化集落となっていた。そこに2004年の中越地震が直撃した。幸いなことに人的被害はなかったものの、農地や集落道、神社などに大きな被害が出た。

それに対して、支援に乗り出したのが海外の紛争地や被災地で救援復興活動を行うNGO（NPO法人）であった。この団体は、池谷集落の廃校となった小学校（分校）を拠点として全国からボランティアの受入を行った。そして、このボランティア活動に参加していた一人が多田氏である。多田氏は、この集落を知るにつれ、「この集落で行われていることは、抽象的な理想論ではなく、活動が具体的で地に足がついている」と思うようになり、また、地域のリーダーの言う「ここでの取組は日本の過疎の問題、農業の問題、食料の問題に立ち向かうつもりでやっている」という発言を聞き、「自分がやりたいことはこれだ」と移住を決断し、2010年には家族と集落内に転居した。

移住後、氏は十日町市の地域おこし協力隊として、池谷集落を含む飛渡地区（合計14集落）の地域づくりサポートを担当した。池谷集落では、集落再生ビジョンづくりにかかわり、その流れでビジネス・コンペへの応募（六次産業化が内容）や集落メンバーとその関係者によるNPOづくり（特定非営利活動法人・十日町市地域おこし実行委員会）のために奔走した。

その間、このような地域活動に触れ、「こんな素敵なところに住みたい」「なりたい大人として憧れる」と2名の女性が2011年に移住した。その結果、震災後にはさらなる人口減少で6世帯13人まで縮小していた集落規模は11世帯23名となり、年少人口（0～14歳）割合は26・1％まで回復した。このことから、池谷集落は「『限界集落』を脱した『奇跡の集落』」と呼ばれるようになり、その挑戦はしばしばマスコミでも報道されている。

こうして再生が始まった集落では、その後、設立されたNPOを中心に、米の直売事業や加工品づくり（おかゆ、干し芋）、体験型イベントの実施、また若い農業インターンの受入やそのための後継者住宅の建設・運営等に取り組んだ。さらに2014年からはNPOが生産主体となり、稲作も開始している。多田氏はそのNPO法人の事務局長として諸活動を支えている。

このように、多田氏の移住は、震災の被災から立ち上がった地域の姿に影響を受けている。困難な中でも前向きな集落の魅力が、氏と家族を呼び込んだのであろう。それと同時に、多田氏の移住が集落を変えるという逆の効果も確実に見られる。移住という「人」の動きから、「人」を含めた「地域」の動きにつながっているのである。その中で、多田氏は移住者から地域づくりの協働者とそのポジションを変えている。

しかし、多田氏の活動はそれにとどまらない。池谷集落での経験を他の地域にも広げる活動に乗り出している。以前より、農水省や総務省に登録された「アドバイザー」として、他の地域へのコンサルテーション活動はしていたのであるが、2016年には、「ビジネスモデルデザイナー®」の認証を受け、地域づくりの本格的なアドバイザー活動を始めている。先に紹介した氏の著書もこうした活動の一環として著されたものである。

都市の生活や仕事と農山村の資源や集落で暮らしの両者の認識と経験を持つ者として、独自のポジションからの活動と言えよう。それは、地域づくりのサポート人を越えて、都市と農山村を結び、両者の共生社会形成の契機を主導する可能性がある。つまり、ここでも田園回帰は、地域づくり論的田園回帰の段階から都市農村関係論的田園回帰の段階へとフェーズを変えつつある。都市と農山村の両者を知る多田氏は、両者の関係をソーシャル・イノベーターとして、実践を通じて変えていこうとしている。

3　協力隊制度の位置づけと展望

本章で見てきたように、田園回帰が重層的な性格を持つように、地域おこし協力隊の仕組みは、移住を促進しつつ、そこで地域づくりとの好循環を生み出し、そして都市と農村をつなぐソーシャル・イノベーターを作りだす多面的な性格を持つ。

しかし、だからといって、すべての協力隊が上記の藤井氏や多田氏のようにこのプロセスを歩むものでもないし、その必要性もない。むしろ「移住者」として、地域資源を活用して、新しい「しごと」を作り出し、そこに定住し続けることも、協力隊やそれを経験した者の大きな目標であろう。本書・第Ⅰ部では、例えば栗山忠昭村長自らが丁寧に報告しているが、奈良県川上村では、隊員自らが構想するエコツアー、宿、家具工房などの地域資源を活用した多彩なプロジェクトが、地域からの様々な支援により、そのまま隊員の仕事となり、彼らの定住につながっている。また今治市協力隊ＯＢの重信幹広氏は、協力隊としての活動の意義は多面的であるものの、地域の人々にとっての関心は、「移住者がしっかり継続してこの地で住み続けるか否か」に集中していることを指摘し、その目線で成果を出すことの意義の大きさを論じている。重要な指摘ではないだろうか。移住促進、そしてその定住化のための協力隊制度の役割は、やはり小さくないというべきであろう。

さらに、「地域サポーター」として活躍し続けることも重要である。これにより「地域づくりと田園回帰」の好循環が生まれ、これが「人が人を呼ぶ関係」と表現されている。第Ⅰ部に登場する地域では、例外なくこうした傾向が生まれている。それは、協力隊の地域づくり活動により地域が開かれたことが要因であろう。それと同時に、その過程で協力隊本人も魅力的な存在となり、それが他の人々を惹きつけている側面もある。協力隊制度の看板である、「地域おこし」は、このようなプロセスのなかで意義ある取組である。

このように、地域おこし協力隊の制度は、隊員の意志と地域の受入の目的による、弾力的な制度の位置づけが可能である。その点を総括的に示したのが、図2である。このような協力隊のポジションの多様性により、制度としての位置づけも、「移住促進制度」であったり、「地域サポート制度」であったり、さらには地域間の交流促進を意識するより高度な「地域サポート制度」と柔軟な活用が可能となる。

そうであれば、重要なことは、自治体と協力隊を受け入れる地域や組織がどのようなタイプの制度活用をすべきかをしっかりとイメージすることであろう。特に、自治体が協力隊の任務や位置付けを明確化して、募集する際にその活動像を含めて発信することは決定的に重要となろう。別の言葉で言えば、制度が柔軟であることを利用した、意志ある活用が求められる。

最後に次の点も付言しておきたい。こうした柔軟性は制度設立時の関係者の努力と英知によるものである。それがこの制度が10年間、課題を持ちながらも、各地で前向きに利用されてきたひとつの要因と言える。

しかし、その前提には、①当時の農山村の現場からの「補助人」（サポート人）制度への強い要請の声、②当時、顕在化し始めた田園回帰の潮流、そして③大胆な制度設計を許容した政治的条件（政治の

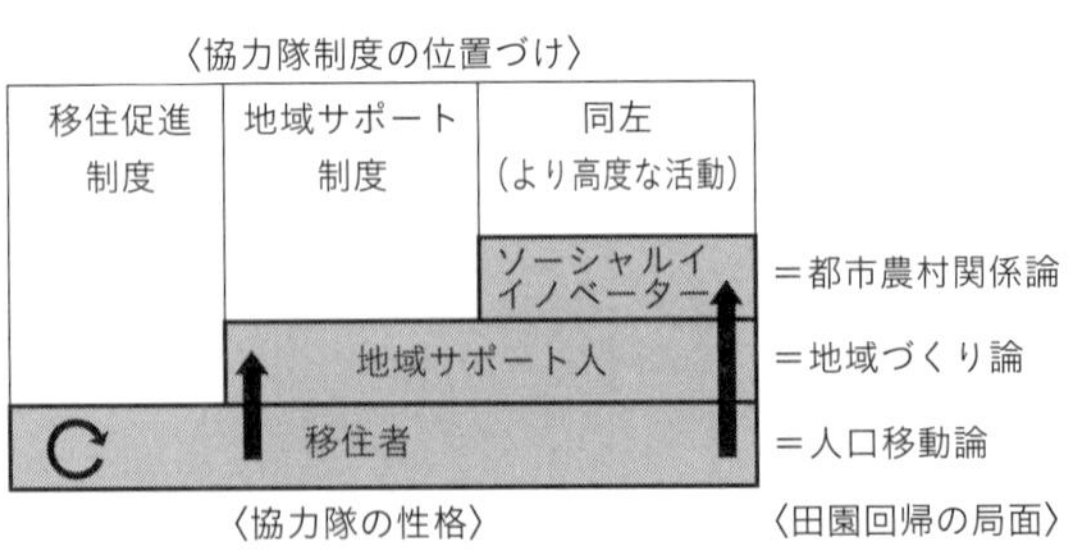

図2　地域おこし協力隊の多様性と制度

強い力）があった。筆者は、この政策の検討と決定を近い距離で見ていたが、その体験を踏まえて表現すれば、それは様々な条件が揃った一瞬の「間」を利用した「奇跡の制度」だと言える。別の表現をすれば、この制度は今、新たに創設しようとしても容易ではないであろう。

その点で、これを活用する自治体や地域の組織・団体に強く求められているのは、この仕組みを無理のない範囲で上手に活用しつつ、より良いものに育てていくことではないだろうか。それこそが、地域おこし協力隊制度のさらなる継続と拡充を支える国民的合意形成を積み上げることにつながる。制度設立10年に当たって、本書が全体を通じて訴えているのはまさにこの点にある。

第2章

協力隊制度10年の歩み、そして未来へ

●佐藤啓太郎（地域活性化センター）

２００９年度の創設から10年の歩みを振り返り、後世のために記録を残し協力隊を未来につなげることとしたい。２００８年度及び制度前半5年間の経緯は、先著『地域おこし協力隊　日本を元気にする60人の挑戦』（２０１５年）の第1章第1節「地域おこし協力隊制度はこうして生まれた（椎川忍）」中に詳細に記されているため、２０１４年度以後の経緯を中心に述べる。

なお、私は、制度創設の検討に当たり過疎対策室長として協力隊に先駆けてスタートした集落支援員制度の創設に携わった関係で検討チームにも参画した。また、14年度には制度担当の地域自立応援課長として協力隊のいわば転機に担当させていただいた。

1　隊員数3年で3倍増へ

（1）制度の浸透・普及

２００９年度にわずか89人の隊員でスタート、当初は外部人材の活用に熱心な一部の自治体と今でもオピニオンリーダー的立場にある意識の高い隊員たちのものであったが、5年目の２０１３年度には隊員数が９７８人に達し注目を集めた。そして、２０１４年６月安倍総理が山陰で隊員との懇談後、３年後３倍の３０００人への増員を指示したとの報道で自治体と国民の関心が一気に高まった。当時、私は

力隊が一部自治体の取組で終わることなく全国の条件不利地域などで普遍的に活用されるべきであり、最終的には全国に1万人程度の地域サポート人の存在が必要と考えていたため、総理のこのご指示にも驚かなかった記憶があるが、しかし、3年で3倍とはなかなか大変だということで、世の中にどうアピールするか考えた。

まず、第1回協力隊全国サミットを首都東京のシンボルである六本木ヒルズ森タワー47階で開くことにした。佐藤可士和さんや峰竜太さんそしてテレビの力もお借りした。参加者は受付に列をなし、委託業者の受付体制は破綻した。開始時間は遅延、大臣の次の日程に影響を与えてしまったのもほろ苦い思い出である。翌第2回は関西圏での機運醸成のため神戸サミットとした。残念ながら実施時は私の手を離れていたが、イベントだけでなく各大学をキャンペーンで巡るなど関西でも協力隊を大いにアピールできた。

以後のサミットは東京圏への流入超過が国家的課題とされ、東京で開催され続けている。それも結構ではあるが、北海道は札幌、東北は仙台、中部は名古屋、西日本は京阪神、九州は福岡の圏域への集中が課題との声も聞く。隊員が集まらないという課題があるなか、8000人という新たな目標を掲げた国には、東京以外でのアピールが必要と申し上げたい。

(2) 定住に向けた仕事の確保——起業支援

さらに、魅力ある協力隊とするためには、定住に向けての仕事の確保、特に起業が重要と考えた。地域資源を活かした起業はまさに地域にとっても大いにプラスとなる。2015年度の予算要求で起業に向けた「ビジネススタートアップ事業」（2016年度からは「ビジネスアワード事業」に発展）を検討していたところ、起業支援の特交措置創設の提案があり、地財措置と国の予算の双方で起業支援を行うこととなった。さらには、クラウドファンディングの活用による資金調達の仕組みづくりを提案、これは後任の課長の努力で「クラウドファンディング官民連携事業」として実を結んだ。

こうした取組は大いに効を奏し、隊員数は3年後を待たず2016年度で3倍以上の3978人、2017年度4830人に達した。なお、隊員の地域への定住率6割は増加後も維持できている。

2 課題の顕在化と対策

一方、隊員と受入側のミスマッチによる任期終了予定時期前のリタイアの増加などの課題がより顕在化した。私は受入自治体向け研修会を東京1ヵ所から全国8ブロックでの開催に拡大、さらに、よりきめ細かく隊員や自治体の悩み相談に応ずる体制として、サポートデスクの創設を図った。2016年9月、「地域おこし協力隊サポートデスク」は八重洲の「移住・交流情報ガーデン」内に開設、隊員には隊員OB・OGの専門相談員が、行政には行政相談員が多様かつ深刻な悩み相談に対応している。もっとも協力隊制度は地域の事情に応じて弾力的に運用可能に設計されていることから、正答の用意は難しいが、事例も蓄積され、案件に応じた事例の紹介などにより協力隊の活動の円滑化、ミスマッチの解消等に役割を果たしつつある。

さらに、重要と考えるのは協力隊OB・OGのネットワークづくりである。今でも覚えている光景がある。協力隊の初任者研修で交流会終了後、ある村の隊員が呆然としている。聞けば「9時から5時までデスクワークで地域との関わりが希薄。不自然に感じていたが、他の地域の隊員と交流して極めて環境が異なることがわかった」という。悩みごとがあっても慣れない土地で自治体職員にもなかなか相談しにくい、そういった悩みをぶつけ合い、経験・ノウハウを共有して活動、定住、起業・就業していく、そのためのネットワークは大変有用である。

かつて草の根の動きとして広島の神石高原町や鳥取の日南町の努力で「地域サポート人ネットワーク全国協議会」が存在していた。そのなかで小田切徳美先生たちの「知恵袋の会」が協力隊のあらゆるステージでの研修などに力を注がれた。協議会は残念ながら全国的な展開を実現できず、2017年度を最後に解散したが、今、岡山県や島根県など県単位で始まった隊員OB・OGのネットワークづくりの動向に注目している。OB・OGのつながりについては国の言う現役隊員への支援はもちろん、行政からの支援が現役時に比べ一気に減少するOB・OGにとっての支えとなるであろう。地域づくりのポイントは人をはじめ多様なものが横につながることである。ネットワークづくりの重要性を訴えたい。2018年度JOINはそのための調査事業を行っている。

3　起業志向の高まりとそれに伴う課題

JOINでは隊員の起業志向の高まりを受け、2017年度から隊員の定住に向けた起業支援研修を体系化した。企業会計、マーケティング、ファイナンスの基礎知識（基礎編）からビジネスプランの読解・作成、さらには即起業につなげられるビジネスプランのブラッシュアップの個別指導まできめ細かなメニューを用意している。

受講希望者は多く、特に基礎編は定員の2倍を上回る申込があった。しかし、申込者の中には、協力隊としての活動期間が半年に満たない者が多数存在することに気づいた。起業志向の高まりが、実は、まず起業ありきで協力隊の本分である地域協力活動を軌道に乗せる前に一目散に起業に走り出していないか懸念を抱いた。協力隊の起業は地域協力活動を通じて生み出されることが理想である。地域との関係形成も不十分なまま自らの起業だけに突っ走る姿は協力隊に求められるものではない。

また、一口に起業といっても本格的な起業から趣味的な起業まで様々だが、業を起こす以上相当な覚悟が必要である。協力隊の起業にビジネスプランなど不要といった暴論に出くわすこともあるが、学びを通じてしっかりしたビジネスプランを策定する必要があると申し上げたい。

4　協力隊制度を未来へ導く三つのモデル

（1）多数の隊員を的確にフォロー（大分県竹田市）

先日、大分県の竹田市を訪れた。市は3〜4年前に協力隊を50人受け入れるとぶち上げた。国の担当課長としてはうれしいような心配なような、2万人余の市でそれだけの隊員のサポートができるのだろうか、人数合わせで廃校舎活用のアーティスト村をつくるだけではないのか、その時点では大変心配した。

しかし、現在40人程度の全国最多規模の隊員数を誇る竹田市の取組を見るに、取り越し苦労であった。活動分野は20ジャンルにのぼり、芸術関係に加え、畜産ヘルパー、子育て支援、地域福祉、観光振興、文化施設の企画運営など多岐にわたる。市民の劇団の活動が協力隊その他の移住者の支援で20年ぶりに復活するなど、まさに「地域を変えた」「地域を取り戻した」協力隊の姿がここにある。

そこには40人にも及ぶ隊員のフォロー態勢が確立されていることが背景にある。協力隊カルテを活用した年間複数回の個人面談、定住支援員や集落支援員との連携、市民とのコミュニケーションのための活動報告会などのきめ細やかな取組で定住率6割以上を達成している竹田市は、国が隊員数の大幅増を目標に掲げ、全国で協力隊の普遍化を図ろうとする中で大いに注目すべきモデルである（183ページのレポートも参照）。

（2）住民とともに地域とともに（奈良県川上村）

当初フリーミッション型で名を上げた奈良県川上村の協力隊の活動報告会。私もたびたびお招きいただいているが、村民の4人に1人が集まってくる。2013年の1期生6名の隊員で1300人の村の空気が変わった。

村長は「協力隊を入れるべきか否か、それは村民の子や孫が村に残ってくれたら、あるいは帰ってきてくれたらどんなに喜ばしいことか。しかしそれがかなわないなら他人でもいい。村に愛着をもってもらえる若者に定住してもらって家族のようになってもらえればいい」という。村では、農家民宿を起業した隊員のサポートは村会議長が行っている。隊員同士で結婚しまもなく出産、議長の最近の日課は子守りだという（73ページのレポートも参照）。

（3）集落支援員との連携、受入の下地づくり（山形県鶴岡市）

集落支援員制度は協力隊制度発足の前年2008年度に創設、2017年度では専任1195人、兼任3320人の集落支援員が全国で活動、協力隊と共に全国で定着した人的地域サポート施策である。

鶴岡市は中山間地域の過疎対策の重点エリアに専任の集落支援員を配置、住民同士の話し合いを通じて集落ビジョンを策定し、住民主体の実践的活動を支援している（寄り添い方支援）。こうした動きのなかで、集落で一緒に汗を流す外部のパートナーを求める声が上がり、協力隊の導入に結びついた。協力隊受入の下地づくりを住民と集落支援員が協働して行った鶴岡市の協力隊の活動は充実、任期終了後も定住、「二度選ばれる地域」として理想の姿を示している（40ページのレポートも参照）。

5　岐路に立つ協力隊の未来

地域おこし協力隊制度は、都市から地方への要件に沿った「住所の移転」と「地域協力活動の委嘱」があれば成立する極めてシンプルな仕組みである。したがって「地域協力活動」の内容如何は受入自治体が判断決定するもので、単に個人の起業に向けた準備期間の準備活動であっても、予算の議決を経て

「地域協力活動」として委嘱すれば「地域おこし協力隊」として成立し得る、実に弾力的な制度である。しかし、定住に向けて起業準備に専心するあまり、隊員が地域との関わりを希薄にすることとなれば、いやしくも租税を原資として財政措置が講じられる地域おこし協力隊と認めるべきものかどうか慎重に考えなければならない。地域にわき目もふらず起業に邁進する隊員はこの仕組みが予定するところではない。

地域おこし協力隊制度は、もちろん隊員個人の人生を実りあるものにするために存在しているが、第一には「地域」のためのものでありそこで暮らす人のためのものである。このことを今一度肝に銘じて関係者がさらに奮闘いただければ幸いである。

資料・データ

第IV部

協力隊の実態と課題への対応

資料1

現役隊員の実態

――平成29年度地域おこし協力隊員向けアンケート結果から

●一般社団法人　移住・交流推進機構（JOIN）

一般社団法人移住・交流推進機構（JOIN）は、地方へ移住・交流を希望する方へWEBなどでの情報発信により、都市から地方への移住・交流を推進し、人口減少社会における地域の振興に寄与することを目的に活動している組織である。

地域おこし協力隊制度が、地域力の維持・強化および地方への移住・定住を促進する取組であることから「制度を導入している自治体」と「隊員希望者」とのマッチング支援や「隊員」を対象とした起業支援研修を開催するなどの支援を行っている。また、活動支援の一つとして、隊員の現状を認識し全国へ周知するために平成24年度より隊員を対象にアンケートを実施している。アンケートによって得られた回答内容の経年変化や現在協力隊として活動している隊員の現状を以下述べていく。

●地域おこし協力隊に応募した理由（図1）

「地域の活性化の役に立ちたかったから」や「自分の能力や経験を活かせると思ったから」は全体の割合としては多いが、減少傾向となっている。その一方で、「誘ってくれた仲間の存在」「地域とのつながりがあった」との回答割合が上昇している。

●募集情報や地域の情報の入手方法

情報の入手手段は自治体のホームページが48％、ＪＯＩＮのホームページが34％と割合が高い一方で、年々割合が低下してきている。移住に関するフェア・イベントや家族などから情報を得た割合が年々増加しており、ＷＥＢ上だけでなく人を介して情報収集を行う隊員が増えている。

平成29年度地域おこし協力隊アンケート結果

対象：全国の地域おこし協力隊員
調査時期：平成29年11月16日～12月8日
調査方法：自治体を経由し隊員へ調査票データを配布し、メールにて隊員から直接回収

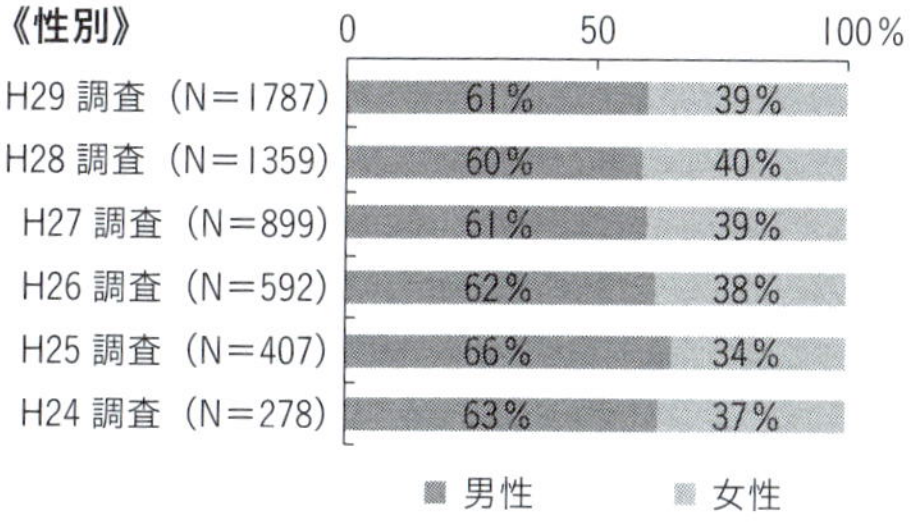

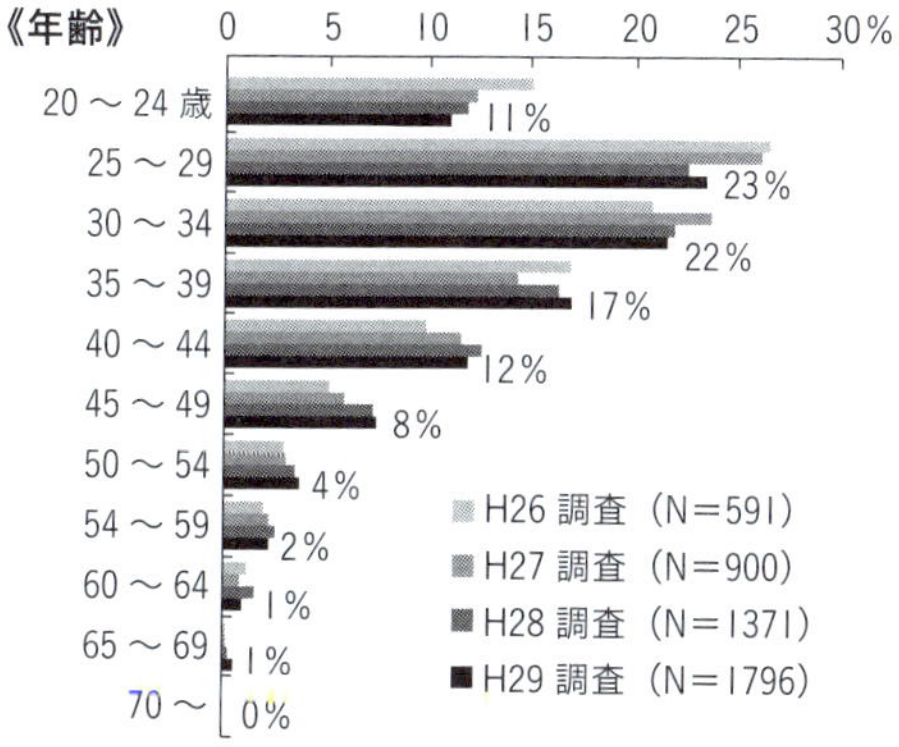

回答者の属性

●地域おこし協力隊として取り組んでいる活動

活動の内容としては地域行事や集落活動の支援といった「地域コミュニティ活動の支援」が57%と最も高い結果となり、また最も多くの時間を割いていることとしては「情報発信やPR活動」が最も高い。過去の調査では、「農作業支援、耕作放棄地再生、畜産業支援、林業支援」や「都市との交流事業」の割合が多かったが、近年は、地域メディア、インターネットなどを使った「情報発信」や、外からの目線で移住者のサポートを行う「移住コンシェルジュ」が増加している傾向にある。

71%の隊員が、行政の担当職員と定期的な活動報告やミーティングを行ってい

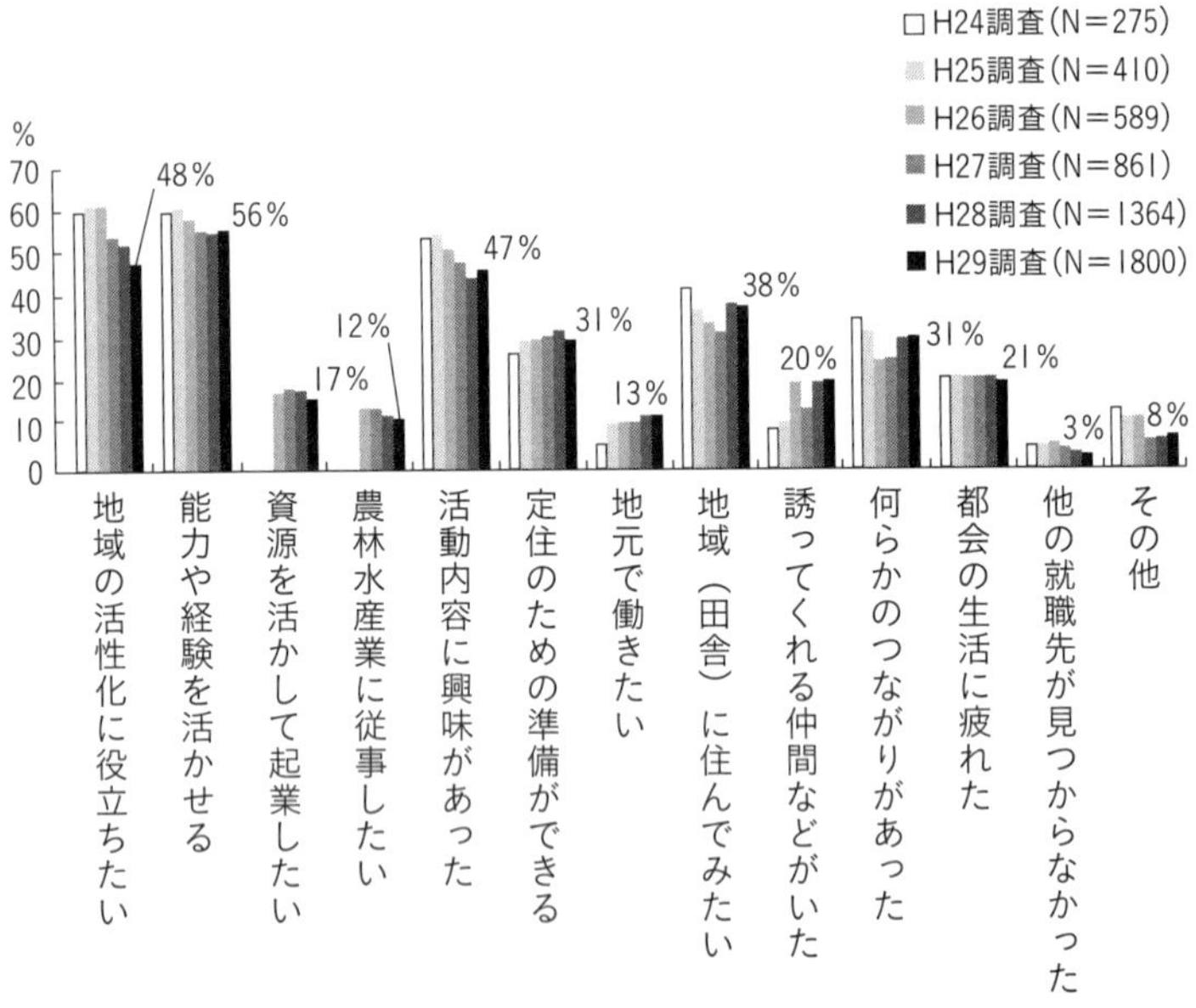

図1　地域おこし協力隊に応募した理由

ると回答している。活動に関する日々の相談相手としても、行政職員と回答した隊員が79%となっており、行政職員との連携が重要であることを示している。相談相手としては、同じ市町村の地域おこし協力隊員及び他の市町村の地域おこし協力隊員と回答した隊員が67%となっており、隊員同士のネットワークづくりの重要性が伺える。

●地域おこし協力隊の兼業・副業の経験（図2、図3）

兼業・副業をしている、もしくはしていた割合は44%で、兼業・副業を行う理由としては、任期終了後の起業・事業化のステップアップとするためと答えた隊員が71%と最も高い結果となった。また、兼業・副業をしたいができないと答

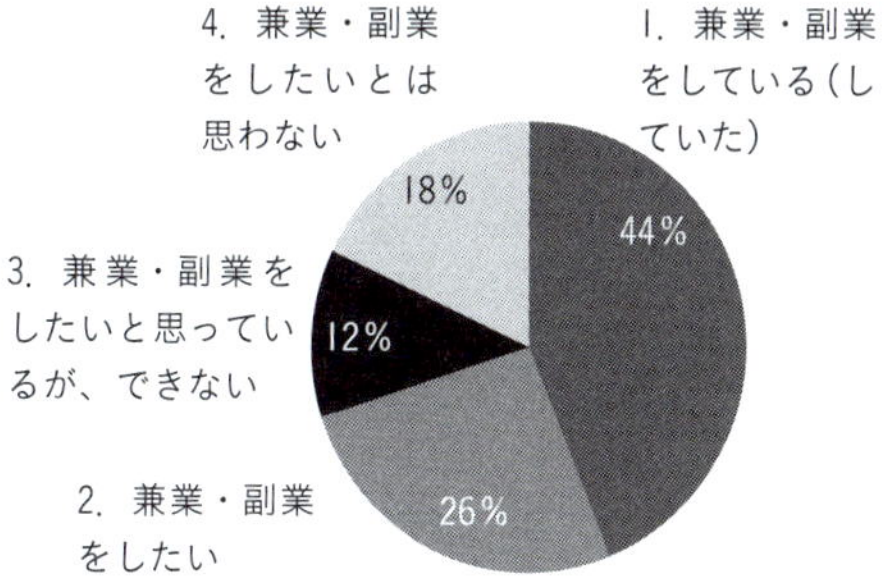

図2　兼業・副業の有無

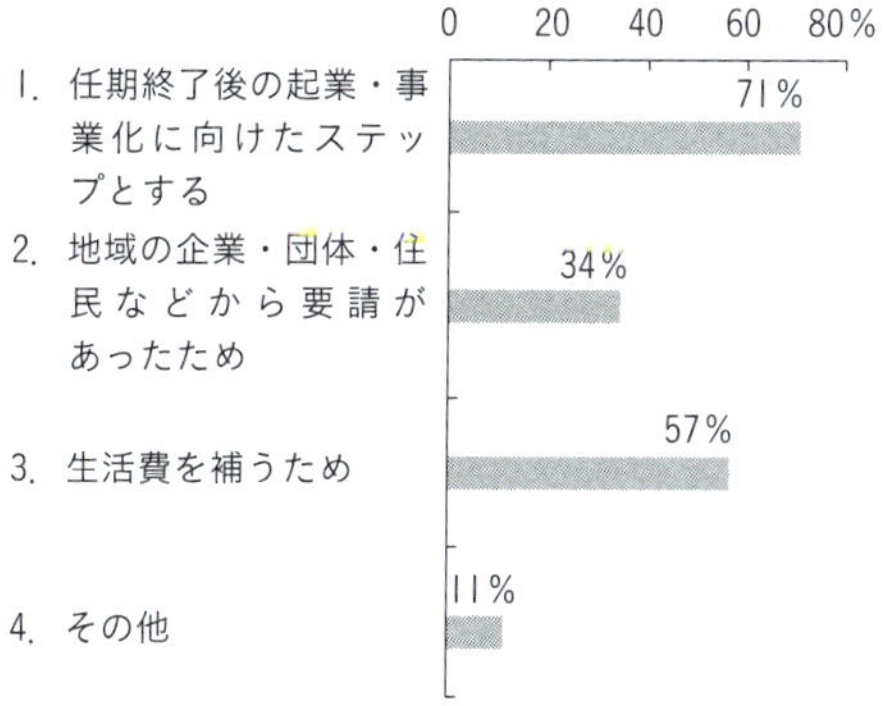

図3　兼業・副業をする理由

えた隊員が12%で、理由としては制限があり許可を得ることができないが35%、制限はないが何らかの理由で許可を得ることができないが24%といった結果となっている。

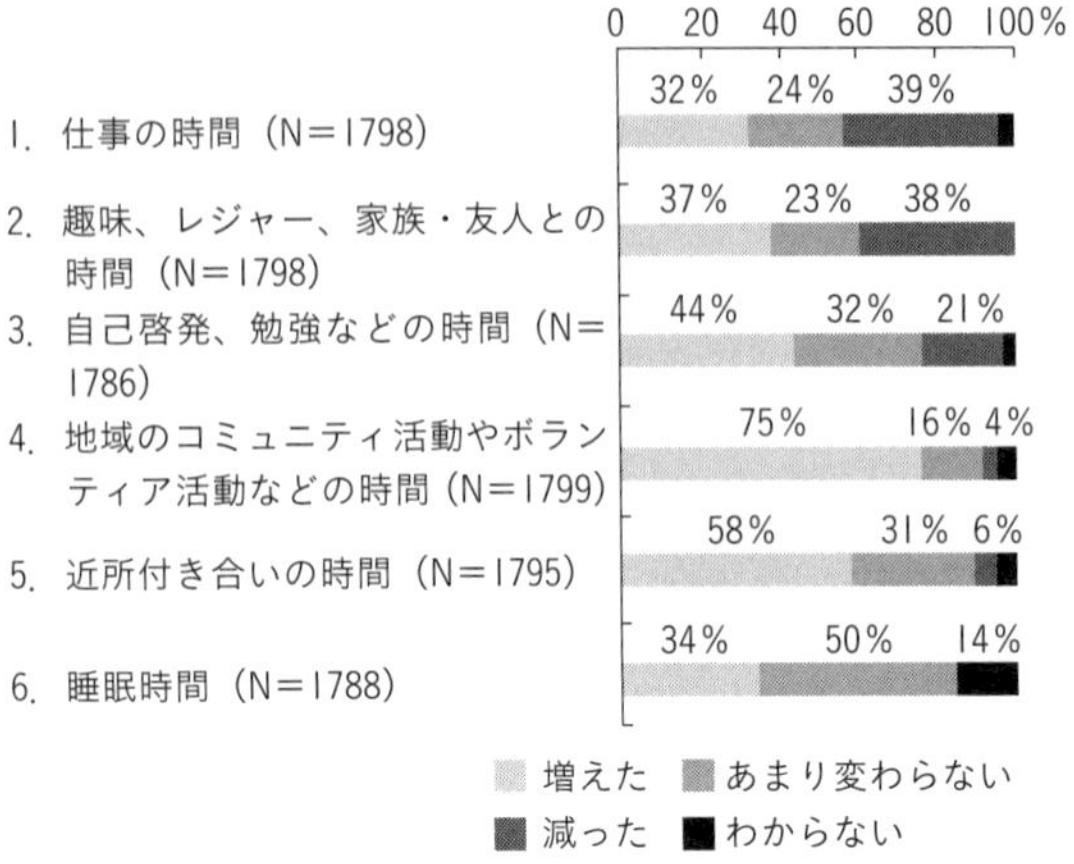

図4　赴任前と比較しての時間の使い方の変化

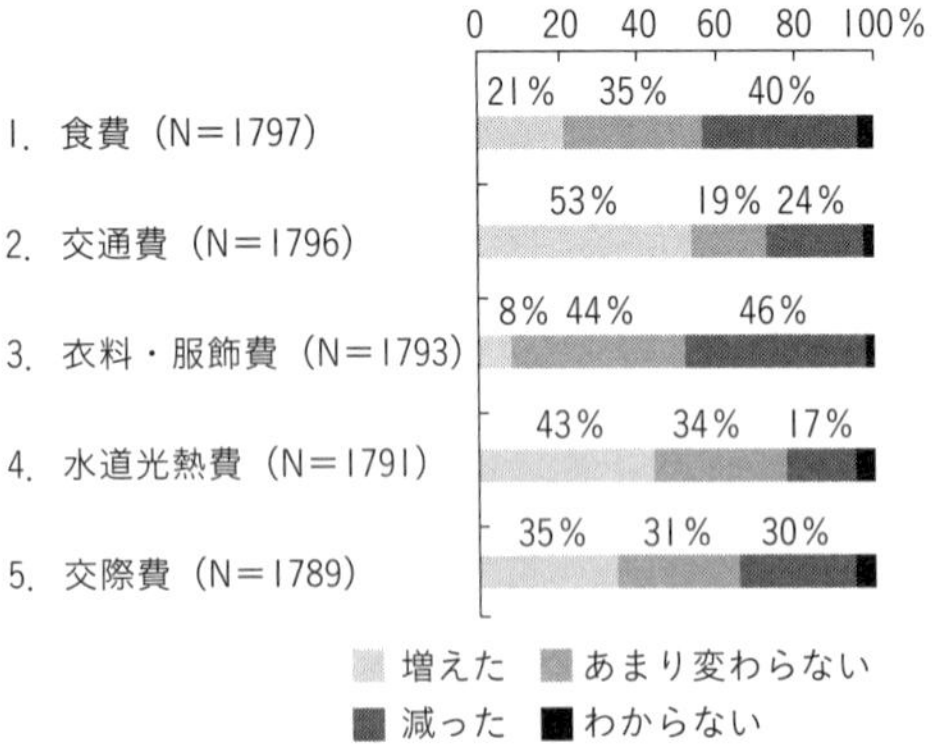

図5　赴任前と比較しての生活費の変化

●地域おこし協力隊の生活の変化（図4、図5）

着任前と比較して、時間の使い方の変化としては地域のコミュニティ活動やボランティア活動や近所の付き合いの時間が増えたと回答した隊員が多い。

生活費の変化としては、食費や衣料・服飾費は減ったと回答した隊員が多い一方で、水道光熱費や交際費が増えたと回答した隊員が多い。

●今後の活動・定住に向けての課題（図6）

今後の活動に向けての課題として、「活動目的、活動内容の具体化、明確化」が38％と最も高い結果となっている。行政職員や受入地域と合意形成を図り、活

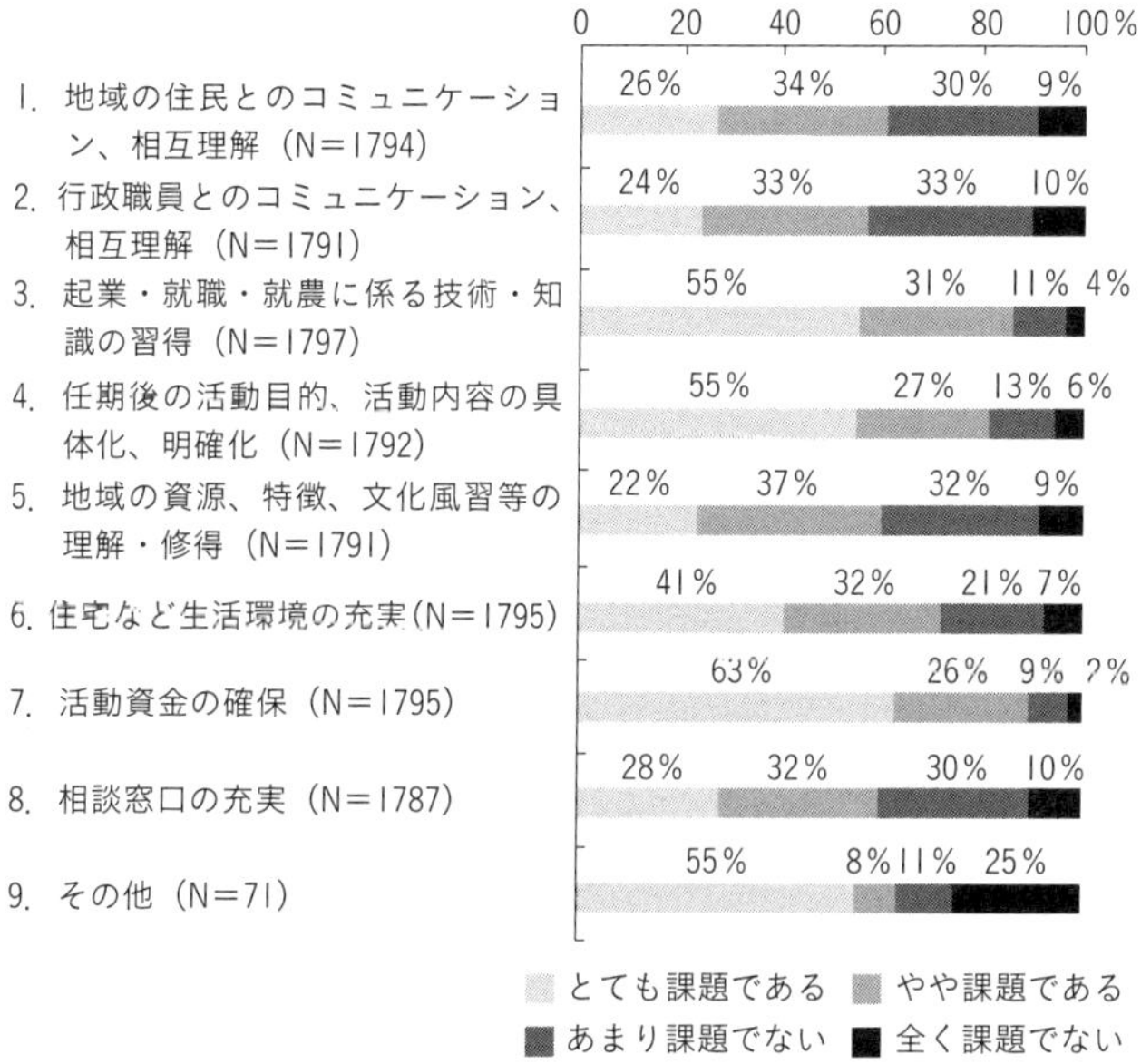

図6　今後の定住に向けての課題

動の目的や活動内容を具体化することが課題となっている。定住に向けての課題としては、「活動資金の確保」が63%、次いで「起業・就業・就農に係る技術・知識の習得」「任期後の活動目的、活動内容の具体化、明確化」の順で高い結果となった。

●任期終了後の意向（図7）

任期終了後、56%の隊員が活動地域に定住する予定であると回答した。そのうち、起業したいと答えた隊員が69%であった。起業の分野としては、「宿泊業（旅館、民宿、ゲストハウス等）」「飲食料品を中心とした生産・加工・販売」「飲食業」

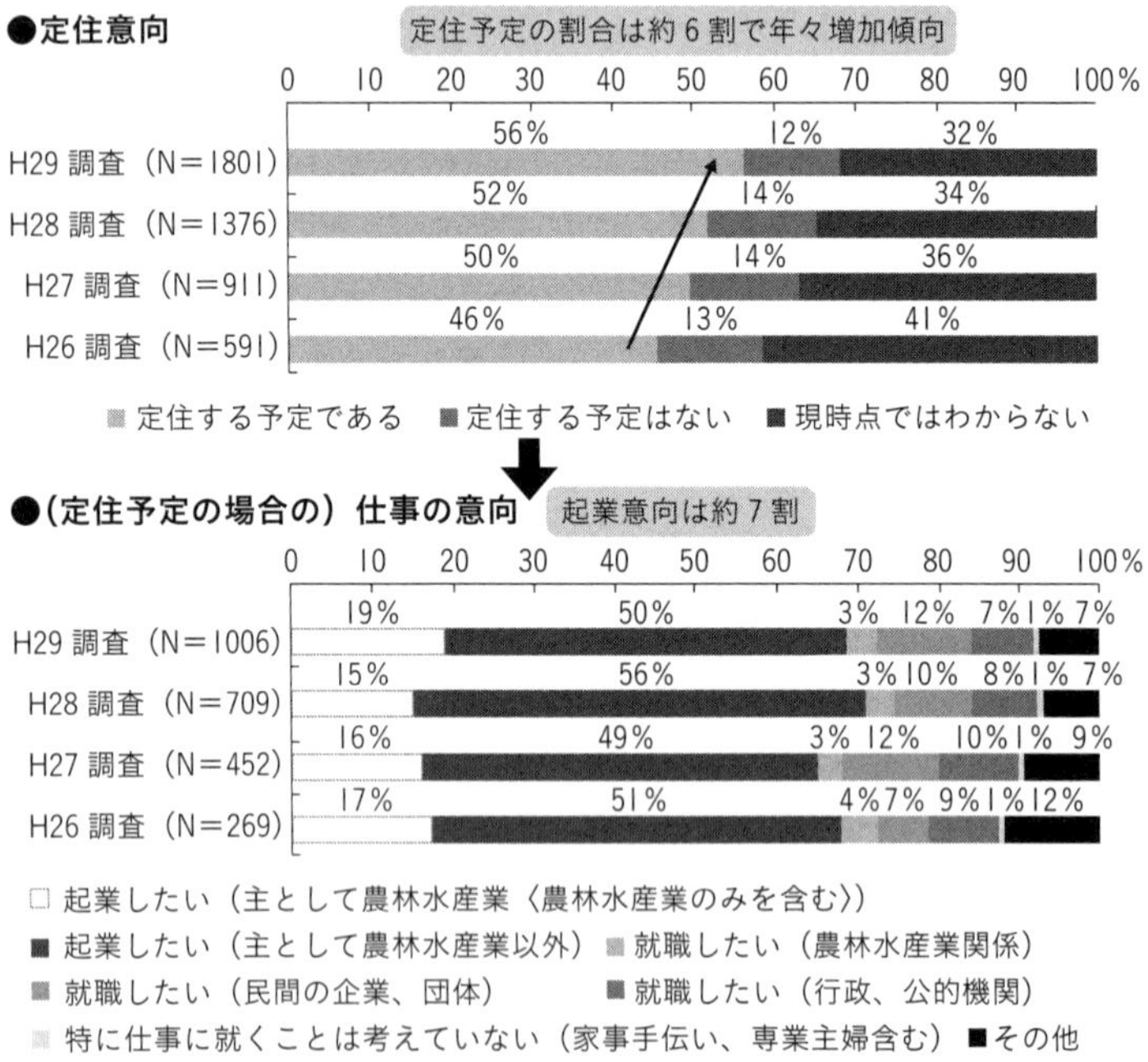

図7　任期終了後の意向

「まちづくり等のコンサルタント、プロデューサー、コーディネーター」の順で高い結果となった。

●協力隊アンケート調査の総括

過去のアンケート結果と比較すると、以前は地域の活性化の役に立ちたいと協力隊に応募する隊員の割合が多かったが、近年は誘ってくれた仲間の存在や地域との繋がりがあったためと回答する割合が増加しており、人や地域とのつながりが大きく影響していることが伺える。また、地域内外とのコミュニケーションの円滑化が協力隊の活動に大きく影響を及ぼし、隊員自身もその重要性を非常に強く感じている一方で、コミュニケーション不足が課題であると捉えている隊員も多くいることが伺える。導入にあたり、行政と受入地域が導入目的や活動内容を共通の認識とし、隊員を含めた三者で積極的にコミュニケーションをとることが重要である。

また、地域外とのコミュニケーションも重要であり、近年では隊員同士のつながりを活かし災害時の被災者支援を行った例など様々な場面において隊員同士のネットワークが機能している。当機構としても地域外の隊員やOB・OGとのネットワークづくりに寄与できるよう支援していきたい。

また、過去と比較すると活動地域での定住意向の割合が増加している一方で、定住に向けての課題として「活動資金の確保」や「起業・就業・就農に係る技術・知識の習得」が挙げられているため、今後もJOINではそれらの知識習得を目的とした研修会の開催など、定住に向けて支援を行っていきたい。

当機構として、これまでに行ってきた支援の他、隊員や行政のニーズに応え、活動のさらなる発展に向け支援を行っていきたい。

協力隊制度導入10年を迎え、ますます広がりをみせる協力隊制度のさらなる発展と、地域の発展を期待したい。

資料2

協力隊導入にあたっての準備と対応

●総務省

●受入体制の構築・強化の必要性

都市部の若者等が過疎地域等に移住して、地域協力活動を行いながら、地域への定住・定着を図る取組として、総務省が「地域おこし協力隊」制度を創設してから、平成30年度で10年を迎える。

制度創設初年度である平成21年度は、隊員数89名・取組団体数31団体であったが、平成26年6月、安倍晋三内閣総理大臣が島根県と鳥取県を視察された際、今後3年間で隊員数（当時約1000人）を3倍にするように総務大臣に指示された。これを受け、「まち・ひと・しごと創生総合戦略」（平成26年12月27日閣議決定）において、「平成28年に3000人、平成32年に4000人をめどに拡充」（農林水産省の交付金を活用した「地域おこし協力隊（旧田舎で働き隊）」の隊員数を含む）との数値目標が明記された。

その後、全国の各地域において隊員の受入が進み、平成29年度に活動した隊員は4976人、取組団体数は997団体となった。隊員数の約4割（38・4％）が女性であり、20歳代・30歳代の隊員が約7割（71・6％）を占めるなど、若い方々の感性で地域を元気にしてくれている。

このように、平成32年の目標を前倒しで達成したことから、総務省は、平成30年6月、「平成36年度に隊員数を８０００人とする」ことを発表した。この内容は、同月に閣議決定された「まち・ひと・しごと創生基本方針２０１８」にも明記されている。

近年、隊員を受け入れる地方自治体（以下「受入自治体」という）が急激に増加している状況であるが、隊員が地域でより効果的な活動を行うためには、受入自治体と地域住民、隊員の3者がコミュニケーションを十分に図り、想いを共有していくことが重要である。隊員は、それぞれの人生における大きな決断をして移住し、慣れない生活の中、地域協力活動に従事することとなる。受入自治体は、このような隊員を業務面のみならず、生活面も含めてサポートするとともに、地域の実情に応じた受入体制を主体的に構築、強化していくことが求められる。

●受入体制の構築・強化のための総務省の取組

総務省では、平成27年度及び平成28年度に「地域おこし協力隊受入体制・サポート体制モデル事業」として、地域住民（世話役）、地域のＮＰＯ法人や隊員ＯＢ・ＯＧ等と連携して、隊員の受入体制や隊員へのサポート体制の構築を行う地方自治体を支援するモデル調査研究事業を実施した。この事業により得られた成果を報告書としてとりまとめ、総務省ホームページで公表している。

また、平成27年度からは、地方自治体の担当者に具体的な受入体制の構築に係る留意点や隊員の活動支援のあり方を学んでもらうため、全国10箇所でのブロック研修会を実施している。

そのほか、平成29年9月、「地域おこし協力隊の定住状況等に係る調査結果」を公表した。平成29年

3月31日までに任期終了した隊員は累計2230名であり、その約4割（37％）が女性、20代～30代が約4分の3（75％）であった。平成27年3月31日時点の前回調査に引き続き、今回の調査においても約6割（63％）の隊員が同じ地域に定住されていた。このことから、地域おこし協力隊が地域への定住・定着を図る取組としても、一定の成果をあげているものと考えられる。また、同一市町村内に定住した方の約3割（29％）は、「起業」をしており、これは、前回調査時の17％から大きく増加していた。今回の調査から、都道府県ごとの定住率を公表している。各地方自治体が置かれた状況は様々であり、定住率のみによって一概に評価することは困難であるが、各地方自治体における受入体制の強化に向けた取組の参考にしていただきたいと考えている。

●「地域おこし協力隊の受入れに関する手引き」の策定

前項の取組に加え、総務省は、平成29年3月に、隊員を受け入れる際に留意すべき点やチェックリスト等をとりまとめ、受入自治体に実務上の参考として活用してもらうための「地域おこし協力隊の受入れに関する手引き」（以下「手引き」という）を策定した。

まず、手引きでは、地域おこし協力隊の受入に当たっての留意点として、次の6点について記載している。

1　地域おこし協力隊の募集について

2　地域おこし協力隊の任用・勤務条件について

3　地域おこし協力隊の任用・勤務形態ごとの特徴について
4　地域おこし協力隊の服務規律、活動規律の確保について
5　「地域おこし協力隊サポートデスク」について
6　研修や交流会の機会の提供について

このうち、特に、地域おこし協力隊の任用・勤務条件については、隊員の円滑な活動や、任期終了後の活動地域への定住・定着を図る上で、特に重要なポイントとなることから、詳細に解説する。

「地域おこし協力隊推進要綱」（平成21年3月31日付け総行応第38号）においては、隊員の「委嘱の方法、期間、名称等は、地域の実情に応じて弾力的に対応することで差し支えない」こととしている。

このため、各地方自治体では、現状、主に以下の二つの任用形態の地域おこし協力隊が存在する。

①一般職非常勤職員
②特別職非常勤職員
※このほか、地方自治体が任用せず、委託契約を締結する場合等も見られる。

地方公務員として任用する場合、どの業務にどのような任用・勤務形態を充てるかについては、基本的には各地方自治体において判断されるものであるが、その際には、関係する法令等の適用関係を適切に理解するとともに、「臨時・非常勤職員及び任期付職員の任用等について」（平成26年7月4日付け総務省自治行政局公務員部長通知）等の趣旨を十分に踏まえる必要がある。

なお、臨時的任用（地方公務員法第22条）については、緊急やむを得ない事情等（ア緊急の場合、イ臨時の職に関する場合、ウ採用候補者名簿がない場合等）により、正規の任用の手続きを経るいとまがないときに、公務の円滑な運営に支障を来すことがないよう行われる特例的な任用であるため、地域おこし協力隊の制度趣旨からすると、隊員の任用形態としては想定されない。

一般職非常勤職員として任用する場合、地方公務員法第38条において、営利企業等の従事制限が定められており、従事する場合は任命権者の許可が必要とされているが、その許可にあたっては、公務に支障を来すおそれがないよう十分留意しつつ、勤務形態等を勘案して必要に応じ弾力的な運用を行うことは可能である。

この点、許可権者を現場の状況を把握している所属の管理職とするなど、運用面での効率化を図っている地方自治体もある。一般職非常勤職員として任用している隊員についても、許可権者を隊員の普段の活動に精通している担当課の管理職とすることも考えられる。

兼業等を通じて、隊員が任期中から起業や就業に向けた準備をし、ひいては任期終了後に活動地域への定住定着を図ることも重要である。

特別職非常勤職員については、主に専門的な知識経験等を必要とする職に、自らの専門的な知識経験等に基づき非専務的に公務に参画する勤務形態が想定されるため、一般職非常勤職員と異なり、地方公務員法の適用が除外されている。このため、特別職非常勤職員に係る制度上の課題としては、服務の面で、守秘義務、政治的行為の制限など公共の利益保持に必要な諸制約が課されていないことなどが挙げ

【ステージ1】 地域おこし協力隊募集前

事前に十分な準備をするために、受入自治体にぜひ押さえていただきたい項目を具体的に挙げている。隊員の募集を始める前に、このリストをチェックしながら、受入自治体と受入地域等が「想い」を共有しているか、受入準備が十分に整っているかなどについて確認が必要である。

【ステージ2】 地域おこし協力隊募集・採用時

募集要項の作成から採用の方法まで、関係者の中で認識を共有しているかなどについて、確認していただきたい項目を具体的に挙げている。隊員の導入に当たっては、様々な個性をもった隊員と受入地域とのマッチングが重要である。募集や採用時においても十分に配慮する必要がある。

【ステージ3】 地域おこし協力隊活動開始〜任期中

地域おこし協力隊の取組は、隊員の任期中に、隊員それぞれの特徴や地域の状況に応じて柔軟に運用する必要がある。このステージのリストは、受入自治体・受入地域・隊員の3者の立場から改めて確認できるようチェック欄を三つ用意している。他の立場からの見え方を含めて活用していただきたい。

●隊員OB・OGのネットワーク化

前述のとおり、平成29年3月31日までに任期終了した隊員は累計2230名であり、今後、ますます隊員OB・OGは増えていくこととなる。

岡山県では、美作市の隊員OBで、サポートデスク専門相談員の藤井裕也氏が中心となり、平成28年に「岡山県地域おこし協力隊ネットワーク会議」が設立された（平成30年には法人化されている）。このネットワーク組織では、岡山県の隊員向け研修を受託しているほか、隊員の個別サポートや、市町村の受入体制の構築支援などを実施している。

他の都道府県においても、隊員ＯＢ・ＯＧのネットワーク化に向けた動きが出てきている。受入自治体に加え、隊員ＯＢ・ＯＧのネットワーク組織による現役隊員への支援が行われることにより、より重層的な受入体制の構築が期待される。

●定住促進に向けた起業・事業承継の支援

多くの隊員が定住に際して、起業したいと考えている。ＪＯＩＮが実施した調査によると、平成28年度には71％、平成29年度には69％の隊員が「起業したい（農林水産業以外）」または「農業、林業、水産業の自営（起業）をしたい」と回答している。

これらのことから、起業を希望するより多くの隊員が希望をかなえ、任期終了後に地域での起業を実現できるプロセスを構築していくことが重要である。

総務省では、平成26年度から隊員が起業する際の経費を支援する地方自治体に対する地方財政措置を講じているほか、平成28年度から、起業・事業化研修を実施している。平成29年度には、年間を通じて、実際にビジネスプランを作成する研修を実施し、約１００名の隊員が参加した。

平成28年度からは、隊員や隊員ＯＢ・ＯＧが地域で起業するためのビジネスプランを、「ふるさと納税」を活用した寄附を通じて応援する仕組みである「地域おこし協力隊クラウドファンディング官民連携事業」を実施している。具体的には、まず、隊員等が委嘱を受けている地方自治体に各自のビジネスプランを提案する。提案を受けた地方自治体は、地域活性化や地域課題の解決、継続的な地域雇用の創出等の観点から、住民の理解が得られるものであるかについて十分に精査の上、支援するビジネスプランを選定する。その後、クラウドファンディング事業者を決定した上で、資金の調達を開始することとなる。

例えば、愛媛県西予市の隊員は、重要伝統的建造物群保存地区にある喫茶店を復活させ、人と人とをつなげることができる場所づくりに取り組む、「古民家・古店舗『喫茶 春名』再生資金調達プロジェクト」を立ち上げた。目標金額：300万円のところ、最終金額：360万7001円（達成率約120・2％）となり、253名から支援があった。

岡山県真庭市の隊員は、「インターナショナルシェアハウス開業資金調達プロジェクト」を立ち上げた。目標金額：330万円のところ、最終金額：442万8000円（達成率約134・2％）となり、199名から支援があった。

愛媛県今治市の隊員は、猪骨ラーメン専門店を開業し、獣害対策と新名物誕生を目指すプロジェクトを立ち上げた。目標金額：400万円のところ、最終金額：400万円（達成率約100％）となり、161名から支援があった。

今後、隊員の定住・定着を一層推進するためには、定住する際の選択肢を多様化することが重要であり、平成30年度から、起業に加えて、事業承継の支援に取り組んでいる。

現在、中小企業・小規模事業者の経営者の高齢化が急激に進んでおり、2025年には70歳を超える経営者は約245万人と予想され、うち約半数が後継者未定の状態といわれている。中小企業庁では、中小企業・小規模事業者に事業承継の気づきを与えるため、地方自治体等と連携し、地域における事業承継支援のためのネットワーク（事業承継ネットワーク）の構築に取り組んでいる（平成30年6月現在、43の事業承継ネットワークが全国に構築されている）。

総務省は、各地の「事業引継ぎ支援センター」等と連携し、後継者に悩む事業者と地域おこし協力隊員の両者をマッチングする仕組みを構築することとした。

全国に先駆けて、静岡県において、平成30年6月29日に「『しずおか咲くセッション』～『地域おこし協力隊』と『事業承継ネットワーク』との連携に関するフォーラム～」が開催された。小倉將信総務大臣政務官（当時）が出席されたほか、全国から約250名の出席があった。小倉政務官からは、特別交付税措置の対象を拡充し、事業承継に係る経費を支援することが発表されたところである。具体的には、隊員が起業する際の経費を支援する地方自治体に対して特別交付税措置を講じているが、同様に、事業承継する際の経費を支援する地方自治体に対して特別交付税措置を講じることとした。

このほか、前述の起業・事業化研修においても、平成30年度から事業承継についてのカリキュラムを設けている。

資料3

サポートデスクの役割と傾向

●総務省

●サポートデスクの設置

総務省では、隊員や地方自治体職員等からの電話や電子メールによる相談に一元的に対応する「地域おこし協力隊サポートデスク」（以下「サポートデスク」という）を平成28年9月に開設した。

サポートデスクは、平成27年3月に総務省が移住・交流のための情報発信拠点として開設した「移住・交流情報ガーデン」に設置しており、隊員からの活動に当たっての悩み、行政や地域との関わり方、任期終了後の悩みのほか、受入自治体の担当職員からの隊員の活動支援や定住支援の悩み、募集・任用・予算執行の悩みなどの相談・問い合わせに幅広く対応している。

体制としては、業務管理者の下に、「専門相談員」と「一般行政相談員」を配置している。隊員OB・OGである「専門相談員」は主に隊員からの活動に関する専門的な相談を、「一般行政相談員」は主に隊員や自治体職員からの一般的な相談を、電話や電子メールで受け付け、その対応に当たっている。

●相談件数の推移と傾向

サポートデスクに寄せられた相談件数は、平成28年9月の開設から平成30年8月末までの営業日589日間において2405件となっており、1日平均4件程度の相談が寄せられている。

そのうちの7割以上は隊員や自治体職員等からの電話による相談（1715件）であるが、電子メールによる相談（514件）やサポートデスクへの来訪による対面相談（172件）のほか、サポートデスク相談員が直接現地に赴いて相談に対応する出張相談（4件）も行っている。

相談者の区分別に見ると、自治体関係者からの相談が1112件（46・2％）と一番多く、次いで地域おこし協力隊員からの相談985件（41・0％）、協力隊希望者122件（5・1％）、その他186件（7・7％）となっている。

●サポートデスクへの相談内容等を踏まえた制度改正

開設以降、特に女性の隊員から、出産、育児等に関する相談が多く寄せられている状況にあった。こうした、女性の隊員からの相談に適切に対応するため、平成29年1月からは女性の専門相談員も配置することで、よりきめ細やかな対応が可能となる体制を構築している。

また、相談内容等も踏まえ、平成29年4月からは、育児等に配慮した運用に向けて、制度の改善を行ったところである。具体的には、隊員が産前産後または育児のために地域協力活動を中断する期間（以下「育児等に係る活動中断期間」という）が生じた場合（すでに育児等に係る活動中断期間が生じている場合を含む)、育児等に係る活動中断期間を除いた1年以上3年以下の期間を財政措置の対象とする期間とすることとした(財政措置の対象となる期間から除く育児等に係る活動中断期間は、最長1年間)。

受入自治体においては、隊員と十分相談の上で、活動中の出産、育児への対応を決定していただきたい。

●**執筆者**（第Ⅰ部　第Ⅳ部のぞく、執筆順）

椎川忍	一般財団法人地域活性化センター理事長
平井太郎	弘前大学大学院地域社会研究科准教授
図司直也	法政大学現代福祉学部教授
田口太郎	徳島大学大学院社会産業理工学研究部准教授
稲垣文彦	公益社団法人中越防災安全推進機構統括本部長
野口拓郎	弘前大学COC推進室助教　三次市地域おこし協力隊OB
小田切徳美	明治大学農学部教授
佐藤啓太郎	一般財団法人地域活性化センター事務局長

〈編著者〉

椎川忍　一般財団法人地域活性化センター理事長
小田切徳美　明治大学農学部教授
佐藤啓太郎　一般財団法人地域活性化センター事務局長

一般財団法人　地域活性化センター
東京都中央区日本橋2-3-4　日本橋プラザビル13階
電話：03-5202-6131　ウェブサイト　https://www.jcrd.jp

一般社団法人　移住・交流推進機構（JOIN）
東京都中央区日本橋2-3-4　日本橋プラザビル13階
（地域活性化センター内）
電話：03-3510-6581　ウェブサイト　https://www.iju-join.jp

〈協力〉**総務省**

地域おこし協力隊　10年の挑戦

2019年2月25日　第1刷発行

編著者　椎川忍
小田切徳美
佐藤啓太郎
一般財団法人　地域活性化センター
一般社団法人　移住・交流推進機構

発行所　一般社団法人 農山漁村文化協会
〒107-8668　東京都港区赤坂7-6-1
電話　03（3585）1142（営業）　03（3585）1144（編集）
FAX　03（3585）3668　振替　00120-3-144478
URL　http://www.ruralnet.or.jp/

ISBN 978-4-540-18161-0
〈検印廃止〉

DTP制作／ふきの編集事務所
印刷／㈱光陽メディア
製本／根本製本㈱